COLLECTION MICHEL LÉVY

OEUVRES COMPLÈTES
D'ALEXANDRE DUMAS

ŒUVRES COMPLÈTES
D'ALEXANDRE DUMAS

PARUES DANS LA COLLECTION MICHEL LÉVY

Amaury	1
Ange Pitou	2
Ascanio	2
Aventures de John Davys	2
Les Baleiniers	2
Le Bâtard de Mauléon	3
Black	1
La Bouillie de la comtesse Berthe	1
La Boule de Neige	1
Bric-à-Brac	2
Un Cadet de famille	3
Le Capitaine Pamphile	1
Le Capitaine Paul	1
Le Capitaine Richard	1
Catherine Blum	1
Causeries	2
Cécile	1
Charles le Téméraire	2
Le Chasseur de sauvagine	1
Le Château d'Eppstein	2
Le Chevalier d'Harmental	2
Le Chevalier de Maison-Rouge	2
Le Collier de la reine	3
Le Comte de Monte-Cristo	6
La Comtesse de Charny	6
La Comtesse de Salisbury	2
Les Confessions de la marquise	2
Conscience l'innocent	2
La Dame de Monsoreau	3
Les Deux Diane	3
Dieu dispose	2
Le Drames de la mer	1
La Femme au collier de velours	1
Fernande	1
Une Fille du régent	1
Les Frères corses	1
Gabriel Lambert	1
Gaule et France	1
Georges	1
Un Gil Blas en Californie	1
La Guerre des femmes	2
Histoire d'un casse-noisette	1
L'Horoscope	1
Impressions de voyage : Suisse	3
— L'Arabie Heureuse	3
— Les Bords du Rhin	2
— Quinze jours au Sinaï	1
— Le Véloce	2
— De Paris à Cadix	2
— Le Speronare	2
— Une année à Florence	1
Impressions de voyage :	
— Le Capitaine Arena	1
Ingénue	2
Isabel de Bavière	2
Italiens et Flamands	2
Ivanhoe de Walter Scott (trad)	2
Jane	1
Jehanne la Pucelle	1
Les Louves de Machecoul	3
Madame de Chamblay	2
La Maison de glace	2
Le Maître d'armes	1
Les Mariages du père Olifus	1
Les Médicis	1
Mes Mémoires	8
Mémoires de Garibaldi	2
Mémoires d'une aveugle	2
Mémoires d'un Médecin. — Joseph Balsamo	5
Le Meneur de loups	1
Les Mille et un fantômes	1
Les Mohicans de Paris	4
Les Morts vont vite	2
Napoléon	1
Une Nuit à Florence	1
Olympe de Clèves	3
Le Page du duc de Savoie	2
Le Pasteur d'Ashbourn	2
Pauline et Pascal Bruno	1
Le Père Gigogne	2
Le Père la Ruine	1
La Princesse Flora	1
Les Quarante-Cinq	3
La Reine Margot	2
La Route de Varennes	1
Le Salteador	1
Salvator (suite et fin des Mohicans de Paris)	5
Souvenirs d'Antony	1
Les Stuarts	1
Sultanetta	1
Sylvandire	1
Le Testament de M. Chauvelin	1
Théâtre complet	10
Trois Maîtres	1
Les Trois Mousquetaires	2
Le Trou de l'Enfer	1
La Tulipe noire	1
Le Vicomte de Bragelonne	6
La Vie au désert	2
Une Vie d'artiste	1
Vingt ans après	3

POISSY. — TYP. DE A. BOURET.

MES
MÉMOIRES

PAR

ALEXANDRE DUMAS

SEPTIÈME SÉRIE

PARIS
MICHEL LÉVY FRÈRES, LIBRAIRES ÉDITEURS
RUE VIVIENNE, 2 BIS, ET BOULEVARD DES ITALIENS, 15
A LA LIBRAIRIE NOUVELLE

1863
Tous droits réservés

MÉMOIRES
DE
ALEXANDRE DUMAS

CLXI

Comment M. Thiers écrit l'histoire. — Les républicains au Palais-Royal. — Premier ministère de Louis-Philippe. — Prudence de Casimir Périer. — Mon plus beau drame. — Lothon et Charras. — Un coup d'épée. — Encore le maître de poste du Bourget. — La Fère. — Le lieutenant-colonel Duriveau. — Lothon et le général la Fayette.

Au moment où le duc d'Orléans, triomphant et joyeux, rentrait au Palais-Royal, six ou huit jeunes gens se réunissaient au-dessus des bureaux du *National*, dans l'appartement commun à Paulin et à Gauja.

Ils se regardaient les uns les autres avec un silence d'autant plus menaçant qu'ils étaient encore armés comme au jour du combat.

Ces jeunes gens étaient Thomas, Bastide, Chevalon, Grouvelle, Boinvilliers, Godefroy Cavaignac, Étienne Arago, Guinard. Peut-être un ou deux autres encore dont les noms m'échappent.

Chacun, selon son impatience, était assis ou debout.

Thomas était assis dans l'embrasure d'une fenêtre, avec son fusil de chasse à deux coups entre les jambes. C'était, à cette époque, un beau et brave garçon plein de loyauté, de courage, de franchise; une tête froide et un cœur ardent.

On en était donc là; on se racontait les détails de cette odyssée de l'hôtel de ville, et l'on se demandait ce qu'il fallait faire. M. Thiers entra.

Le matin avait paru, dans *le National,* un article sur l'arrestation du duc de Chartres à Montrouge.

Dans cet article, tout avait changé d'aspect.

Le duc de Chartres venait à Paris pour mettre son sabre à la disposition du gouvernement provisoire. M. Lhuillier lui avait offert l'hospitalité. Le duc de Chartres avait quitté Montrouge dans l'enthousiasme des événements qui se passaient à Paris, et avait promis de revenir avec son régiment.

Quelques jours après, grâce à cet article, M. Lhuillier fut décoré. L'article était dû au fait de M. Thiers.

L'apparition du futur ministre au milieu de nos six ou huit républicains ne fut donc pas heureuse.

Il s'était complétement dessiné depuis la veille au matin. Il était orléaniste.

En sa qualité d'orléaniste, il s'était inquiété de cette réunion qui avait lieu au-dessus de sa tête; résolu d'attaquer ce taureau par les cornes, il monta au premier étage, et, comme nous venons de le voir, il entra sans être annoncé.

Un murmure significatif accueillit sa venue.

M. Thiers paya d'audace.

— Messieurs, dit-il, le lieutenant général désire avoir une entrevue avec vous.

— Et pour quoi faire? demanda Cavaignac.

— Qu'y a-t-il de commun entre lui et nous? demanda Bastide.

— Écoutez toujours, messieurs, dit Thomas.

M. Thiers crut que, de ce côté-là, il allait trouver un soutien. Il s'avança vers Thomas, et, lui posant la main sur l'épaule :

— Voici un beau colonel, dit-il.

— Ah çà! répondit Thomas en secouant doucement son épaule, est-ce que, par hasard, vous me prenez pour une p...?

M. Thiers retira sa main.

— Continuez, dit Thomas, nous écoutons.

Alors, M. Thiers expliqua le but de l'entrevue.

Le duc d'Orléans voulait, pour sa politique à venir, prendre les conseils de ces braves jeunes gens dont l'héroïque insurrection avait fait la révolution de juillet. Il devait, toujours au dire de M. Thiers, les attendre, le soir, entre huit et neuf heures, au Palais-Royal.

Les républicains secouaient la tête.

Mettre le pied au Palais-Royal, c'était, leur semblait-il, pactiser avec le pouvoir nouveau, qui s'élevait à la fois contre leur conscience et contre leur volonté.

Mais Thomas vint encore en aide au négociateur.

— Voyons, dit-il en se levant, prouvons-leur jusqu'au bout que nous sommes de bons enfants.

Et, allant déposer son fusil dans l'angle de la cheminée :

— A ce soir, neuf heures, monsieur... Vous pouvez dire au lieutenant général du royaume que nous nous rendrons à son invitation.

M. Thiers sortit.

Il n'y avait pas la moindre invitation de la part du lieutenant général du royaume. M. le lieutenant général du royaume n'avait pas le moins du monde désiré voir MM. Thomas, Bastide, Chevalon, Grouvelle, Boinvilliers, Cavaignac, Arago et Guinard. M. Thiers avait pris le tout sous son bonnet, espérant qu'une entrevue concilierait les opinions. On a vu, par ce qu'il avait dit à Thomas, qu'il prenait les opinions pour des ambitions.

Le soir, les républicains furent exacts au rendez-vous. La duchesse d'Orléans, madame Adélaïde, les jeunes princes et les jeunes princesses venaient d'arriver, lorsqu'on annonça au duc d'Orléans qu'une députation l'attendait dans la grande salle.

Depuis le matin, les députations s'étaient succédé, et les salons n'avaient pas désempli.

Une députation n'étonnait donc pas le prince ; seulement, ce qui l'étonnait, c'était le personnel de la députation.

M. Thiers était là. En accompagnant Son Altesse du salon où il était au salon où l'attendaient ces messieurs, il essaya de la mettre au courant, prenant la moitié de la responsabilité sur lui, laissant l'autre aux républicains.

Tout cela avait pris un quart d'heure à peu près; depuis un quart d'heure, ces messieurs attendaient. Ils commençaient à trouver l'attente un peu longue.

Tout à coup, la porte s'ouvrit et le duc entra, le sourire sur les lèvres; seulement, le sourire n'avait pas eu le temps, si nous pouvons nous exprimer ainsi, de monter jusqu'aux yeux : la bouche souriait, mais le regard était encore interrogateur.

— Messieurs, dit le prince, vous ne doutez pas du plaisir que j'ai à vous recevoir; mais...

Bastide devina, et regarda M. Thiers.

— Mais vous ne comprenez rien à notre visite? Demandez, alors, une explication à M. Thiers, et M. Thiers voudra bien vous la donner, je l'espère, telle que la dignité du parti que nous représentons n'ait point à en souffrir.

M. Thiers, en effet, donna une explication équivoque, embarrassée, à laquelle le duc d'Orléans coupa court en disant :

— C'est bien, c'est bien, monsieur... Je vous remercie de me procurer la visite de nos plus braves combattants.

Puis, se tournant de leur côté, il parut attendre que l'un d'eux commençât. Boinvilliers prit le premier la parole.

— Prince, dit-il, demain, vous serez roi...

Le duc d'Orléans fit un mouvement.

— Demain, monsieur? dit-il.

— Si ce n'est demain, ce sera dans trois jours, ce sera dans huit jours... Peu importe le temps.

— Roi! répéta le duc d'Orléans; et qui vous dit, cela, monsieur?

— La marche que suivent vos partisans, la pression qu'ils exercent sur les choses, n'osant pas l'exercer sur les hommes; les placards dont ils couvrent les murailles, l'argent qu'ils répandent dans les rues.

— Je ne sais pas ce que font mes partisans, répondit le duc; mais ce que je sais, c'est que je n'ai jamais aspiré à la couronne, et qu'aujourd'hui encore, je ne la désire pas, quoique beaucoup de gens me pressent de l'accepter.

— Enfin, monseigneur, supposons, cependant, que l'on

vous presse de telle sorte, que vous ne puissiez la refuser, nous est-il permis de vous demander quelle est votre opinion sur les traités de 1815 ? Faites-y attention, ce n'est point seulement une révolution libérale qui vient de s'accomplir, c'est une révolution nationale; la vue du drapeau tricolore, voilà ce qui a soulevé le peuple; c'est la dernière amorce de Waterloo que nous venons de brûler, et il serait plus facile encore de pousser le peuple sur le Rhin que sur Saint-Cloud (1).

— Messieurs, répondit le duc, je suis trop bon Français, je suis trop bon patriote surtout pour être partisan des traités de 1815; mais je crois la France fatiguée de guerres; la rupture des traités, c'est la guerre européenne... Croyez-moi, il importe de garder beaucoup de mesure vis-à-vis des puissances étrangères, et certains sentiments ne doivent pas être exprimés trop haut.

— Passons donc à la pairie, prince...

— A la pairie, soit.

Et le duc se mordit les lèvres, comme un homme habitué à interroger, et qu'on force à son tour à subir un interrogatoire.

— La pairie, et vous serez forcé d'en convenir, continua Boinvilliers, la pairie n'a plus de racines dans la société... Le Code, en abolissant le droit d'aînesse, les fidéicommis et les majorats; le Code, en divisant les héritages à l'infini, a étouffé l'aristocrattie dans son germe, et l'hérédité nobiliaire a fait son temps.

— Peut-être, messieurs, vous trompez-vous sur cette question d'hérédité, qui est, à mon avis, la seule source d'indépendance qu'il y ait dans les institutions politiques... Un

---

(1) Comme nulle part encore cette conversation n'a été rapportée intégralement, j'en appelle à la fois à l'histoire et au souvenir des personnes qui assistaient à l'entrevue. Quant aux paroles dites par Godefroy Cavaignac et à la réponse du roi, je puis certifier leur authenticité, les ayant écrites, dans le temps, sous la dictée même de Godefroy, qui était incapable de mentir.

homme sûr d'hériter de son père ne craindra pas d'avoir une opinion à lui, tandis que l'homme à élire aura l'opinion qu'on lui imposera... Au reste, reprit le duc, c'est là une question à examiner, et, si la pairie héréditaire croule réellement, *ce n'est point moi qui la réédifierai à mes frais.*

— Prince, dit alors Bastide, je crois que, dans l'intérêt même de la couronne qui vous est offerte, il serait bon de réunir les assemblées primaires.

— Les assemblées primaires? dit le duc en tressaillant. Oui, en effet, je sais que je parle à des républicains.

Les jeunes gens s'inclinèrent; ils étaient venus moins en alliés qu'en ennemis : ils acceptaient la qualification, au lieu de la repousser. Leur intention était de faire la situation bien nette entre eux et le pouvoir.

— Franchement, messieurs, dit le duc, croyez-vous la république possible dans un pays comme le nôtre?

— Nous croyons qu'il n'y a pas de pays où le bon ne puisse être substitué au mauvais.

Le duc secoua la tête.

— Je croyais que 1793 avait donné à la France une leçon dont elle saurait profiter.

— Monsieur, dit Cavaignac, vous le savez aussi bien que nous, 1793 était une révolution, et non une république; d'ailleurs, continua-t-il avec une fermeté d'accent, et une netteté de prononciation qui ne permettaient pas de perdre une seule syllabe de ce qu'il disait, autant que je puis me le rappeler, les événements qui s'écoulèrent de 1789 à 1793 obtinrent votre entière adhésion... Vous étiez de la société des Jacobins?

Il n'y avait pas à reculer; on déchirait hardiment le voile du passé, et le futur roi de France apparaissait entre Robespierre et Collot-d'Herbois.

— Oui, c'est vrai, dit le duc, j'étais de la société des Jacobins; mais, heureusement, je n'étais pas de la Convention.

— Votre père et le mien en étaient, monsieur, dit Cavaignac; et tous deux ont voté la mort du roi.

— C'est justement pour cela, monsieur Cavaignac, reprit

le duc, que je n'hésite pas à dire ce que je dis.... Je pense qu'il est permis au fils de Philippe-Égalité d'exprimer son opinion sur les régicides. Au reste, mon père a été fort calomnié; c'est un des hommes les plus respectables que j'aie jamais connus!

— Monseigneur, reprit Boinvilliers comprenant que, s'il n'interrompait pas la conversation, elle allait s'égarer sur le terrain des personnalités, il nous reste encore une crainte...

— Laquelle, messieurs? demanda le prince. Oh! dites, tandis que vous y êtes.

— Eh bien, nous craignons, — et nous avons nos raisons pour cela, — nous craignons, dis-je, de voir les royalistes et les prêtres encombrer les avenues du nouveau trône.

— Oh! quant à ceux-là, s'écria le prince avec un geste presque menaçant, soyez tranquilles, ils ont porté de trop rudes coups à notre maison pour que je les oublie! Une partie des calomnies dont je parlais tout à l'heure vient d'eux; une barrière éternelle nous sépare... C'était bon pour la branche aînée, cela!

Les républicains, étonnés de l'expression presque haineuse avec laquelle le prince venait de prononcer ces mots : « C'était bon pour la branche aînée! » se regardèrent les uns les autres.

— Eh bien, messieurs, dit alors le duc, est-ce que, par hasard, j'avance une vérité qui vous soit inconnue en proclamant tout haut cette différence de principes et d'intérêts qui a toujours séparé la branche cadette de la branche aînée, la maison d'Orléans de la maison régnante?... Oh! notre haine ne date pas d'hier, messieurs; elle remonte à Philippe, frère de Louis XIV! C'est comme mon aïeul le régent, qui donc l'a calomnié? Les prêtres, les royalistes; car, un jour, messieurs, quand vous aurez mieux approfondi les questions historiques, fouillé jusqu'aux racines l'arbre que vous voulez abattre, vous saurez ce que c'était que le régent, les services qu'il a rendus à la France en décentralisant Versailles, et en faisant passer, par son système de finances, l'argent et l'or du pays jusque dans les dernières artères de la société. Ah!

je ne demande qu'une chose, c'est, si Dieu m'appelle à régner sur la France, comme vous le disiez tout à l'heure, c'est qu'il me soit accordé une portion de son génie!

Alors, il s'étendit longuement sur les améliorations que la politique du régent avait amenées dans la situation diplomatique de l'Europe; et, à propos de l'Angleterre, il dit quelques mots indiquant qu'il chercherait près d'elle le même point d'appui que son aïeul.

— Pardon, monsieur, dit Cavaignac, mais je crois que le véritable point d'appui d'un roi des Français doit être dans la France.

Le duc d'Orléans n'éluda pas l'explication, et, avec sa facilité d'élocution habituelle, il développa alors, il faut lui rendre cette justice, le système qui acquit, depuis, tant de célébrité sous le nom de système du *juste milieu*.

Cavaignac, auquel il s'adressait plus particulièrement, comme ayant soulevé la question, écouta avec la plus grande impassibilité le long développement politique auquel se livra le prince.

Puis, lorsque celui-ci eut terminé :

— Eh bien, dit-il, nous pouvons être tranquilles; avec ce système-là, vous n'en avez pas pour quatre ans!

Le duc sourit d'un air de doute.

Quant aux républicains, comme ils savaient tout ce qu'ils voulaient savoir, ils s'inclinèrent en signe qu'ils voulaient se retirer.

Ce que voyant le prince, il les salua à son tour.

Mais, pour ne pas leur laisser le dernier :

— Allons, messieurs, dit-il, vous me reviendrez... Vous verrez, vous verrez!

— Jamais! articula nettement Cavaignac.

— Jamais est un mot trop absolu, et nous avons un vieux proverbe français qui prétend qu'il ne faut pas dire : « Fontaine... »

Mais, avant qu'il eût achevé sa phrase, ces messieurs avaient déjà gagné la porte.

Le duc les regarda s'éloigner d'un air sombre.

C'était le premier nuage qui obscurcissait son soleil.

Dans ce premier nuage étaient toutes les tempêtes de l'avenir, même celle qui devait le renverser.

Maintenant que l'on a vu les hommes et les principes face à face, on comprendra mieux, je l'espère, les 5 et 6 juin, les 13 et 14 avril, le 12 mai et le 24 février.

Dix minutes après la retraite des républicains, on apportait au lieutenant général du royaume la démission des membres de la commission municipale.

Le duc d'Orléans, au bas de la démission de ces messieurs, trouva un ministère tout composé.

Voici ce ministère :

Dupont (de l'Eure), à la justice ; le baron Louis, aux finances ; le général Gérard, à la guerre ; Casimir Périer, à l'intérieur ; de Rigny, à la marine ; Bignon, aux affaires étrangères ; Guizot, à l'instruction publique.

Mais, avant même que cette liste fût arrivée au Palais-Royal, un des nouveaux ministres avait déjà donné sa démission : c'était Casimir Périer.

En jetant les yeux du côté de Versailles, il s'était aperçu que Charles X, qui venait de quitter Saint-Cloud, n'était pas encore à Rambouillet.

C'était bien hardi de se déclarer quand l'ancienne royauté était encore si près de la nouvelle.

L'ambition avait accepté, la crainte refusa.

M. Casimir Périer courut à Bonnelier, et le pria de rayer son nom de la liste.

Il était trop tard : la liste était partie. Bonnelier n'y pouvait rien. Il offrit un *erratum* au *Moniteur*, lequel fut accepté faute de mieux.

M. de Broglie prit sur la liste la place restée vacante par la démission de Casimir Périer.

N'était-ce pas curieux de voir des hommes qui devaient occuper de si hautes positions dans la royauté future, n'oser pas risquer leur nom, lorsque tant d'autres à qui rien ne devait revenir de ce grand changement y avaient risqué leur tête ?

Il est vrai que ceux qui avaient risqué leur tête l'avaient risquée pour la France, et non pour Louis-Philippe.

Le lendemain matin, tandis que j'allais faire une visite au nouveau lieutenant général, et que celui-ci, quittant Vatout et Casimir Delavigne, avec qui il causait, pour venir au-devant de moi, et, déjà renseigné sur mon expédition de Soissons, me tendait la main en me disant: « Monsieur Dumas, vous venez de faire votre plus beau drame! » le général la Fayette recevait, à l'hôtel de ville, un des plus terribles assauts qui lui eussent encore été livrés.

Qu'on me laisse raconter ce qui était advenu de Charras et de Lothon; j'ai quelque plaisir, on le comprendra, à m'arrêter plus longtemps sur ceux de ces hommes dont les noms ne devaient pas s'éteindre avec le feu de la fusillade.

Nous les avons vus s'éloigner de l'hôtel de ville, porteurs d'un ordre de Mauguin et d'une proclamation de la Fayette; nous avons oublié de dire comment Lothon, que nous avions laissé étendu sur le pavé du Palais-Royal, le 29, se trouvait, le 30, à l'hôtel de ville avec Charras.

Lothon — hélas! celui-là est mort! — était un de ces hommes rares dont le cœur est au niveau de la tête, un de ces hommes que la poudre enivre, que le bruit excite, et qui aiment le danger pour le danger lui-même, plus encore peut-être que pour l'honneur qu'il peut rapporter.

Lothon, après être resté une heure à peu près sur le pavé, avait été relevé comme mort; une balle lui sillonnait l'os du front, et sept autres balles trouaient son chapeau, tombé à côté de lui.

On eût dit que le chapeau était devenu une cible.

Pendant qu'on le transportait pour l'enterrer au Louvre avec les autres, il remua légèrement la tête; la protestation contre ce qu'on voulait faire de lui, si faible qu'elle fût, était incontestable. Un garde national qui marchait dans le cortège le recueillit, le fit panser, le fit coucher, puis le quitta afin d'aller aux nouvelles, ne se doutant pas qu'un homme qui avait la tête fendue par une balle aurait l'idée de se relever pour retourner au feu, si, par hasard, il y avait encore du feu dans un coin quelconque de Paris.

Ce fut, cependant, la première idée de Lothon.

A peine son étourdissement fut-il un peu dissipé, qu'il se rhabilla, receignit son épée, — épée qu'il avait prise au théâtre de l'Odéon, et qui appartenait aux accessoires, ainsi que l'indiquaient sa poignée en croix et son fourreau, dont il avait perdu le bout de cuivre, — et, malgré les cris de la femme de son hôte, partit trébuchant comme un homme ivre.

Charras l'avait retrouvé, le soir, en rentrant chez lui. Lothon ne se rappelait qu'à moitié ce qu'il avait fait, et pas du tout où il avait été.

Le lendemain, il s'était trouvé assez bien pour suivre Charras à l'hôtel de ville.

On a vu comment ils furent chargés d'aller enlever le 4e régiment d'artillerie, en garnison à la Fère.

Depuis trois jours, Charras était sans le sou. Au moment où avait éclaté l'insurrection, il était possesseur de quinze francs et d'une lettre de change de cent écus que lui envoyait son père, sur un banquier de Paris ; mais, depuis le 26, toutes les banques étaient fermées, et, à moins que sa lettre de change n'eût été acceptée par Laflitte, il n'eût certes pas trouvé, chez le plus hardi escompteur de Paris, cinquante francs de ses cent écus.

Les quinze francs avaient fait la journée du 26 et celle du 27 ; le 28, on avait mangé où l'on avait pu ; le 29, on avait dîné à la table de l'hôtel de ville, où dînait tout Paris ; enfin, le 30 au matin, Lionel de l'Aubespin, petit-fils de la Fayette, avait partagé sa bourse avec Charras.

En partant pour la Fère, celui-ci et Lothon se trouvaient à la tête de vingt francs !

On ne prend pas la poste avec cela ; aussi nos deux héros avaient-ils demandé une lettre pour le nouveau directeur des postes, M. Chardel, qui avait été nommé, la veille, par Baude et Arago.

En vertu de cette lettre, M. Chardel leur avait délivré un ordre pour que les maîtres de poste de la route missent des chevaux à leur disposition, et lui-même avait commencé par leur donner les deux meilleurs bidets de son écurie.

Charras et Lothon étaient partis au galop autant que pouvaient le leur permettre les barricades; ils avaient essuyé trois ou quatre coups de fusil à la barrière, parce qu'on les prenait pour des officiers de la garde royale qui se sauvaient, et étaient arrivés au Bourget chez ce même maître de poste qui, une heure auparavant, venait de me donner des chevaux et un cabriolet.

Le point de départ de la route de Soissons et de celle de la Fère est le même; seulement, à la hauteur de Gonesse, et à l'endroit nommé la *Patte-d'oie*, la route se bifurque; une des branches, celle de droite, conduit à Dammartin, Villers-Cotterets et Soissons; l'autre mène à Senlis, Compiègne, Noyon et la Fère.

L'excellent patriote auquel les deux jeunes gens s'adressaient pour lui demander des chevaux de selle s'aperçut facilement qu'ils ne feraient pas — Lothon surtout — la moitié du chemin à franc étrier; il découvrit un second cabriolet qu'il leur offrit, fit mettre les chevaux, et leur souhaita un bon voyage.

Sans doute, ce souhait, comme celui de *bonne chasse*, leur porta malheur.

Lothon était monté le premier dans le cabriolet, et, pour faire place à Charras, il avait levé son épée. La nuit commençait à tomber : Charras ne voyait point cette épée, dont, comme nous l'avons dit, la pointe sortait du fourreau; il sentit tout à coup sous l'aisselle le froid glacé du fer, et voulut se rejeter en arrière; mais Lothon, qui l'avait pris par les épaules, croyant que le pied lui manquait, s'efforçait de l'attirer à lui. Charras avait beau crier en sentant le fer entrer de plus en plus : « Mais tu me tues, sacrebleu! tu me tues! » Lothon, n'entendant rien, à cause du bandeau qui lui ceignait la tête et lui fermait en même temps l'oreille, continuait de l'attirer à lui, et, par conséquent, de l'enferrer. Heureusement, Charras fit un violent effort, s'arracha des mains de son compagnon, et tomba entre les bras du maître de poste, qui, s'apercevant qu'il se passait dans le cabriolet quelque chose d'extraordinaire, avait secondé les efforts de Charras en le tirant en arrière.

On rentra dans la maison. Charras ôta habit, gilet et chemise. Le fer avait pénétré sous l'aisselle à la profondeur d'un pouce et demi, à peu près; le sang coulait en abondance. On râpa de l'amadou, on tamponna la plaie avec un mouchoir mouillé, et, grâce à cet appareil, maintenu par le bras du blessé, le sang s'arrêta.

Lothon était désespéré, mais son désespoir ne menait à rien. Charras l'invita à l'en tenir quitte.

Au moment où les deux jeunes gens montaient en voiture:

— Avez-vous d'autres armes que vos épées? leur demanda le maître de poste.

— Ma foi, non! répondirent-ils.

Alors, le maître de poste alla à une armoire, en tira deux pistolets qu'il chargea et qu'il fourra dans les basques de l'habit de Charras.

J'aurais bien envie de nommer cet excellent homme; mais qui sait si son patriotisme de 1830 ne lui ferait pas du tort aujourd'hui?

Les deux blessés s'endormirent, chargeant les postillons de faire mettre les chevaux à la voiture.

En général, les postillons étaient bons patriotes, et, quoique, avec ses vingt francs, Charras ne pût leur donner de copieux pourboires, ils s'acquittèrent consciencieusement de la double commission de marcher vite et de relayer promptement.

D'ailleurs, le maître de poste du Bourget avait conseillé aux deux jeunes gens de faire courir un second postillon devant eux; comme l'ordre de M. Chardel était illimité, il ne leur en coûtait pas davantage.

Tout alla bien jusqu'à la poste de Ribécourt.

A Ribécourt, on réveilla Charras.

— Qu'y a-t-il? demanda le dormeur en se frottant les yeux.

— Il y a que le maître de poste ne veut pas donner de chevaux, dit le postillon qui courait en avant, et qui avait, sur ce refus, été obligé de s'arrêter.

— Comment! le maître de poste ne veut pas donner de chevaux?

— Non; il dit qu'il ne connaît pas le gouvernement provisoire.

Charras, qui avait si longtemps et si vainement cherché le susdit gouvernement, avait bien envie de dire qu'il ne le connaissait pas non plus; mais ce n'était pas le moment de plaisanter : le temps manquait.

Il laissa dormir Lothon, qui, ne l'ayant pas entendu lorsqu'il lui criait : « Tu me tues! » n'avait plus le droit de rien entendre, et, sautant à bas du cabriolet, il courut au maître de poste, qui, tout furieux lui-même d'être réveillé à deux heures du matin, se tenait sur le pas de sa porte avec l'intention évidente de faire de l'opposition.

— C'est donc vous qui ne voulez pas me donner de chevaux? demanda Charras.

— Oui, c'est moi.

— Malgré l'ordre du directeur des postes?

— Est-ce que je connais ça, Chardel!

— Ah! vous ne connaissez pas Chardel?

— Non.

Charras tira sa proclamation de sa poche.

— Et connaissez-vous cela?

— La Fayette?... Pas davantage!

— Non?

— Non!

Charras tira ses pistolets de sa poche, et, les armant en même temps qu'il les appuyait sur la poitrine du maître de poste :

— Ah!... Eh bien, connaissez-vous cela? lui dit-il.

— Mais, monsieur, s'écria le maître de poste, mais, monsieur, que faites-vous donc?

— Ce que je fais? Parbleu! je vous tue, si vous ne me donnez pas de chevaux!

— Mais, monsieur, que diable! on ne tue pas les gens comme cela... On s'explique...

— Oui, quand on a le temps, mais je n'ai pas le temps.

Les postillons, placés derrière le maître de poste, grimaçaient dans la pénombre, se frottaient les mains, et faisaient signe à Charras de ne pas lâcher prise.

Sur ce point, ils pouvaient être sans inquiétude.

— Alors, monsieur, si vous le prenez sur ce ton-là, je vais vous donner des chevaux.... Mais, faites-y attention; c'est comme contraint et forcé que je vous les donne.

— Qu'est-ce que cela me fait, pourvu que vous me les donniez!

— Des chevaux pour ces messieurs! dit le maître de poste en rentrant dans sa chambre, et abandonnant le champ de bataille à Charras.

— Et de bons, entendez-vous, postillons?

— Oh! soyez tranquille, mon polytechnique, on va vous choisir ça, répondit le postillon; remontez dans votre berlingot, et reprenez votre somme... C'est à Noyon que vous allez?

— A la Fère.

— C'est tout un.

Charras remonta dans le cabriolet, et sa fatigue était telle, qu'avant que les chevaux fussent attelés, il était rendormi.

Probablement, le postillon tint parole, car, lorsque Charras se réveilla, on avait dépassé Noyon; et le jour commençait à paraître. Ennuyé d'être tout seul à voir lever l'aurore, il poussa Lothon jusqu'à ce que celui-ci se réveillât à son tour.

Le ciel était magnifique; le matin, comme dit Shakspeare, posait son pied mouillé de rosée sur la cime des collines, et semblait, ainsi qu'un nuage lumineux, descendre dans la plaine; les feuilles des arbres murmuraient; les moissons jaunissantes se courbaient élégamment; et, du milieu des épis presque mûrs, l'alouette, fille du jour, s'envolait en battant rapidement des ailes, et en faisant retentir l'air de son chant clair et joyeux.

Les paysans ouvraient leurs portes, humaient la brise du

matin, et s'apprêtaient à aller, les uns au travail, les autres au marché, ceux-ci à la ville, ceux-là aux champs.

— Diable! dit Charras, sais-tu que voilà un pays qui n'a pas le moins du monde l'air d'être en révolution?

— C'est, ma foi, vrai! dit Lothon.

— Est-ce que tu crois que ces gens-là connaissent Chardel, Mauguin et la Fayette?

— Je n'en voudrais pas répondre.

— Hum! fit Charras en s'enfonçant dans une réflexion qui n'était pas précisément couleur de rose.

Lothon profita de ce que Charras réfléchissait pour se rendormir.

On arriva à Chauny.

La tranquillité était aussi grande dans la ville que dans les villages, dans les rues que dans les champs! De même qu'un plongeur qui s'enfonce sous l'eau sent les différentes couches se refroidir à mesure qu'il pénètre plus avant, de même aussi, à mesure qu'on avançait dans la province, on sentait une froideur de plus en plus glaciale succéder à la fièvre de Paris.

Il arrivait à Charras exactement la même chose qui m'était arrivée, à moi : c'est-à-dire qu'il atteignit les portes de la Fère résolu à pousser les choses à bout, mais plein de doute sur la façon dont elles tourneraient.

En approchant de la ville, il réveilla Lothon, qui dormait toujours. Bientôt on allait se trouver en face du 4e régiment d'artillerie; la situation était assez sérieuse pour qu'on ne l'abordât point les yeux fermés.

La porte était ouverte; les deux jeunes gens allèrent droit au corps de garde surveillant cette porte.

Lothon, avec son bandeau noir sur l'œil, son chapeau, que sa blessure le forçait de placer sur l'oreille, paraissait dix ans de plus qu'il n'avait; en outre, son épée du temps de François Ier le vieillissait encore de trois siècles.

Charras, de son côté, renvoyé de l'École polytechnique depuis quatre mois, avait, depuis quatre mois, laissé pousser ses moustaches, qui n'étaient point tolérées à l'École; Charras, avec son habit d'emprunt trop long et trop large, avec son épée de gendarme soutenue par un baudrier au lieu d'un ceinturon, avec son pantalon, tout couvert du sang d'un Suisse qui, déjà fort endommagé, s'était, pour ne pas être achevé entièrement, jeté dans ses bras, Charras ressemblait beaucoup plus à un bandit qu'à un honnête homme.

Mais, à coup sûr, ni l'un ni l'autre, pour des yeux exercés, ne ressemblait à un élève de l'École polytechnique.

Cependant tout alla bien tant qu'on resta dans la voiture. On avait abaissé la capote du cabriolet, et les soldats du poste pouvaient voir la cocarde tricolore de Lothon, et le flot de rubans aux trois couleurs qui, sur le chapeau de Charras, avait remplacé la manche de son Suisse, ornement très-bien porté à Paris, mais trop excentrique pour la province.

Les couleurs magiques produisirent leur effet : la sentinelle présenta les armes, et le maréchal des logis venu à l'ordre appela Lothon *mon officier*.

— Eh bien, dit Charras à Lothon, il me semble que, jusqu'à présent, cela ne va pas mal ?

— Oui, dit Lothon ; mais c'est avec le colonel qu'il faudra voir...

— Eh ! sacrebleu ! on verra, dit Charras.

— Tu vas tâcher d'être éloquent, j'espère ?

— Sois tranquille... En avant Marengo, Austerlitz, Iéna, la grande armée, le diable et ses cornes ! Il faudra bien que je l'attendrisse, ou il aura le cœur cuirassé d'un triple acier, comme dit Horace.

— Et s'il a le cœur cuirassé d'un triple acier ?...

— Alors... Ah çà ! mais sais-tu bien que tu m'embêtes, avec tous tes *si !*

— N'importe ! réponds encore à celui-là : S'il ne s'attendrit pas ?

— Eh bien, est-ce qu'il ne nous reste pas le crucifix à ressorts du maître de poste du Bourget ?... On en jouera ! On dirait, ma parole d'honneur, que tu n'en sais pas l'air, toi !

— Si fait !

— En ce cas, pourquoi avocasses-tu ?

— Je voulais savoir si tu étais bien décidé.

— Tiens, cette farce !

Ce dialogue, comme on le comprend bien, se passait en aparté, tandis que le maréchal des logis, qui devait conduire les jeunes gens chez le colonel, était allé faire sa toilette militaire.

Il revint et monta dans le cabriolet, qui repartit au grand trot des chevaux, pour ne s'arrêter qu'en face de la maison habitée par le colonel.

A la porte, Charras, en homme de conscience, passa un des pistolets à Lothon.

— Bon ! dit Lothon, merci... Donne-moi l'autre à présent.

— Pour quoi faire ?

— Pour voir s'ils sont en bon état, s'ils n'ont pas perdu leur amorce... Enfin, donne-le-moi.

— Le voici.

— Descends maintenant... Tu vois bien que le maréchal des logis t'attend.

Charras sauta à bas du cabriolet. On monta au premier.

A la porte, Charras se retourna vers Lothon.

— Et le pistolet ?

Lothon avait fourré le pistolet dans sa poche.

— Il est bien où il est, dit-il ; va toujours.

— Comment, il est bien où il est ?

— Oui, va donc !

Et il poussa Charras dans l'antichambre.

Lothon, par hasard, en ce moment-là, plus prudent que son camarade, venait de le désarmer.

Le lieu était mal choisi pour une querelle, et surtout pour une querelle de ce genre.

Les deux jeunes gens continuèrent leur chemin en dialoguant des yeux, mais muets, du reste, et, cinq secondes après, ils se trouvèrent dans le salon du colonel.

Le colonel Husson était un homme de quarante ans, à la figure vigoureusement accentuée, à la physionomie ferme et fière, un vrai type de soldat.

Il causait avec un des chefs d'escadron du régiment.

Il reçut nos deux messagers d'un ton poli mais réservé.

— Qu'y a-t-il pour votre service, messieurs ? demanda-t-il après les premiers compliments échangés.

Charras, en quelques mots, raconta l'histoire des trois jours, la prise du Louvre, la fuite du roi, la nomination du gouvernement provisoire, toute la révolution enfin.

Les deux officiers écoutaient le récit d'autant plus froidement qu'il avançait vers sa fin.

Charras crut que c'était le moment de tirer les deux papiers de sa poche.

Il les présenta tous deux au colonel.

L'un était sous enveloppe et cacheté : c'était la lettre de Mauguin; l'autre était tout simplement plié en quatre : c'était la proclamation de la Fayette.

Le hasard fit que le colonel commença par briser le cachet et rompre l'enveloppe : il tomba sur la lettre de Mauguin.

Il en lut les premières lignes, puis passa à la signature.

— Magin... Magnin... Qu'est-ce que c'est que cela ? dit-il.

— Mauguin, reprit Charras; M. Mauguin... membre du gouvernement provisoire, quoi !

— Mauguin? répéta le colonel en regardant le chef d'escadron.

— Oui, un avocat, répondit celui-ci.

— Un avocat ! dit le colonel avec un accent qui fit frissonner Charras.

— Ah ! dit tout bas celui-ci à Lothon, je crois que nous sommes flambés !

— Et moi, j'en suis sûr ! dit Lothon.

— Le pistolet, alors !... le pistolet !

— Attends donc.. il sera toujours temps.

En effet, le colonel lisait la seconde dépêche ; le nom du général la Fayette parut corriger un peu la mauvaise impression produite par le nom de Mauguin.

Si l'on eût eu une troisième lettre signée d'un second général, on était sauvé.

Malheureusement, la troisième lettre manquait.

— Eh bien, messieurs? demanda le colonel après avoir lu la seconde lettre.

— Eh bien, colonel, répondit nettement Charras, le gouvernement provisoire a cru nous envoyer à des patriotes; il paraît qu'il s'est trompé, voilà tout.

— Et vous savez, messieurs, à quoi cette erreur vous expose?

— Parbleu! dit Charras, à être fusillés.

— Je suis obligé de vous quitter, messieurs; vous allez me donner votre parole que vous ne chercherez pas à quitter cette chambre.

— Notre parole?... Allons donc!... Faites-nous fusiller, si vous voulez; vous prendrez la responsabilité de l'exécution devant le gouvernement provisoire; mais nous ne donnons pas notre parole.

— Tout au moins, vous rendrez vos épées?

— Non, non, non!

Le colonel se mordit les lèvres, dit quelques mots tout bas au chef d'escadron, et s'apprêta à sortir.

Charras fit un mouvement en arrière, de manière à toucher Lothon; puis, tout bas :

— Le pistolet! donne donc le pistolet, sacrebleu! dit-il; tu vois bien que ce b.....-là va nous faire fusiller!

— Bah! répondit Lothon, à la guerre comme à la guerre!

— Tu en parles bien à ton aise, toi, animal; tu es déjà à moitié mort, et on ne fera que t'achever... Mais, moi, à part le trou que tu m'as fait, comme un imbécile que tu es, je me porte bien, et je ne veux pas me laisser égorger comme un poulet!

— Eh! tiens-toi donc tranquille!... on ne fusille pas les gens ainsi sans dire gare, que diable!

Pendant ce temps, le colonel sortait, et les deux messagers restaient avec le chef d'escadron.

Le chef d'escadron paraissait meilleur prince que le colonel; il était évidemment resté, par ordre de son chef, pour faire causer les deux jeunes gens, et savoir si tout ce qu'ils avaient dit était bien vrai.

Comme tout était vrai, il n'y avait pas de danger qu'ils se coupassent.

D'ailleurs, Lothon avait laissé tout le poids de la conversation à Charras ; couché sur une espèce de canapé, au bout de cinq minutes, il s'était endormi.

Au milieu de l'entretien de Charras et du chef d'escadron, un officier entra.

— Camarade, dit-il en s'adressant à Charras, je viens de la part du colonel, à qui vous n'avez pas voulu donner votre parole... Ma consigne est de ne point vous perdre de vue ; mais, comme je ne suis pas un gendarme, ma foi !...

Il détacha son sabre, et, le jetant sur un fauteuil :

— Vous ferez ce que vous voudrez !

— Monsieur, dit Charras, notre intention n'est pas le moins du monde de quitter la Fère, et la preuve, tenez...

Il montra à l'officier Lothon, qui dormait à poings fermés.

Au bout d'une heure, le colonel rentra. Il paraissait fort agité, surtout fort irrésolu.

Tout à coup, s'arrêtant devant Charras :

— Je parie que vous avez faim ? dit-il.

Charras haussa les épaules.

— Quelle singulière question me faites-vous là ?

— Ah ! dit le colonel, c'est qu'il ne faut laisser personne mourir de faim, pas même ses prisonniers.

— Oui, mieux vaut les engraisser pour les fusiller après, n'est-ce pas ? dit Charras.

— Qui parle de vous fusiller ?... Voyons, cria le colonel en ouvrant la porte, le déjeuner...

On apporta, comme au théâtre, une table toute servie. Le colonel dérogeait à ses habitudes, et déjeunait dans son salon, au lieu de déjeuner dans la salle à manger ; ou plutôt il ne déjeunait pas, il faisait déjeuner, car lui ne se mit point à table.

Charras réveilla Lothon.

Lothon était de fort mauvaise humeur d'être réveillé, d'autant plus qu'il ignorait pourquoi on le réveillait.

Lorsqu'il sut que c'était pour déjeuner, il s'adoucit.

On venait d'achever les côtelettes, quand la porte s'ouvrit

vivement, et qu'un homme d'une cinquantaine d'années parut ; il était vêtu d'un uniforme.

— Pardon, colonel, dit-il, mais je suis le lieutenant-colonel du génie Duriveau, commandant en second à l'École polytechnique sous l'Empire... On me dit que vous retenez prisonniers deux de mes anciens enfants, et je viens voir cela.

Puis, s'adressant à Charras et à Lothon :

— Bonjour, messieurs, dit-il, soyez les bienvenus.

— Les bienvenus? répéta le colonel.

— Oui, oui, c'est moi qui leur dis cela... Et, à vous, colonel, je vous dis que vous n'avez pas le droit de retenir ces messieurs ; ils viennent, m'a-t-on dit, envoyés par le gouvernement provisoire... Ce sont des parlementaires, et le droit des gens s'oppose à ce qu'on arrête les parlementaires.

Et, en disant cela, il secoua la main de Charras de telle façon, que celui-ci jeta un cri : sa blessure venait de se rouvrir.

— Qu'est-ce? demanda le lieutenant-colonel Duriveau.

— Ce n'est rien, ce n'est rien, dit Charras ; c'est que j'ai un trou sous le bras.

— Oui, et il paraît que votre ami a un trou à la tête... Il faudrait d'abord faire panser tout cela, colonel.

— J'y ai songé, monsieur, répondit le colonel, et je ne sais pas comment le chirurgien-major n'est pas encore ici.

En ce moment, le chirurgien-major entra.

— Tenez, monsieur, dit le colonel, voici les jeunes gens dont je vous ai parlé... Voyez s'ils ont besoin de votre secours.

Charras voulait refuser ; mais le lieutenant-colonel Duriveau lui fit signe de se laisser faire, et il emmena dans la chambre voisine le colonel et le chef d'escadron.

Le chirugien-major pansa d'abord la tête de Lothon ; la balle avait glissé sur l'os, qu'elle avait contourné et laissé à nu. Il fallait être endiablé pour ne pas être dans son lit après avoir reçu un coup pareil.

Le chirurgien-major voulut saigner le blessé ; mais celui-ci s'y opposa formellement.

— Je puis, d'un moment à l'autre, avoir besoin de mes deux bras, dit-il ; laissons-les donc intacts... La tête est déjà bien assez malade !

Puis vint le tour de Charras.

— Peste ! monsieur, lui dit le chirurgien-major, vous avez de la chance ; une ligne ou deux plus à gauche, vous aviez l'artère coupée.

— Et quand on pense, dit Charras en montrant Lothon, que c'est cette brute qui a manqué faire ce beau coup-là avec son épée à la François Ier !

— Allons, dit Lothon, voilà que tu vas recommencer à crier pour ta chienne d'artère, qui n'est pas même coupée... Je ne te savais pas si douillet que cela !

Charras se mit à rire.

Le lieutenant colonel Duriveau entra.

— Tout va bien, dit-il à demi-voix à Charras. Du reste, je ne vous quitte pas d'une minute, que vous ne soyez hors de la ville.

Il venait d'y avoir réunion d'officiers, et les officiers avaient décidé qu'avec ou sans la participation du colonel, ils feraient adhésion au gouvernement provisoire.

Au bout d'une demi-heure, le colonel revint.

— Messieurs, dit-il, vous allez me donner votre parole d'honneur de quitter la Fère à l'instant même, et vous serez libres.

— Moi, dit Charras, je ne vous donne rien du tout.

— Comment, vous ne me donnez rien du tout ?

— Non.

— Vous vous engagez bien au moins à ne pas me faire d'émeute dans mon régiment ?

— Pas davantage... Vous êtes encore bon, vous ! nous venons au nom du gouvernement constitué ; c'est nous qui sommes le pouvoir, et vous qui êtes la rébellion ; c'est nous qui pourrions vous faire un mauvais parti pour nous avoir arrêtés, et vous nous demandez encore notre parole d'honneur de quitter la Fère, de ne pas essayer de soulever votre régiment, de ne pas... Allons donc! faites-nous fusiller, ou lâchez-nous!

— Eh bien, dit le colonel, allez vous faire f.....!

Et il leur tendit la main en riant.

Les deux jeunes gens lui serrèrent la main, et ils sortirent, accompagnés du lieutenant-colonel Duriveau, qui, selon sa promesse, ne les quittait pas plus que leur ombre.

La ville était dans une agitation facile à comprendre.

L'officier qu'on leur avait donné pour gardien était descendu avec eux, et, après leur avoir serré la main à la porte, était parti à toutes jambes pour rejoindre ses camarades.

Le cabriolet était retourné à la poste.

On se rendit à la poste.

A tout moment, sur leur route, les jeunes gens recevaient des marques manifestes de sympathie.

Arrivés à la poste, ils furent rejoints par le chef d'escadron.

— Messieurs, leur dit-il, le colonel vous prie en grâce de partir; il vous donne sa parole d'honneur que lui et son régiment adhèrent au gouvernement provisoire... Mais laissez-lui au moins le mérite de l'adhésion.

— Oh! s'il en est ainsi, dirent ensemble Charras et Lothon, en route!

— Un instant, dit le lieutenant-colonel Duriveau, où en sommes-nous comme argent?

Charras retourna ses poches; il ne lui restait pas tout à fait cinq francs, des vingt francs de l'Aubespin.

— Combien voulez-vous? dit le lieutenant-colonel en tirant de ses goussets plusieurs rouleaux de pièces de cinq francs.

— Cent francs, dit Charras.

— Ce sera-t-il assez?

— Parbleu! nous sommes bien venus avec vingt.

— Allons, va pour cent francs.

Et il passa un rouleau à Charras, qui le cassa comme il eût fait d'un bâton de chocolat, et en donna la moitié, ou à peu près, à Lothon.

— Maintenant, le cabriolet et les chevaux! crièrent les deux jeunes gens.

— Oh! quant à la poste d'ici à Chauny, cela me regarde, et c'est moi qui vous conduis, dit en retroussant ses manches un vigoureux boucher à la figure joviale, et qui stationnait devant la poste avec sa petite charrette suspendue sur les brancards, et dont cinq ou six bottes de paille formaient les banquettes; — et je dis, ajouta-t-il, que vous n'aurez jamais été si lestement conduits!

— Eh bien, soit, camarade! dirent Charras et Lothon en prenant place près de lui. — Hé! vous, postillon, suivez-nous avec le cabriolet! crièrent-ils. — Adieu, colonel!

— Adieu, mes enfants!

— En route! cria le boucher en faisant claquer son fouet, et vive la Charte! vive la Fayette! vive le gouvernement provisoire!... A bas Charles X, le dauphin, Polignac et tout le tremblement!... Houp!...

Et, en effet, ainsi que l'avait promis le boucher, la charrette partit rapide comme une trombe.

A Chauny, on se sépara du boucher, et on remonta en cabriolet.

Le lendemain, à dix heures du matin, c'est-à-dire une heure après moi, Charras et Lothon arrivaient à l'hôtel de ville, juste au moment où le général la Fayette, toujours galant, baisait la main de mademoiselle Mante, qui, accompagnée de M. Samson et d'un troisième sociétaire, venait mettre la Comédie-Française sous la protection de la Nation.

Cette députation fut cause que les deux jeunes gens attendirent une demi-heure, et qu'en attendant, ils apprirent ce qui s'était passé depuis leur départ : c'est-à-dire que le duc d'Orléans était lieutenant général, et que Louis-Philippe allait être roi.

— Ah! c'est comme cela, s'écria Lothon à Charras; eh bien, tu vas voir ce que je vais lui dire, au père la Fayette!

Ce fut au tour de Charras d'essayer de calmer Lothon.

Mais Lothon ne voulait pas se calmer : — sa blessure, la chaleur, l'exaltation, le peu de vin que l'on avait bu, le refus de se laisser saigner, tout cela lui avait donné transport.

VII.

Une fièvre cérébrale se déclarait.

Il entra dans la chambre où était la Fayette, bousculant tous ceux qui voulaient s'opposer à son passage. Je l'ai dit, la Fayette était soigneusement gardé.

Charras suivit Lothon.

Alors, croisant ses bras sur sa poitrine, son chapeau troué de sept balles jeté à terre, le front bandé par sa cravate noire, les yeux étincelant de fièvre, les joues pourpres de colère, le jeune homme demanda compte au vieillard, en termes qu'il faudrait avoir sténographiés pour pouvoir les reproduire, de cette liberté achetée au prix de tant de sang, que le peuple lui avait confiée, et qu'il venait de se laisser arracher par la ruse et l'ambition des courtisans.

C'était si beau, si grand, si éloquent, si formidable, si inouï de poésie, de folie même, que personne n'osait l'interrompre.

— Général, disait tout bas Charras à la Fayette, pardonnez-lui... Vous le voyez, il a le transport au cerveau.

— Oui, oui, disait la Fayette.

Puis, à Lothon :

— Mon ami... mon jeune ami !... allons, allons... calmez-vous !

Alors, se retournant :

— N'y a-t-il pas ici un médecin pour saigner ce jeune homme ? demanda-t-il.

Lothon entendit la proposition.

— Me saigner ? s'écria-t-il. Oh ! non, non ! Puisque la liberté est perdue à nouveau, ce n'est pas sous la lancette d'un médecin que mon sang doit couler... c'est sous les baïonnettes de la garde royale, c'est sous les balles des Suisses... Laissez-moi mon sang, général ; tant que les Bourbons sont en France, branche aînée ou branche cadette, j'en ai besoin !... Viens, Charras, viens !

Et il s'élança hors de la salle, laissant la Fayette tout pensif et tout troublé.

Peut-être cette voix qui venait de retentir à l'oreille du général répondait-elle directement à la voix de sa conscience ;

peut-être s'était-il déjà fait à lui-même les reproches que Lothon venait de lui faire.

— Qu'on me laisse seul, dit-il.

Et, avant qu'on eût fermé la porte, on le vit appuyer dans ses deux mains cette belle et noble tête sur laquelle la République, par la voix de ses enfants, venait d'appeler l'anathème de la postérité.

CLXII

Lettre de Charles X au duc d'Orléans. — Un tour de passe-passe. — Rentrée du duc de Chartres au Palais-Royal. — Bourbons et Valois. — Abdication de Charles X. — Préparatifs de l'expédition de Rambouillet. — Une idée d'Harel. — Les machinistes de l'Odéon. — Dix-neuf personnes dans un fiacre. — Distribution d'armes au Palais-Royal. — Le colonel Jacqueminot.

Cependant, sous son visage souriant, sous sa physionomie affable, le duc d'Orléans, ce matin où il s'approchait de moi, et me disait que je venais de faire mon plus beau drame, le duc d'Orléans, dis-je, cachait une grave préoccupation.

Il venait de recevoir la réponse à la lettre qu'il avait fait parvenir à Charles X par M. le duc de Mortemart.

On se rappelle cette lettre, dans laquelle il disait au vieux roi *qu'il avait été amené à Paris par la force; qu'il ne savait pas ce qu'on exigerait de lui, mais que, s'il acceptait le pouvoir, ce ne serait que dans le plus grand intérêt de* LA MAISON.

Seulement, il ne disait pas de quelle *maison*.

Était-ce dans l'intérêt de la *maison d'Orléans* ou de la *maison de Bourbon?*

Qu'on relise la phrase, et l'on verra qu'il s'était réservé le choix.

Charles X répondit à cette lettre par une ordonnance ainsi conçue :

« Le roi, voulant mettre fin aux troubles qui existent dans

la capitale et dans une autre partie de la France, *comptant d'ailleurs sur le sincère attachement de son cousin le duc d'Orléans*, le nomme lieutenant général du royaume.

» Le roi, ayant jugé convenable de retirer les ordonnances du 25 juillet, approuve que les Chambres se réunissent le 3 août, et il veut espérer qu'elles rétabliront la tranquillité en France.

» Le roi attendra à Rambouillet le retour de la personne chargée de porter à Paris cette déclaration.

» Si l'on cherchait à attenter à la vie du roi et de sa famille, ou à sa liberté, il se défendrait jusqu'à la mort.

» Fait à Rambouillet, le 1er août 1830.

» *Signé :* CHARLES. »

Parti de Rambouillet à six heures du matin, le courrier était arrivé à Paris à huit heures et demie.

Le duc d'Orléans avait reçu la dépêche à neuf heures moins un quart.

M. Dupin était déjà près de lui.

On sait combien M. Dupin est matinal le lendemain, et surtout le surlendemain des révolutions ; d'ailleurs, grâce à *la Caricature*, les souliers de l'illustre avocat, empreints sur la route de Neuilly, aller et retour, *et vice versâ*, ont acquis une célébrité devenue proverbiale.

M. Dupin était donc près du duc d'Orléans lorsque celui-ci reçut la lettre de Charles X.

Le duc d'Orléans la lut et la lui passa. M. Dupin, on se le rappelle, était chef du conseil privé du prince.

M. Dupin lut à son tour l'ordonnance, et son avis fut qu'il fallait rompre franchement et même brutalement avec la branche aînée.

— Diable ! fit le prince, ce n'est point une lettre facile à rédiger, que celle que vous m'invitez à écrire !

— Votre Altesse veut-elle que je me charge de la rédaction ? demanda M. Dupin.

— Oui, parfaitement... Essayez... nous verrons.

M. Dupin écrivit une lettre rude comme lui.

Le duc d'Orléans la lut, l'approuva, la recopia, la signa, la mit sous enveloppe, et s'apprêta à la cacheter.

Mais, tout à coup :

— Bon! dit-il, j'allais écrire une lettre de cette importance sans la montrer à la duchesse... Attendez-moi, monsieur Dupin, je reviens.

La lettre devait être fort brutale, car, depuis, M. Dupin lui-même a avoué qu'elle l'était. M. Dupin a en lui une rugosité native que n'a jamais pu effacer le rabot de l'éducation. Il continua de discuter avec Louis-Philippe roi comme il discutait avec le duc d'Orléans prince.

Un jour, dans une discussion politique, il lui échappa de dire au roi :

— Tenez, sire, je le vois bien, jamais nous ne pourrons nous entendre !

— Je le pensais comme vous, monsieur Dupin, répondit Louis-Philippe ; seulement, je n'osais pas vous le dire.

Je connais peu de mots aussi insolemment aristocratiques que celui-là.

Il avait diablement d'esprit, le roi Louis-Philippe !

Et la preuve, c'est qu'il revint tenant la même enveloppe et une lettre qui paraissait être la même.

— Pauvre duchesse ! dit-il, cela lui a fait gros cœur ; mais, ma foi, tant pis !

Et il glissa la lettre dans l'enveloppe, approcha la cire de la bougie, prépara l'empreinte, y appuya son cachet, et donna la dépêche à porter.

Seulement, la lettre qu'il envoyait à Charles X n'était point celle que venait de rédiger M. Dupin : c'en était une qu'il avait rédigée lui-même, et dans laquelle il renouvelait au vieux roi les assurances de son dévouement et les témoignages de son respect.

Ce petit tour de prestidigitation n'était pas fini, que les cris du peuple, entassé dans la cour du Palais-Royal, l'appelèrent sur le balcon.

Vingt fois par jour, pendant huit jours, Louis-Philippe fut obligé de paraître sur son balcon.

Bientôt ce ne fut point assez : à peine se montrait-il, que les spectateurs entonnaient *la Marseillaise;* alors, de sa voix, que j'ai déjà déclaré être aussi fausse que celle du roi Louis XV, Louis-Philippe entonnait *la Marseillaise* à son tour.

Bientôt ce ne fut point assez encore : il fallut que le lieutenant général, après s'être montré, après avoir chanté, descendît dans la cour, et donnât aux chiffonniers et aux commissionnaires des poignées de main et des accolades.

Je l'ai vu descendre deux ou trois fois en une heure, remonter avec sa perruque à l'envers, s'essuyer le front, se laver les mains, et maudire énergiquement le métier qu'il était forcé de faire.

Ah! monseigneur, ne saviez-vous point cela, que, de prince, on ne se fait pas roi sans être obligé de s'essuyer le front et de se laver les mains?

Le duc de Chartres arriva à la tête de son régiment, et entra au Palais-Royal juste au moment où son père se popularisait de la façon que je viens de dire.

Je n'oublierai jamais comment il se redressa sur sa selle, et quel coup d'œil il jeta sur cette scène.

Ce fut une grande joie pour la pauvre duchesse, que l'arrivée de ce fils aîné, le seul qui lui manquât alors; elle savait le danger qu'il avait couru, et il lui en était devenu plus cher.

Lorsqu'il entra dans les appartements de son père, j'en sortais pour n'y jamais plus rentrer, qu'une dernière fois, appelé par le roi lui-même.

Ce spectacle d'un prince mendiant la couronne me soulevait le cœur. Le jeune duc me tendit la main; je la pris et la serrai, les larmes aux yeux. Je devais être quatre ans sans serrer cette main si franche et si loyale; je croyais, en ce moment, me séparer à toujours du duc de Chartres, et, par conséquent, toucher sa main pour la dernière fois. Je dirai en son lieu et place quelle circonstance me rapprocha de lui.

En sortant du Palais-Royal, je tombai sur une affiche.

Cette affiche annonçait hautement que les d'Orléans étaient, non pas *Bourbons*, mais *Valois*.

Je ne pouvais en croire mes yeux; je restai un quart d'heure à lire et à relire.

A dix pas de là, je rencontrai Oudard; je le pris par le bras, et le ramenai de force devant le placard.

— Oh! lui dis-je, n'était-ce pas assez que Philippe-Égalité reniât son père, et faut-il que le fils renie sa race?

Je rentrai chez moi, je l'avoue, anéanti.

Quel jour était-ce? Je ne sais plus bien; mais ce devait être le 2 août.

La poudre était arrivée le matin avec Bard; je l'avais remise à deux élèves de l'École polytechnique qui m'en donnèrent un reçu, et la conduisirent à la Salpêtrière.

Ce devait être le 2, car je vis passer, allant au Palais-Royal, M. de Latour-Foissac, que je connaissais de vue, l'ayant rencontré chez madame de Sériane, la sœur de M. le général de Coëtlosquet.

M. de Latour-Foissac apportait au lieutenant général la réponse à sa lettre de la veille, à cette lettre substituée, vous savez, à celle de M. Dupin.

Cette réponse, c'était l'abdication de Charles X; c'était l'abdication de M. le duc d'Angoulême; c'était la mission donnée au duc d'Orléans de faire proclamer le duc de Bordeaux sous le nom d'Henri V.

Le lieutenant général refusa de recevoir le messager, mais il prit le message.

Que faire?

M. Sébastiani, consulté, était pour la régence.

Béranger, consulté, était pour la royauté.

Le duc d'Orléans trancha la difficulté en disant :

— Être régent? J'aime mieux n'être rien... A la première douleur d'entrailles qu'éprouverait Henri V, on crierait sur les toits que je suis un empoisonneur.

A partir de ce moment, il n'y eut plus de doute pour personne que Louis-Philippe ne fût roi.

L'abdication, comme la lettre de la veille, était datée de Rambouillet.

Rambouillet n'était qu'à douze lieues de Paris ; Charles X y avait encore autour de lui quatorze mille hommes et trente-huit pièces de canon.

Il avait même mieux que tout cela : il avait les deux lettres du duc d'Orléans.

Charles X ne pouvait rester à Rambouillet ; il fallait, par une combinaison quelconque, forcer Charles X de quitter, non-seulement Rambouillet, mais encore la France.

Cette combinaison, ce n'était pas inquiétant, on la trouverait, et peut-être même était-elle déjà trouvée.

En attendant, le 2 août, le général Hulot fut envoyé à Cherbourg, afin d'y prendre le commandement des quatre départements qui séparent Paris de la Manche ; en attendant, le même jour, M. Dumont-d'Urville reçut ordre de partir pour le Havre en toute hâte, et d'y fréter deux bâtiments de transport.

Dès la veille, à tout hasard, on avait adressé au *Courrier français* la protestation du duc d'Orléans contre la naissance du duc de Bordeaux. Vous connaissez cette protestation, qui, en 1820, avait fait exiler le duc d'Orléans, et qui mettait en doute la légitimité du jeune prince ? Eh bien, le 1er août, *le Courrier français* fut invité à lui donner une place dans un de ses plus prochains numéros.

Il ne fit pas attendre la future impatience royale ! Le matin même du 2 août, la protestation avait paru.

Peut-être avait-elle été composée par les mêmes ouvriers qui imprimaient que les d'Orléans étaient Valois et non Bourbons.

C'était donc le 2 que tout cela se passait ; car, le 3, je fus réveillé à la fois par le rappel, qui se battait avec rage dans la rue, et par Delanoue, qui faisait irruption dans ma chambre, un fusil à deux coups à la main.

Un fusil à deux coups était si peu un appendice du costume de Delanoue, que ce fusil à deux coups me frappa plus que tout le reste.

— Que diable se passe-t-il donc? lui demandai-je.

— Il se passe, mon cher, que Charles X marche sur Paris avec vingt mille hommes et cinquante pièces de canon, et que tout Paris se soulève pour marcher, de son côté, au-devant de lui... En es-tu?

— Pardieu! si j'en suis! m'écriai-je en sautant à bas du lit; je crois bien que j'en suis!

J'appelai Joseph, ne m'apercevant pas que sa tête, tout effarée, apparaissait derrière la tête de Delanoue.

— Me voilà, monsieur, dit-il, me voilà!

— Donne-moi mon costume de chasse, et porte mon fusil à laver chez le premier armurier.

— Ne lui fais pas porter ton fusil chez un armurier, dit Delanoue, on le lui prendra en route.

— Comment, dis-je, on le lui prendra?

— Sans doute... C'est pis que dans les trois journées!

— Alors, mon cher Joseph, lave le fusil toi-même.

— Ah! mon Dieu! mon Dieu! dit Joseph, monsieur va donc retourner encore à Soissons?

— Non, Joseph; je vais, au contraire, du côté absolument opposé.

— A la bonne heure!

Je m'habillai rapidement.

Tandis que je m'habillais, Harel entra.

— Ah! bon! je vous trouve! dit-il.

— Bonjour, Harel... Qu'y a-t-il, mon ami?

— Il y a, dit Harel en tirant sa tabatière de son gousset, et en fourrant dans sa tabatière le pouce et l'index jusqu'à la première phalange, il y a que j'ai une idée de pièce...

Il respira voluptueusement sa prise, abandonnant, selon l'habitude des grands amateurs, au parquet et à l'air les trois quarts de son tabac.

— Et une bonne! ajouta-t-il.

— Eh bien, cher ami, vous me la communiquerez à mon retour.

— Où allez-vous?

— A Rambouillet, donc!

— Bon! il ne vous manquait plus que cela! Vous avez risqué de vous faire fusiller, il y a trois jours, à Soissons, et voilà que vous allez vous faire casser quelque membre à Rambouillet!

— Mais ne savez-vous pas que Charles X marche sur Paris avec vingt mille hommes et cinquante pièces de canon?

— Je sais qu'on le dit; mais laissez les niais croire à de pareilles nouvelles... Pauvre Charles X! je vous réponds que, s'il marche sur une ville quelconque, c'est sur le Havre ou sur Cherbourg.

— N'importe, mon cher ami! Delanoue vient me chercher, et, quand ce ne serait qu'une occasion de faire une chasse à la grosse bête dans le parc de Rambouillet, je ne veux pas la manquer... Encore une fois, vous me parlerez de votre pièce à mon retour, si je reviens.

— Mets-moi donc de cette pièce-là, dit tout bas Delanoue.

— Sois tranquille, c'est dit.

Je me retournai vers Harel.

— Comment êtes-vous venu? lui demandai-je.

— Mais en fiacre, donc.

— Bien! nous prenons votre fiacre.

— Pour quoi faire?

— Pour aller à Rambouillet.

— Vous me conduirez bien jusqu'à l'Odéon?

— Soit.

— D'autant mieux, dit Delanoue, que c'est sur la place de l'Odéon qu'on se réunit.

— Ah! vous nous prêterez votre drapeau tricolore, n'est-ce pas, Harel?

— Quel drapeau tricolore?

— Celui avec lequel on chante *la Marseillaise* depuis trois jours, à votre théâtre.

— Et moi, donc?

— Vous ferez une annonce au public dans laquelle vous direz que c'est moi qui l'ai emporté à Rambouillet... Le public est bon enfant, il se passera de drapeau un jour ou deux.

— Venez et prenez le drapeau... Vous savez bien que le théâtre tout entier est à vous.

Chaque fois qu'Harel voulait me faire faire une pièce, le théâtre tout entier était à moi.

Mon fusil se trouvait lavé, frotté, séché au soleil ; je le pris ; nous montâmes en fiacre, et partîmes pour la place de l'Odéon.

Il y avait deux ou trois mille personnes sur la place et dans les environs.

A peine eus-je mis pied à terre, en laissant Delanoue dans le fiacre, que je fus entouré d'une quinzaine d'hommes m'appelant par mon nom, et m'invitant à me mettre à leur tête.

C'étaient les machinistes de l'Odéon, encore tout chauds des pourboires de *Christine*.

J'ordonnai à l'un d'eux d'aller chercher le drapeau, et, tandis que nous laissions le fiacre sous la garde des autres, à qui j'envoyai sept ou huit bouteilles de vin pour leur faire prendre patience, nous allâmes déjeuner chez Risbeck.

Lorsque nous sortîmes du restaurant, notre troupe s'était renforcée d'un tambour.

J'ai déjà fait remarquer avec quelle rapidité le tambour croît et se multiplie en temps de révolution.

Nous montâmes dans notre fiacre, dont nous prîmes naturellement les places d'honneur ; puis chacun s'entassa comme il put, les uns dans l'intérieur avec nous, les autres sur le siége avec le cocher, les autres derrière, ceux-ci sur les brancards, ceux-là sur l'impériale.

Les malheureux chevaux se mirent en route, traînant dix-neuf personnes !

La plupart de mes hommes n'étaient armés que de piques.

Au coin de la rue du Bac et du quai, un homme qui semblait être là à poste fixe et dans ce seul but nous cria :

— Avez-vous des armes ?

— Non, répondirent la plupart de mes hommes.

— Eh bien, on en distribue au Palais-Royal.

— Au Palais-Royal ! au Palais-Royal ! crièrent mes hommes.

Le fiacre traversa la place du Carrousel, et s'achemina vers le Palais-Royal.

On commençait à pouvoir circuler en voiture ; peu à peu

les barricades avaient disparu, et les pavés avaient, tant bien que mal, repris leur place.

Nous arrivâmes au Palais-Royal.

— Un instant! dis-je; de l'ordre, s'il vous plaît! Je suis connu ici, et, s'il y a moyen d'avoir quelque chose, je l'aurai.

Nous entrâmes dans une salle basse; elle était encombrée. En entrant, je heurtai un élève de l'École qui sortait.

— C'est vous, Charras?

— Oui... Venez-vous pour avoir des armes?

— Certainement.

— En ce cas, dépêchez-vous... Je n'ai pu obtenir qu'un pistolet.

En effet, il avait un pistolet fourré dans son habit, et dont la crosse seule passait entre deux boutons.

— Vous allez là-bas aussi?

— Parbleu!

— Nous nous reverrons, alors?

— Probablement.

— Bonjour!

— Adieu!

Nous pénétrâmes à grand'peine jusqu'au distributeur d'armes. Heureusement, un laquais à la livrée du duc d'Orléans me reconnut, et nous fit faire place.

— Monsieur de Rumigny, dit-il, c'est M. Dumas.

— Eh bien, qu'il vienne.

Le distributeur était M. de Rumigny lui-même. M. de Rumigny avait alors trente-cinq ans, à peu près; il était magnifique sous son uniforme.

Il avait devant lui une grande caisse pleine de sabres et de pistolets; les fusils avaient disparu. Tout cela venait de chez Lepage.

On donna des pistolets et des sabres à mes hommes; puis, lorsqu'ils furent tous armés:

— Vos hommes ont-ils soif? me demanda M. de Rumigny.

— Parbleu! dis-je, ce sont les machinistes du théâtre de l'Odéon!

— Donnez-leur un verre de vin, alors.

Ils passèrent à une table couverte de verres et de bouteilles, et furent servis par les propres laquais de Son Altesse royale.

— Eh bien? leur demandai-je quand ils eurent bu.

— La livrée est belle, répondirent-ils; mais le vin n'est pas bon.

— Comment, le vin n'est pas bon?

— Oh! non, il ne vaut pas celui que vous nous avez envoyé sur la place de l'Odéon... Il y a à parier que ce vin-là ne vaut pas douze sous la bouteille.

— Si vous en avez de pareil ce soir, je vous déclare que je vous regarderai comme bien heureux!

— Messieurs, dit un des laquais, faites place à d'autres, s'il vous plaît.

— C'est juste.

Nous sortîmes.

Paris présentait, — chose incroyable après les différents spectacles qu'il avait déjà offerts, — Paris présentait un spectacle nouveau : soit que les fiacres fussent payés par le gouvernement, soit qu'ils partageassent l'enthousiasme général, ils se mettaient à la disposition des combattants.

Au coin de la rue Saint-Roch, j'aperçus Charles Ledru, qui courait à toutes jambes.

Je l'appelai.

— Hé! venez-vous avec nous?

— Vous avez donc de la place?

— Nous ne sommes que neuf dans l'intérieur. En se serrant un peu, on vous logera.

— Merci, j'ai un cheval qui m'attend chez Kausmann.

— Tiens, dis-je, cela me rappelle que j'en ai un aussi... Je l'oublie toujours.

Il y avait si peu de temps que je l'avais!

Je m'arrêtai devant le café de mon ami Hiraux, porte Saint-Honoré; il régala chacun de mes hommes d'un petit verre d'eau-de-vie. La bouteille y passa.

Mais aussi le drapeau s'inclina, mes hommes chantèrent *la Marseillaise*, et le tambour battit un ban.

Nous avions mis près de trois quarts d'heure pour venir du

Palais-Royal à la porte Saint-Honoré, tant la rue était encombrée ; les voitures marchaient à la file comme à Longchamp.

Nous nous remîmes en route, les uns prenant par le bord de l'eau, les autres par la grande avenue des Champs-Élysées.

Sur la place Louis XV, on cria : « Gare ! » C'était le général Pajol qui venait de recevoir le commandement de l'armée expéditionnaire, et qui allait, au grand galop, prendre la tête de la colonne. Il avait avec lui Charras, Charles Ledru et deux ou trois autres personnes.

Nous nous rangeâmes ; il passa, et prit le bord de l'eau.

Nous suivîmes la grande allée. Au rond-point des Champs-Élysées, nous tournâmes à gauche, pour rejoindre le quai de Billy par l'avenue Montaigne.

Au milieu de cette avenue stationnait un groupe de cavaliers ; le colonel Jacqueminot faisait le centre de ce groupe. Il était en costume de député, et avait encore les fleurs de lis d'argent au collet de son habit.

Sans doute le général Pajol venait-il de l'envoyer chercher, car il parlait vivement avec Charras.

En ce moment, Étienne Arago passa, conduisant une bande de cent hommes, à peu près.

Chaque fois qu'on se rencontrait, on hurlait : « Vive la Charte ! » Nous hurlâmes : « Vive la Charte ! »

Cela ennuya, à ce qu'il paraît, le colonel Jacqueminot, et il avait bien le droit d'être ennuyé, je le déclare ; ce n'était pas amusant de vivre au milieu de ces cris éternels.

— Oui, oui, hurlez : « Vive la Charte ! » tas de c........ ! cela vous engraissera comme des rognures d'hostie !

La phrase était assez originale pour que, malgré les vingt-deux ans qui se sont écoulés depuis ce jour, je n'en aie pas oublié une syllabe.

Nous n'en criâmes que plus fort, et nous continuâmes notre route du côté de Versailles.

CLXIII

Envoi de quatre commissaires à Charles X. — Le général Pajol. — Il est nommé commandant des volontaires parisiens. — Charras s'offre à lui comme aide de camp. — La carte de Seine-et-Oise. — Les espions. — Le loueur de voitures. — Les rations de pain. — D'Arpentigny. — Enlèvement de l'artillerie de Saint-Cyr. — Halte à Cognières. — M. Detours.

Maintenant, qu'on me permette de laisser pour un instant ma pauvre petite individualité se perdre au milieu du mouvement général qui poussait, d'un seul élan, trente mille hommes, quarante mille peut-être, vers Rambouillet.

Dès la veille, en recevant l'acte d'abdication de Charles X, le lieutenant général, nous l'avons dit, avait trouvé le moyen de se débarrasser le plus promptement possible de cet incommode voisin.

Or, voici ce qu'il avait fait :

Il avait décidé que, pour protéger Charles X contre l'effervescence de la colère publique qui éclaterait le lendemain, il lui enverrait quatre commissaires.

Ces quatre commissaires étaient : le maréchal Maison, le colonel Jacqueminot, M. de Schonen, qu'on voulait rallier, et Odilon Barrot, qu'on n'avait pas eu besoin de rallier, puisqu'il avait été un des plus puissants soutiens du pouvoir qui venait de s'élever.

Il y avait cela de particulier dans le maréchal Maison, qu'après avoir été chercher Louis XVIII à Calais, il s'apprêtait à reconduire Charles X à Cherbourg.

Du reste, en se rendant à Rambouillet, les quatre commissaires croyaient être appelés par Charles X.

Le 2 août, à quatre heures, ils étaient partis ; à neuf heures, ils avaient atteint les avant-postes. Ils traversèrent l'armée royale éclairés par les feux du bivac, et gagnèrent Rambouillet, non sans avoir vu quelques éclairs jaillir des yeux, quelques épées sortir du fourreau.

Par bonheur, le duc d'Orléans avait eu l'idée de leur adjoindre M. de Coigny, dont le nom se rattachait, dans la personne de son père et de ses deux aïeux, à l'ancienne monarchie par des traditions de gloire et d'amour.

Le nom de M. de Coigny les protégea et leur fit ouvrir les portes.

Mais Charles X, qui ne comprenait rien à leur présence à une pareille heure, répondit à leur demande d'audience que l'heure des audiences était passée, et qu'il leur offrait l'hospitalité au château de Rambouillet.

Charles X, d'ailleurs, attendait encore la réponse du duc d'Orléans à la lettre qu'il lui avait envoyée le matin par M. de Latour-Foissac, que le duc d'Orléans avait prise des mains de M. de Mortemart, mais sans consentir à recevoir le messager.

L'hospitalité au château de Rambouillet! ce n'était point là ce qu'étaient venus chercher les quatre commissaires; aussi remontèrent-ils immédiatement en voiture, et reprirent-ils immédiatement le chemin de Paris.

Ils revinrent plus rapidement qu'ils n'étaient allés, et rentraient au Palais-Royal à minuit et demi.

Le roi futur n'était pas si fier que le roi déchu: il recevait à toute heure, surtout quand les nouvelles en valaient la peine.

Celle qu'apportaient les quatre commissaires le poussait à une résolution; il n'y avait pas de temps à perdre pour la prendre; il fallait, dès le lendemain, forcer Charles X à quitter Rambouillet.

Une grande démonstration patriotique devenait donc nécessaire.

Cette démonstration, le colonel Jacqueminot reçut la mission de la provoquer.

Au point du jour, deux ou trois cents hommes de la police furent lâchés dans les rues de Paris, courant dans tous les quartiers, et criant:

— Charles X marche sur Paris... A Rambouillet! à Rambouillet!

Ils étaient chargés, en outre, de mettre sur pied tous les tambours de leur connaissance, et de leur faire battre le rappel.

De là le tapage infernal qui venait de réveiller Paris.

Il y avait, en ce moment, à la disposition du gouvernement, un homme sur le courage duquel on pouvait compter; c'était le général Pajol.

Le général Pajol était le vrai type du soldat: courage, honneur, franchise, loyauté, spontanéité dans la décision, persistance dans la volonté, il avait tout.

Je ne sais à quelle bataille, colonel ou chef d'escadron d'un régiment, comme il était sous les yeux de l'empereur, un obus entra dans le ventre de son cheval, et y éclata.

Pajol sauta à quinze pieds de hauteur.

Napoléon vit l'étrange ascension à laquelle il se livrait.

— Pardieu! dit-il, si ce b.....-là en revient, il aura l'âme chevillée dans le corps!

Quinze jours après, un officier supérieur, boitant légèrement, se présente devant l'empereur.

— Qui êtes-vous? demande Napoléon.

— Je suis le b..... qui a l'âme chevillée dans le corps, lui répondit Pajol.

De là un avancement rapide dans une admirable carrière militaire qu'était venu interrompre Waterloo.

Pajol faisait de l'opposition; Pajol était même presque républicain.

Trois jours auparavant, au moment où la Chambre jetait les premiers fondements d'une monarchie nouvelle, Pajol, qui voyait la tournure que prenaient les choses, suivait tristement la rue de Chabrol, en compagnie de Degousée, qui lui-même déplorait la voie où l'on poussait la révolution.

Tout à coup Pajol s'arrête.

— Vous me disiez, il y a un instant, que vous meniez à l'attaque du Louvre des hommes dévoués? demanda-t-il.

— Sans doute.

— Eh bien, pouvez-vous toujours compter sur ces hommes?

— Je le crois.

— Assez pour qu'ils exécutent à la lettre, et sans le discuter, un ordre que vous leur donneriez?

— Quel ordre?

— Celui d'arrêter les députés, par exemple.

— Oh! je ne réponds pas de cela!

— En ce cas, la révolution a fait fausse couche!...

Et il rentra chez lui, rue de la Ferme-des-Mathurins, pour y attendre les événements.

Les événements étaient arrivés; on le chargeait de commander l'insurrection du 3; on comptait sur lui pour se mettre à la tête de l'armée populaire; il s'y mettait.

Que lui importait, à lui! c'était toujours servir la France.

Charras avait entendu crier dans les rues que c'était le général Pajol qui commandait en chef l'expédition. Il avait couru chez le général Pajol.

Commençons par dire qu'auparavant, il avait été prendre le meilleur cheval de l'écurie de Kausmann, cheval qu'il lui avait fallu disputer à un premier amateur qui, se connaissant apparemment en chevaux, l'avait choisi. L'amateur était ce même Charles Ledru, qui m'avait quitté rue Saint-Honoré, en refusant la place que je lui offrais dans mon fiacre, pour aller enfourcher le cheval qui l'attendait chez Kausmann.

Au moment où il entrait dans le manége, Charras en sortait au galop sur le cheval que lui, Charles Ledru, avait choisi. Il en trouva un autre, et se mit, avec le second, à courir après le premier. Heureusement, il s'aperçut que le second était bon; ce qui fit que, lorsqu'il rejoignit Charras, il lui donna tout simplement une poignée de main.

Charras, sans introducteur aucun, se présenta chez le général Pajol.

Le général, habitué aux précautions à prendre dans les expéditions militaires, faisait descendre deux énormes sacoches: l'une, pleine de jambons, de gigots et de poulets; l'autre, pleine de pain.

A la quatrième parole que lui disait Charras, et au premier regard qu'il arrêtait sur lui.

— Tiens, dit-il, vous me plaisez, vous!

— Tant mieux, dit Charras.

— Vous m'avez l'air d'un bon b.....!

— On ne laisse pas sa part aux chiens.

— Voulez-vous être mon aide de camp?

— Je crois bien, je viens pour cela!

— Alors, c'est dit.

Et il tendit la main au jeune homme.

— Maintenant, reprit-il, voulez-vous manger un morceau?

— Je ne demande pas mieux, je crève de faim.

— Passez dans la salle à manger... Madame Pajol! madame Pajol!

La femme du général entra.

— Fais-moi bien déjeuner ce gaillard-là... Il vient de m'offrir ses services comme aide de camp; il ne se doute pas de la besogne que je lui taille.

Charras s'attabla, mit les bouchées doubles, les gorgées triples, et fut prêt au bout de dix minutes.

— Allons, en route! dit le général.

On descendit, on sauta en selle, et, du milieu de la cour, où attendaient trois ou quatre personnes, le général partit au galop, tournant court à l'angle de la porte cochère, et faisant changer de pied à son cheval en cavalier consommé.

Charras, excellent cavalier lui-même, subit victorieusement cette première épreuve.

Mais le cheval d'un second élève de l'École, forcé de prendre le trottoir, s'abattit sur la main gauche.

C'était devant la boutique d'un pharmacien; l'élève et le cheval disparurent dans la boutique, dont ils enfoncèrent la devanture.

L'accident ne valait pas la peine qu'on s'en occupât. On continua le chemin sans même détourner la tête.

Arrivé à la barrière de Passy, le général prit le commandement de la colonne.

Notre fiacre était un des premiers après l'état-major du général. Cet état-major se composait de Jacqueminot, de Charras, de Charles Ledru, d'Higonnet, et de M. de Lagrange, de Vernon et de Bernadou.

Vernon et Bernadou étaient en élèves de l'École ; Charles Ledru, en garde national à cheval, ancien uniforme, avec le casque ; Higonnet portait l'uniforme d'élève de l'École d'équitation de Saumur ; enfin, M. de Lagrange portait celui des chasseurs.

Au delà du quai de Billy, le général Exelmans était apparu.

— Me voici, Pajol, dit-il en se faisant jour jusqu'à celui-ci.

— C'est un peu tard... Mais n'importe, avait répondu Pajol, vous commanderez l'arrière-garde.

— Bien, avait répondu Exelmans.

Et il avait passé, en effet, à l'arrière-garde, où il trouva justement les Rouennais qui venaient d'arriver.

Au Point-du-Jour, Pajol arrêta son cheval.

— Mordieu! dit-il, je parie une chose!

— Laquelle? demanda-t-on.

— C'est que personne ici n'a une carte du département de Seine-et-Oise... Hé! quelqu'un a-t-il une carte du département de Seine-et-Oise ?

Personne ne répondit.

— Voulez-vous que j'aille en chercher une ? demanda Charras.

— Où cela?

— Est-ce que je sais!... Où il y en a, parbleu!

— Mais si vous ne savez pas où il y en a ?...

— Bon! en cherchant, on trouve toujours.

Charras partit au galop. Il avait son idée.

Il entra à la manufacture de Sèvres ; il lui semblait impossible qu'il n'y eût pas de carte de Seine-et-Oise à la manufacture de Sèvres.

Il ne s'était pas trompé ; il y en avait deux.

Elles lui furent remises par mon homonyme, M. Dumas, le chimiste, naguère ministre, aujourd'hui sénateur.

A un quart de lieue avant Sèvres, Pajol recevait les deux cartes.

— Maintenant, Jacqueminot, dit Pajol, il nous faut du pain, et beaucoup... Partez pour Versailles et commandez dix mille rations.

Jacqueminot partit.

— Puis il faudrait aussi des espions, dit Pajol; qui se charge de me trouver des espions?

— Moi, dit Charras.

— Ah çà! mais vous vous chargez donc de tout trouver? dit Pajol.

— Eh! sacrebleu! dit Charras, il faut bien que je m'utilise.

— Et où allez-vous me trouver cela?

— A Versailles.

— Vous y connaissez quelqu'un?

— Personne.. Mais ne vous inquiétez pas de cela.

— Je vais avec toi, dit Bernadou.

— Viens.

Les deux jeunes gens s'éloignèrent de toute la vitesse de leurs chevaux.

Ils arrivèrent à la mairie de Versailles enragés de soif. On avait eu l'idée de défoncer dans la cour, en plein soleil, une douzaine de tonneaux de bière; ils essayèrent de boire, et se crurent empoisonnés.

Un monsieur en bourgeois, représentant le maire, était là, suant comme un bœuf; — au reste, maire, adjoints, conseillers municipaux, tout le monde fondait en eau.

— Allons, vite, dit Charras : des espions, des chevaux, une voiture!

— Plaît-il? demanda le bourgeois suant.

— Vous n'entendez pas?... Je vous demande des espions, des chevaux et une voiture!

— Et où voulez-vous que je vous trouve cela? reprit le bourgeois suant de plus en plus.

— Cela ne me regarde pas... Trouvez-les, il me les faut. Voilà tout ce que j'ai à vous dire, moi.

— Mais, enfin, monsieur, qui êtes-vous, vous?

— Je suis M. Charras, premier aide de camp du général Pajol, commandant en chef l'armée expéditionnaire de l'Ouest.

Charras avait, en courant, inventé cette phrase; et, la jugeant passablement ronflante, il l'avait adoptée vis-à-vis du bourgeois.

— Tout ce que je puis faire, dit celui-ci, c'est de vous donner des adresses de loueurs de voitures.

— Donnez... On trouvera le reste, d'autant plus que vous ne me paraissez pas fort, vous!

Le bourgeois donna les adresses de deux ou trois loueurs de voitures.

On quitta la mairie, qui était située à gauche, en entrant dans la ville, à trois cents pas à peu près avant le château.

On revint du côté de Paris.

Une magnifique enseigne rôtissait au soleil de midi; elle représentait une calèche attelée de quatre chevaux, et deux chevaux de selle tenus par des grooms.

L'eau en vint à la bouche de Charras.

— Holà! hé! le patron! cria-t-il.

— C'est moi, monsieur, dit un individu d'assez mauvaise humeur.

— Une voiture et deux chevaux tout de suite.

— Pour qui?

— Pour les personnes que j'aurai à mettre dedans.

— Et quelles sont ces personnes?

— Je ne les connais pas encore.

— Je n'ai pas de voitures.

— Ah! vous n'avez pas de voitures?

— Non.

— Et celles-là, qui sont dans la cour?

— Elles sont retenues.

— Ah! c'est bien.

Charras regarda autour de lui : plus de cent personnes étaient déjà amassées; parmi les spectateurs se trouvaient une douzaine de gardes nationaux et un sergent.

— Sergent, dit Charras, faites-moi donc le plaisir d'empoigner monsieur.

Le Français, surtout lorsqu'il est revêtu d'un habit de garde national, est naturellement empoigneur. Le sergent Mercier, qui refusa d'empoigner Manuel, fut une exception : voilà pourquoi on lui rendit de si grands honneurs.

Le sergent se rua sur le loueur de voitures, et le saisit au collet.

— Bon! dit Charras, tout à l'heure nous allons voir ce qu'il faut faire de ce citoyen-là.

— Mais, enfin, monsieur, dit le loueur de voitures, qui êtes-vous ?

— Je suis M. Charras, premier aide de camp du général Pajol, commandant en chef l'armée expéditionnaire de l'Ouest.

— Monsieur, que ne disiez-vous cela tout de suite !... C'est autre chose.

— Faut-il le lâcher? demanda le sergent.

— Pas avant qu'il ait donné une voiture et deux chevaux... Bernadou, choisis deux bons chevaux et une bonne voiture.

— Sois tranquille.

Bernadou, le sergent et le loueur disparurent sous la grande porte, et s'enfoncèrent dans les profondeurs de la cour et la pénombre des écuries.

— Et, maintenant, dit Charras, deux patriotes de bonne volonté.

— Pour quoi faire? demandèrent vingt-cinq voix.

— Pour aller examiner la position de l'armée royale, et venir nous en rendre bon compte.

— Où cela?

— Où nous serons... où sera l'état-major... où sera le général Pajol; on n'aura pas de peine à trouver.

— Nous! dirent deux hommes.

Charras les regarda.

— Mais je ne vous connais pas, dit-il ; qui me répondra de vous ?

— Moi, dit un monsieur qu'il ne connaissait pas davantage.

— Très-bien, reprit Charras ; seulement, vous savez, messieurs, que, pour nous, vous êtes des patriotes, mais que, pour l'armée royale, vous êtes des espions.

— Après?

— Et que, si l'on vous prend...

— On nous fusillera... Après?

— Bon! si vous aviez commencé par me dire cela, je n'aurais pas demandé de répondant.

On amenait la voiture et les chevaux.

Charras ne s'en alla que lorsqu'il vit la voiture et les deux hommes sur la route de Rambouillet.

La tête de colonne apparaissait sur la route de Paris.

En quelques secondes, Charras fut près de Pajol.

— C'est fait, général, dit-il.

— Quoi?

— J'ai trouvé les espions.

— Où sont-ils?

— Partis.

— En vérité, mon cher, vous êtes un homme précieux... Eh bien, maintenant, il vous faudrait partir pour le village de Cognières; c'est probablement là que nous nous arrêterons.

— Où est-ce, Cognières?

— Ici... voyez...

Et le général lui montra sur la carte la situation du village, à quatre lieues en avant de Rambouillet.

— Bien! Et qu'y ferai-je, à Cognières?

— Vous direz au maire qu'il me faut dix mille rations de foin pour ce soir.

— Dix mille rations de foin? Il ne les trouvera jamais!

— Comment voulez-vous que nous fassions? Nous avons deux ou trois mille fiacres, douze ou quinze cents cabriolets, des tilburys, des charrettes, le diable et son train!

— Allons, ne vous désespérez pas, à défaut de foin, nous avons autre chose...

— Quoi? interrompit impatiemment le général.

— Nous avons des avoines sur pied, donc!

— Bon! s'écria Pajol; eh bien, sacrebleu! vous entendez la guerre, vous!... Comment vous appelle-t-on?

— Charras.

— Je me souviendrai de votre nom, soyez tranquille!... Allez, je compte sur mes dix mille rations comme si je les avais.

— Ah ! vous pouvez y compter.

Et Charras partit.

Pendant ce temps, nous arrivions et nous nous répandions dans Versailles.

Pour mon compte, je courais à la caserne des gardes du corps ; j'y avais, à la compagnie de Grammont, un intime ami, garçon d'une bravoure à toute épreuve, et surtout, ce que j'appréciais autant, d'un esprit merveilleux. On le nommait d'Arpentigny. C'était, si jeune qu'il fût, un ancien soldat de l'Empire, et il a écrit sur sa captivité en Russie un des plus étonnants livres qui se puissent lire.

Il n'y avait plus un seul garde à l'hôtel : tous avaient suivi le roi à Rambouillet ; ils l'accompagnèrent, on le sait, jusqu'à Cherbourg.

Après une halte d'une demi-heure, on donna l'ordre de se remettre en route.

Au moment du départ, le général Pajol apprit que deux régiments étaient casernés à Versailles. Était-il prudent de laisser ces deux régiments derrière soi ?

On leur envoya trois parlementaires. Les deux régiments se rendirent sans résistance ; leurs armes furent distribuées aux hommes de l'expédition ; mes dix-sept soldats y attrapèrent trois fusils.

En arrivant à Saint-Cyr, Degousée eut l'idée d'enlever l'artillerie de l'École ; il demanda des hommes de bonne volonté : nous nous offrîmes, et, à deux cents à peu près, nous allâmes enlever huit pièces de canon.

On s'y attela pour les traîner jusqu'à la route ; des émissaires envoyés de tous côtés ramenèrent des chevaux et des traits.

L'armée expéditionnaire de l'Ouest avait de l'artillerie ; seulement, elle manquait de gargousses et de boulets.

En ce moment, Georges la Fayette nous rejoignit ; il y avait une place vacante, celle de commandant de l'artillerie : Pajol la lui donna.

Parvint-on à se procurer des boulets et des gargousses ? Je n'en ai jamais rien su.

Arrivée au haut de la montagne de Saint-Cyr, l'armée expéditionnaire commença à trouver la grande route jonchée de sabres, de fusils, de gibernes, de bonnets à poil.

Les soldats en retraite étaient tellement démoralisés, qu'ils jetaient leurs armes tout le long du chemin.

Cinq autres de mes hommes se trouvèrent armés, grâce à ces épaves du naufrage royal.

Nous arrivâmes à Cognières sur les sept heures du soir, harassés de fatigue et mourant de faim. Nous avions bien, à Versailles, attrapé quelques bribes de pain et quelques verres de vin; mais, comme disaient mes machinistes, il n'y en avait que pour les dents creuses.

En arrivant à Cognières, il y avait terriblement de dents creuses !

Les chevaux avaient trouvé leurs dix mille rations de foin et d'avoine, mais les hommes n'avaient rien trouvé du tout.

Et, cependant, Jacqueminot avait scrupuleusement rempli sa mission; on lui avait promis qu'aussitôt le nouveau préfet arrivé, — et on l'attendait d'un moment à l'autre, — le pain serait expédié.

Chacun, comme le lion de l'Écriture, se mit à chercher *quem devoret*.

J'avais établi notre camp autour d'une grande meule de paille placée à droite de la route. Notre drapeau, planté au haut de la meule par un des machinistes, devait nous servir de point de ralliement.

J'avais été fort malheureux dans ma recherche, quand, par bonheur, j'avisai la maison du curé.

J'y entrai, et j'exposai au brave homme mes besoins et ceux de ma troupe.

Il me donna un assez joli morceau de pain qui pouvait peser trois ou quatre livres, et, comme il n'y avait plus de bouteilles dans la maison, du vin plein une *telle* à mettre du lait.

Pendant que je faisais mon expédition, on s'occupait de deux choses : on plaçait trente paysans de Cognières, armés avec les sabres et les fusils ramassés sur la route, comme poste avancé, à un quart de lieue du village; et, avec les trois ou quatre mille fiacres, les quinze ou dix-huit cents cabriolets, les tilburys, les charrettes, etc., on établissait une grande ligne de barricades qui coupait la route, s'étendant à droite et à gauche dans la plaine, sur tout le front du camp, et se recourbant des deux côtés sur les ailes.

En chemin, j'avais été harponné par un monsieur en habit noir, en pantalon noir, en gilet blanc : tout cela était gris-perle ; il avait rencontré le cortége, et, emporté par le tourbillon, était monté debout derrière un fiacre. D'armes, il n'en avait aucune, pas même un canif. Comme on le voit, celui-là était un véritable amateur.

L'amateur n'avait pas mangé depuis la veille : pour le moment, il demandait à cor et à cri un morceau de pain quelconque.

Il était courtier de commerce de son état, et de son nom s'appelait Detours.

Je lui indiquai notre drapeau, l'invitai à continuer encore quelques instants ses recherches, infructueuses jusque-là, et à venir nous rejoindre autour de notre meule, les mains pleines ou vides.

Au bout d'un quart d'heure, je le vis arriver avec un morceau de pain et une moitié de gigot. Il avait rencontré Charras, qui l'avait pris en miséricorde, et l'avait mis à même de la cantine du général Pajol.

Il s'excusait de ne pas apporter davantage.

Mes hommes, de leur côté, s'étaient répandus dans les fermes environnantes, et avaient décroché quelques poules et une certaine quantité d'œufs.

On mit les vivres en commun, et, tant bien que mal, on soupa.

Seulement, nous soupâmes — nous, quatre ou cinq cents peut-être, — parce que nous étions arrivés les premiers ; mais on entendait rugir de faim ceux qui étaient arrivés les derniers.

Le repas terminé, je creusai une espèce de voûte sous la meule, voûte où nous nous enfournâmes sybaritiquement, Delanoue et moi.

Le reste de nos hommes éparpilla de la paille, et campa à la belle étoile autour de nous.

Quant à M. Detours, je ne sais s'il habite Paris ou la province, s'il vit ou s'il est mort, s'il est bonapartiste ou républicain, je ne l'ai jamais revu. Si je me rappelle son nom, c'est par un véritable miracle de ma mémoire.

CLXIV

Boyer le Cruel. — Les dix mille rations de pain. — Le général Exelmans et Charras. — Le concierge de la préfecture de Versailles. — M. Aubernon. — Le colonel Poque. — Entrevue de Charles X avec MM. de Schonen, Odilon Barrot et le maréchal Maison. — La famille royale quitte Rambouillet. — Panique. — Les diamants de la couronne. — Retour à Paris.

Tandis que nous dormions comme des bienheureux, Delanoue et moi; tandis que la seconde ligne, qui n'avait mangé qu'à moitié sa faim, se serrait le ventre; tandis que la troisième ligne, qui n'avait pas mangé du tout, rugissait comme une bande de lions au désert; tandis que les cochers ronflaient dans leurs fiacres; tandis que les chevaux remâchaient leur foin et leur avoine; tandis que les feux allumés çà et là s'éteignaient et jetaient leurs incertaines lueurs sur trois lieues de terrain couvertes de moissons foulées, d'hommes couchés, de fantômes errants, disons ce qui se passait à l'état-major.

A peine les gardes avancées venaient-elles d'être établies sur la route de Cognières à Rambouillet, qu'on avait amené à l'hôtellerie de la poste, à gauche de la route, un général qui avait essayé de franchir de force la ligne des sentinelles. Ce général portait encore la cocarde blanche : c'était le vieux général Boyer, que nous avons tous connu, qui eut, depuis, un commandement en Afrique, et qui, dans ce commandement, conquit, à tort ou à raison, le surnom de Boyer *le Cruel*.

Le général Pajol n'était pas encore arrivé. Dans la salle de l'auberge mangeaient, assis à une table ronde, M. de Schonen, M. Odilon Barrot et M. le maréchal Maison ; ils se rendaient pour la seconde fois à Rambouillet.

En l'absence du général Pajol, Charras commandait.

On lui amena le général Boyer ; celui-ci se nomma et avoua franchement qu'il allait offrir son épée à Charles X.

C'était un prisonnier assez embarrassant pour Charras.

Le jeune aide de camp entra dans la salle où dînaient les trois commissaires, et, s'adressant au maréchal Maison :

— Monsieur le maréchal, lui dit-il, on vient d'arrêter le général Boyer.

— Eh bien, demanda le maréchal, que voulez-vous que j'y fasse ?

— Voulez-vous le cautionner ? Je lui ferai rendre la liberté.

— Non, sacrebleu ! non, s'écria le maréchal. Gardez-le à vue ; Pajol va venir, il fera de lui ce qu'il voudra.

On conduisit le général Boyer dans une chambre voisine de celle où dînaient les commissaires.

Charras n'avait pas mangé depuis le matin qu'il avait déjeuné chez le général Pajol ; les commissaires virent facilement que leur dîner lui tirait l'œil.

On lui offrit de prendre place à table ; il accepta.

Le maréchal Maison ne buvait jamais que du vin de Champagne ; il versa coup sur coup trois ou quatre verres (on buvait dans des espèces de vidrecomes) à l'aide de camp du général Pajol, qui, l'estomac vide, les nerfs excités par sa campagne de la Fère, le front brûlé par six jours consécutifs de soleil, se sentit repris d'une ardeur toute nouvelle.

Il en résulta que, lorsque le général Pajol rejoignit, qu'il vit que le pain n'était pas arrivé, et demanda un homme de bonne volonté pour aller à Versailles, Charras, qui, avec les tours et les détours, avait peut-être déjà fait vingt lieues dans sa journée, Charras, dis-je, voyant que personne ne se présentait, s'offrit pour cette mission.

— Mais, sacrebleu ! dit Pajol, vous êtes donc de fer ?

— De fer ou non, dit Charras, vous voyez bien que, si je n'y vais pas, personne n'ira.

— Allez-y donc, alors... Bien entendu que, si vous rencontrez le pain en route, vous reviendrez avec lui.

— Pardieu!

Et Charras courut aux écuries, sella son cheval, et partit au grand trot.

En arrivant à la hauteur de Trappes, il fut arrêté par un poste d'arrière-garde qui barrait la route.

— Qui vive? cria la sentinelle.

— Ami.

— Ce n'est pas assez.

— Comment, ce n'est pas assez?

— Non... Qui vive?

— Charras, premier aide de camp du général Pajol, commandant en chef l'armée expéditionnaire de l'Ouest.

— Avancez à l'ordre.

La chose était tenue militairement, comme on voit.

— Qui commande ici? demanda Charras.

— C'est le général Exelmans.

— Je lui en fais mon compliment... Conduisez-moi à lui.

On satisfit à ce désir, qui n'avait rien d'exorbitant.

Le général était couché dans son manteau, à gauche de la route, sous un prunier.

Son fils était couché près de lui.

Charras exposa l'objet de sa mission.

— Savez-vous, reprit Exelmans, que nous crevons tous de faim, ici?

— Général, ce n'est pas la faute du général Pajol: il a envoyé, avant onze heures du matin, le colonel Jacqueminot à Versailles, pour commander dix mille rations de pain.

— A qui?

— Au préfet.

— Et ce b......-là ne les a pas envoyées?

— Vous voyez bien que non, puisque je vais les chercher.

— Et vous m'assurez qu'elles ont été commandées?

— Devant moi le colonel Jacqueminot est parti.

— Eh bien, monsieur, moi, le général Exelmans, je vous ordonne de faire fusiller le préfet.

Charras tira de sa poche un portefeuille et un crayon.

— Un mot d'écrit, général, et ce sera fait dans une heure.

— Mais, monsieur...

— Au crayon, cela me suffira.

— Mais, monsieur...

— Allons, dit Charras, je vois que le préfet de Versailles ne sera pas encore fusillé cette nuit.

— Mais, monsieur, réfléchissez à ce que vous me demandez.

— Moi, général, je ne vous demande rien, que de me laisser passer.

— Laissez passer monsieur, dit le général Exelmans.

Et il se recoucha sous son prunier.

Charras continua son chemin.

Il arriva à la barrière de Versailles, se fit reconnaître, prit avec lui quatre gardes nationaux, et s'achemina vers la préfecture.

Il était une heure du matin ; tout le monde dormait.

Il fallut frapper un quart d'heure avant de tirer de la maison le moindre signe de vie. Charras et les gardes nationaux y allaient cependant de tout cœur, l'un avec la crosse de son pistolet, les autres avec la crosse de leurs fusils.

Enfin, une voix cria de la cour :

— Que voulez-vous ?

— Je veux parler au préfet.

— Comment, vous voulez parler au préfet ?

— Oui.

— A cette heure-ci ?

— Sans doute.

— Il est couché.

— Eh bien, je le ferai lever, alors... Allons, allons, ouvrons la porte, et plus vite que cela, ou je l'enfonce !

— Vous enfoncerez la porte de la préfecture ? s'écria le concierge stupéfait.

— Tiens ! dit Charras, la bonne blague !

Le concierge ouvrit, mal éveillé, mal peigné, mal habillé.

— Allons, dit Charras, conduis-moi chez le préfet.

— Mais puisque je vous ai dit qu'il était couché!

— Mais puisque je te dis de marcher devant, drôle!

Et il allongea un coup de pied au concierge, qui monta les escaliers quatre à quatre, ouvrit la chambre du préfet, posa son suif sur la table de nuit, et, montrant à Charras un homme qui se frottait les yeux, il sortit en disant:

— Voila M. le préfet, arrangez-vous avec lui comme vous voudrez.

M. le préfet se souleva sur son coude.

— Hein! dit-il, que me veut-on?

— On veut vous apprendre, monsieur le préfet, dit Charras, que, tandis que vous dormez tranquillement, il y a autour de Rambouillet dix mille hommes qui enragent de faim par votre faute.

— Comment, par ma faute?

— Sans doute... N'avez-vous pas reçu l'ordre de faire filer dix mille rations de pain sur Cognières?

— Eh bien, monsieur?

— Eh bien, monsieur, les dix mille rations sont encore à Versailles, voilà tout.

— Dame! que voulez-vous que j'y fasse?

— Ce que je veux que vous y fassiez? Oh! c'est bien simple... Je veux que vous vous leviez, que vous veniez avec moi à la manutention, que vous fassiez charger le pain sur des voitures, et que vous donniez aux voitures l'ordre de se mettre en route.

— Monsieur, vous parlez d'un ton...

— Je parle comme il convient.

— Savez-vous qui je suis.

— Qu'est-ce que cela me fait, à moi, qui vous êtes!

— Monsieur, je suis M. Aubernon, préfet de Seine-et-Oise.

— Et moi, monsieur, je suis M. Charras, premier aide de camp du général Pajol, commandant en chef l'armée expéditionnaire de l'Ouest, et j'ai l'ordre de vous faire fusiller, si vous n'envoyez pas le pain à l'instant même.

— Me faire fusiller? s'écria le préfet en bondissant dans son lit.

— Ni plus ni moins... Risquez-vous le paquet?

— Monsieur, je me lève, et je vais avec vous à la manutention.

— A la bonne heure!

Le préfet se leva et alla avec Charras à la manutention.

On chargeait le pain..

— Je vous laisse ici, monsieur, dit Charras; vous avez tout intérêt à ce que les voitures partent promptement, vous le savez...

Et l'infatigable messager reprit la route de Cognières.

Pendant ce temps, les trois commissaires avaient gagné Rambouillet, où ils étaient arrivés vers les neuf heures du soir.

Tout y était dans la plus grande confusion. Un événement qui ne manquait pas d'un certain caractère de grandeur y avait jeté le trouble dans les esprits.

Le matin, ce même colonel Poque par lequel la Fayette avait fait dire à Étienne Arago d'ôter sa cocarde, y était arrivé avec une bande hâtive d'insurgés.

Peut-être avait-il quelque mission particulière pour le général Vincent, sous lequel il avait servi en 1814.

Tant il y a qu'arrivé en face des avant-postes, il avait laissé sa petite troupe derrière lui, et, le mouchoir à la main, s'était approché à la portée de la voix.

Il était accompagné d'un cuirassier qui avait passé avec le peuple, et qui suivait le colonel Poque comme ordonnance

Le général Vincent était aux avant-postes royalistes. Il cria au colonel de s'arrêter.

Le colonel s'arrêta; mais, faisant flotter son mouchoir, déclara qu'il ne se retirerait qu'après avoir parlé aux soldats.

Le général Vincent déclara, de son côté, que, si Poque ne se retirait pas, il allait faire tirer sur lui.

Poque se croisa les bras, et attendit. Le général le somma par trois fois de se retirer, et, voyant son immobilité, ordonna, à la troisième fois, de faire feu.

Tout le premier rang obéit.

Le cheval du cuirassier, frappé de trois balles, s'abattit sous lui.

Le colonel Poque, la cheville du pied brisée par une balle, se coucha de douleur sur le dos de son cheval, mais ne bougea point.

On alla à lui, on le prit et on le transporta dans les communs du château.

Cet exemple montrait aux soldats à quels hommes ils avaient affaire.

Charles X fut désespéré de l'événement ; il s'informa de ce qu'était le colonel Poque, et lui fit demander par madame de Gontaut s'il désirait quelque chose.

Poque, qui avait sa mère dans les Pyrénées, désirait qu'on avertît celle-ci de l'événement, mais sans lui dire tout ce que la blessure avait de grave. Charles X avait envoyé son propre médecin au colonel, et il était tout simplement question de lui couper la jambe !

Madame de Gontaut écrivit elle-même à la mère du blessé.

A cinq heures, on avait appris l'approche de l'armée parisienne ; à sept heures, on avait annoncé son arrivée. Cette armée matériellement n'était pas bien terrible ; mais, moralement, c'était l'esprit de la révolution marchant contre la royauté.

On délibérait au milieu des angoisses, des conseils divers, des résolutions opposées.

Les uns voulaient tenir jusqu'à la fin, proposant une retraite sur la Loire, une Vendée, une chouannerie.

Les autres désespéraient de la fortune de la monarchie, et conseillaient une prompte fuite.

Le dauphin, qui, en voulant arracher l'épée au maréchal Marmont, s'était coupé les doigts, boudait comme un enfant.

Le maréchal, qui se tenait pour insulté, gardait le silence, et se renfermait dans sa chambre.

A huit heures, Rambouillet était déjà à moitié abandonné : les courtisans — ceux mêmes qui avaient dîné ce jour-là à la table du roi — avaient disparu, quelques-uns si précipitamment, qu'ils n'avaient pas pris le temps d'emporter leur chapeau.

Les soldats seuls étaient restés à leur poste, mais sombres, mornes, abattus.

C'est sous cette espèce de voile funèbre que passèrent MM. de Schonen, Odilon Barrot et le maréchal Maison pour arriver jusqu'à Charles X.

Le vieux roi les reçut le front plissé, et avec une brusquerie qui n'était pas dans ses habitudes courtoises.

— Que me voulez-vous encore, messieurs? leur demanda-t-il.

— Sire, nous venons de la part du lieutenant général.

— Eh bien, je me suis entendu avec lui, et tout est réglé entre nous.

Les commissaires gardèrent le silence.

— N'a-t-il pas reçu la lettre que je lui ai adressée par M. de Latour-Foissac, et qui contenait mon abdication et celle du dauphin?

— Oui, sire; mais a-t-il répondu à cette lettre?

— Non, certes, il n'y a pas répondu. Qu'avait-il besoin d'y répondre, puisqu'il a répondu à mes deux premières, et que, dans chacune, il m'a donné les assurances de son dévouement?

Les commissaires gardèrent de nouveau le silence.

— Enfin, messieurs, parlez, dit Charles X.

— Sire, nous venons, de la part du lieutenant général du royaume, prévenir Votre Majesté que le peuple de Paris marche sur Rambouillet.

— Mais mon petit-fils?... mais Henri V? s'écria Charles X.

Pour la troisième fois, les commissaires gardèrent le silence.

— Ses droits sont imprescriptibles, il me semble, continua Charles X avec véhémence; ses droits sont réservés dans l'acte d'abdication; ses droits, j'ai quinze mille hommes autour de moi prêts à se faire tuer, depuis le premier jusqu'au dernier, pour les soutenir!... Mais répondez-moi donc, messieurs! Au nom de l'honneur français, je vous somme de me répondre!

Le maréchal Maison, tout troublé de cette grande douleur qui éclatait sur le visage du vieillard, fit un pas en arrière.

— Sire, dit Odilon Barrot, ce n'est pas dans le sang qu'il faut placer le trône de votre petit-fils.

— Et, ajouta le maréchal Maison, soixante mille hommes marchent sur Rambouillet. Que le roi y songe!

Le roi s'arrêta devant le maréchal Maison, et, après un instant de silence :

— Deux mots, monsieur le maréchal, dit-il.

Les autres commissaires se reculèrent.

— Je suis aux ordres du roi, dit le maréchal.

Le roi fit signe au maréchal de venir à lui.

Le maréchal obéit.

— Sur votre honneur, monsieur, dit le roi en regardant le maréchal en face, l'armée parisienne est-elle, comme vous l'assurez, forte de soixante mille hommes?

Le maréchal pensa, sans doute, que c'était un pieux mensonge que celui qui sauvait le pays de la guerre civile.

Puis peut-être aussi croyait-il dire la vérité : la plaine, la route, tout l'espace compris entre Versailles et Rambouillet était couvert d'hommes.

— Sur mon honneur, sire! dit-il.

— C'est bien, dit Charles X, retirez-vous... Je vais prendre l'avis du dauphin et celui du duc de Raguse.

Les commissaires sortirent.

Le dauphin refusa de donner son avis.

— Sire, répondit le duc de Raguse, je crois offrir à mon roi une dernière preuve de fidélité en lui conseillant la retraite.

— Bien, monsieur le maréchal, dit Charles X. Que tout soit prêt pour le départ demain, à sept heures du matin.

Hélas! ce fut ainsi, forcé, poussé à bout par les circonstances, que rendit son épée ce dernier de nos rois chevaliers, qui ne comprenait cependant qu'on la rendit, comme le roi Jean ou comme François Ier, que sur un champ de bataille!

C'est que la royauté venait d'essuyer une défaite bien autrement désastreuse que Poitiers ou Pavie.

Pendant que tous ces graves intérêts se débattaient entre les puissants ou plutôt entre les faibles de la terre,—car n'étaient-ils pas plus faibles que les autres hommes, ces rois qui devaient s'en aller, chacun à son tour, mourir, l'un dans l'exil de Goritz, l'autre dans celui de Claremont? — moi qui avais eu presque autant de mal à conquérir ma meule que Louis-Philippe son trône, je dormais certainement mieux, sous ma voûte de paille, que celui-ci sous son dais de velours.

Vers quatre ou cinq heures du matin, je fus réveillé par une fusillade des mieux nourries: les balles se croisaient en sifflant, et les fiacres, qui devaient nous servir de barricades contre l'attaque des Suisses et la garde royale, se sauvaient en tout sens à travers la plaine, au grand galop de leurs chevaux.

C'était une fausse alerte. Qu'eût-ce donc été, mon Dieu! si l'alerte eût été véritable?

Voici ce qui était arrivé:

Des hommes accourant de Rambouillet avaient déchargé leurs fusils en l'air. On avait cru, dans le camp, que le combat s'engageait; on s'était levé à moitié endormi, on avait fait feu au hasard; le premier sentiment de l'homme qui a un fusil entre les mains est de s'en servir: de là cette fusillade et ce croisement de balles par lesquels je venais d'être éveillé moi-même.

Enfin, tout s'expliqua, tout s'éclaircit; on en fut quitte pour un homme tué et deux ou trois blessés; on entonna une immense *Marseillaise* et l'on reprit la route de Paris.

Seulement, Delanoue et moi, nous la reprîmes à pied: notre fiacre avait déserté un des premiers, et il nous fut impossible de remettre la main dessus.

Nous revînmes, je me le rappelle, jusqu'à Versailles à travers champs avec mes bons et chers amis Alfred et Tony Johannot, disparus tous deux aujourd'hui avant l'âge, et qui seront restés frères dans la mort comme ils l'étaient dans la vie!

A Versailles, nous prîmes une voiture qui nous ramena à Paris.

Que devenaient, cependant, le général et l'état-major de *l'armée expéditionnaire de l'Ouest?*

Nous allons le dire.

Aux premiers coups de fusil, Pajol était monté à cheval, et

avait pris le milieu de la chaussée, essayant, mais inutilement, de faire entendre sa voix à travers le tohu-bohu.

Les balles pleuvaient autour de lui sans qu'il parût s'en plus préoccuper que si c'eût été une grêle ordinaire.

Un jour, je lui rappelais cette circonstance, et le complimentais sur son sang-froid et son courage.

— Pardieu! dit-il, voilà un beau mérite pour un vieux soldat qui a vu tous les tremblements de terre de l'Empire, de ne pas se préoccuper d'une chiquenaude donnée contre un mur!

L'orage se calma pour lui comme il s'était calmé pour nous.

Seulement, tout le monde n'était pas aussi disposé que nous à la retraite : une partie de l'armée expéditionnaire ne voulut pas être venue pour rien à Cognières, et résolut de pousser jusqu'à Rambouillet.

Pajol ne vit point partir ces fanatiques sans une certaine terreur; il mit à leur tête Charras et Degousée; mais bientôt les deux chefs reconnurent l'impossibilité de maintenir ce flot humain, et se laissèrent entraîner par lui.

Il les poussa jusque dans les cours du château de Rambouillet, où le maire de la ville leur indiqua tout bas et en cachette un fourgon dont il venait de remettre les clefs au maréchal Maison.

Ce fourgon contenait les diamants de la couronne, estimés à quatre-vingts millions.

— Bien, dit Charras, il faut les confier au peuple; c'est le seul moyen qu'il ne leur arrive pas malheur.

On confectionna un petit drapeau tricolore sur lequel on écrivit en lettres noires : *Diamants de la couronne;* on planta le drapeau sur le fourgon, et tout fut dit.

Puis on fit proclamer que ceux qui voudraient revenir en accompagnant et en gardant les diamants de la couronne reviendraient dans les voitures du roi.

C'était un moyen qu'avait trouvé Degousée pour qu'on ne fit point du feu de ces voitures.

Mais une partie des volontaires préféra se donner le plaisir de la chasse, et se lancer, dans le parc royal, à la poursuite des cerfs, des biches et des daims.

D'autres s'établirent dans le château, et se firent d'immenses noces de Gamache des reliefs trouvés dans les cuisines de l'ex-roi, et arrosés des meilleurs vins de ses caves.

Enfin, les plus raisonnables, ou peut-être aussi les plus vaniteux, montèrent dans les voitures royales et les ramenèrent à Paris, conduisant, au centre de ces voitures, le fourgon contenant les diamants de la couronne avec autant de respect que les Israélites menaient l'arche sainte.

Et la comparaison est d'autant plus exacte, que l'imprudent qui eût touché du bout du doigt à cette nouvelle arche fût certainement tombé mort, et d'une mort bien autrement explicable que celle des sacriléges qui touchaient à l'ancienne.

Tout ce cortége, merveilleux par le contraste qu'il offrait entre les laquais en grande livrée, les harnais magnifiques, les carrosses dorés et les hommes en guenilles qu'il voiturait, après avoir longé, au pas et gravement, le quai de Passy, le quai de Billy, le quai de la Conférence et le quai des Tuileries, traversa le Carrousel, et s'arrêta dans la cour du Palais-Royal.

Il va sans dire que tous ces malheureux qui accompagnaient, escortaient, gardaient pour quatre-vingts millions de diamants, mouraient de faim, n'ayant eu, le matin, qu'une portion de ce pain envoyé, pendant la nuit, par M. le préfet de Seine-et-Oise.

Et encore, comme les voitures avaient été pillées, les uns n'avaient eu qu'une demi-ration, les autres qu'un quart de ration, les autres, enfin, n'avaient rien eu du tout.

Le lieutenant général descendit, remercia, sourit et remonta.

— Mordieu! dit Charras à Charles Ledru, il aurait bien dû songer à nous inviter à dîner, M. le lieutenant général... J'enrage la faim, moi!

— Eh bien, dit Charles Ledru, allons dîner chez Véfour.

— Vous êtes charmant! Je n'ai pas le sou, moi... Avez-vous de l'argent, vous?

— J'ai quinze francs.

— Oh! alors, vive la Charte!

Et, bras dessus, bras dessous, ils s'en allèrent joyeusement dîner chez Véfour.

Quant au général Pajol, commandant en chef l'armée expéditionnaire de l'Ouest, il revint gaillardement à Paris dans une calèche qu'il avait récoltée à Cognières.

Avant son départ, la caisse de l'armée expéditionnaire avait été ouverte, et M. Armand Cassan, improvisé caissier, avait payé, rubis sur l'ongle, les avoines sciées, les poules plumées, les œufs dénichés, les fruits cueillis et le vin bu.

Il y a cent à parier contre un que les paysans des environs de Cognières ne firent pas une mauvaise affaire à l'expédition de Rambouillet.

CLXV

Quelle était l'idée d'Harel. — On me propose de faire *la Parisienne*. — Auguste Barbier. — Mon état moral après les trois jours. — Je deviens solliciteur. — Déjeuner chez le général la Fayette. — Mon entretien avec lui. — Question indiscrète. — Le marquis de Favras. — Une lettre de Monsieur. — Ma commission.

Je dois avouer que, pour cette fois, je rentrai chez moi harassé, et, m'eût-on proposé les plus belles expéditions de la terre, on ne m'eût pas tiré de mon lit le lendemain.

Aussi ce fut au lit que je reçus Harel.

Quelle était l'idée de pièce qu'il m'apportait et qui devait faire courir tout Paris?

C'était un *Napoléon*.

Oui, il faut rendre justice à qui de droit: celui de tous les directeurs de théâtre qui eut le premier l'idée de tirer quelque chose du grand homme qui nous avait tant coûté, ce fut Harel, ou plutôt mademoiselle Georges.

Et, en effet, mademoiselle Georges lui devait bien cela!

Malheureusement, l'affaire, tout en paraissant magnifique comme spéculation, me souriait peu comme art. Le mal que

Bonaparte a fait à ma famille me rend peut-être injuste pour Napoléon; d'ailleurs, il me paraissait impossible d'écrire un pareil drame sans soulever les passions mauvaises. Je refusai donc.

Harel se mit à rire.

— Vous y réfléchirez, me dit-il.

Et il me quitta comme Louis-Philippe avait quitté les républicains, en chantant :

Il ne faut pas dire : « Fontaine... »

Je dois déclarer aussi qu'il y avait une chose qui me semblait étrange en un pareil moment : c'est que l'on pût songer à prendre une plume, à aligner des lettres sur le papier, à faire un livre, à composer un drame.

Zimmermann, de son côté aussi, était venu : il me demandait une cantate pour en faire la musique.

— Mon ami, lui dis-je, demandez cela à un homme qui ne se soit pas battu, à un homme qui n'ait rien vu, à un poëte qui ait une campagne, et qui, par hasard, soit resté à cette campagne pendant les trois jours, et il vous fera cela à merveille! Mais, moi qui ai vu, moi qui ai agi, moi qui ai pris part à la chose, je ne ferais rien de bon, et resterais toujours au-dessous de ce que j'ai vu.

On alla trouver Casimir Delavigne, et Casimir Delavigne fit *la Parisienne*.

Mais, tout à coup, en face de *la Parisienne*, et comme pour faire sentir le vide de cette poésie impériale, surgit *la Curée*, torche secouée par un poëte inconnu.

Ce chef-d'œuvre, cette merveille, cet iambe plein de poudre et de fumée, de fièvre et de soleil, où la Liberté passait d'un pied ferme, marchant à grands pas, l'œil ardent et le sein nu, était signé Auguste Barbier.

Nous poussâmes tous un cri de joie : c'était un grand poëte de plus parmi nous; c'était un renfort qui nous arrivait, comme arrivent par une trappe, et au milieu des flammes, ces génies qui viennent prendre part au dénoûment des drames fantastiques.

Mais, tout en éveillant mon enthousiasme, vers de Barbier ou même vers d'Hugo ne pouvaient éveiller mon émulation ; je me sentais tombé dans une si grande défaillance à l'endroit de la poésie ou de la prose, que je compris qu'il fallait laisser le temps à la secousse politique de s'éteindre en moi.

J'eusse voulu pouvoir rendre un service quelconque à la France ; je n'admettais pas que tout fût fini ; il me semblait qu'il y avait encore, dans tel coin de ce grand royaume, quelque chose à faire, et qu'un si puissant orage ne pouvait pas s'être ainsi calmé tout à coup. Enfin, j'avais le dégoût, je dirai presque la honte de ce qui se tripotait à Paris.

Pendant deux ou trois jours, je cherchai ce que je pouvais faire en dehors de ma vie habituelle, en dehors de mon passé, en dehors de mon avenir ; j'aurais pu rentrer au Palais-Royal, demander une mission quelconque, me faire envoyer en Prusse, en Russie, en Espagne : je ne voulus point ; j'avais juré de n'y pas rentrer, de ma propre volonté du moins.

Je tournai les yeux vers la Vendée.

Il y avait peut-être quelque chose à faire de ce côté-là.

A Saint-Cloud, Charles X avait eu un moment d'hésitation ; M. de Vitrolles lui avait parlé de la Vendée, et peu s'en était fallu qu'il ne s'y jetât.

A Trianon, M. de Guernon-Ranville avait été d'avis qu'un seul parti restait à prendre au roi : celui de se retirer à Tours, d'y convoquer les deux Chambres, les généraux, les hauts fonctionnaires publics, les grands dignitaires du royaume.

Sans doute, Charles X avait repoussé tout cela ; sans doute, Charles X allait gagner Cherbourg, et s'embarquer pour l'Angleterre, abattu et consterné ; mais, si l'ombre des victimes de Quiberon lui interdisait la Vendée, à lui, la Vendée était ouverte aux autres membres de sa famille.

Il me semblait qu'il fallait réagir d'avance contre une future Vendée ; que ce serait prudent, que ce serait politique, que ce serait humain.

Peut-être aussi me semblait-il cela parce que j'avais envie de faire un voyage en Vendée.

J'allai trouver le général la Fayette.

Je ne l'avais pas revu depuis mon expédition de Soissons : il avait su que j'avais pris part à celle de Rambouillet; en m'apercevant, il me tendit les bras.

— Ah! me dit-il, vous voici enfin!... Comment, vous ayant vu pendant le combat, ne vous ai-je pas revu après la victoire?

— Général, lui dis-je, j'ai laissé passer les plus pressés; mais me voici à mon tour, et, de plus, je viens en solliciteur.

— Ah bah! me dit-il en riant, voudriez-vous une préfecture, par hasard?

— Non, Dieu m'en garde!... Je voudrais aller en Vendée.

— Pour quoi faire?

— Pour voir s'il n'y aurait pas moyen d'y organiser une garde nationale.

— Connaissez-vous le pays?

— Non, mais je l'apprendrai.

— Il y a quelque chose dans votre idée, me dit le général Venez déjeuner avec moi un de ces matins, et nous causerons de cela.

— Ici, général?

— Parfaitement.

— Merci, général... Et puis, en même temps, vous me direz une chose, n'est-ce pas?

— Laquelle?

— Vous me direz... c'est bien singulier ce que je vais vous demander là; mais la chute des Bourbons ôte à ma question la moitié de sa gravité... Vous me direz comment il se fait qu'ayant été mêlé — je sais cela par Dermoncourt — à toutes les conspirations de Béfort, de Saumur et de la Rochelle, vous n'ayez jamais été arrêté.

La Fayette se mit à rire.

— Vous me faites une question qu'on m'a déjà faite plus d'une fois, et à laquelle je n'ai répondu, jusqu'à présent, qu'en attribuant cette impunité à ma bonne étoile. A l'époque où l'on m'adressait cette question, je devais répondre cela;

aujourd'hui, Dieu merci! je puis répondre autre chose...
Seulement, votre désir change le lieu de notre déjeuner : au lieu de venir déjeuner ici, venez déjeuner chez moi... Vous savez mon adresse?

— J'étais chez vous il y a huit jours; ne vous le rappelez-vous pas?

— Si fait.

— Et quand ce déjeuner, général?

— Voyons... nous sommes aujourd'hui le 5... Voulez-vous demain? Sinon, ce ne pourrait être que le 10 ou le 11.

— J'aime mieux demain, général; je suis pressé de partir... Ainsi, demain, rue d'Anjou-Saint-Honoré, n'est-ce pas?

— Oui.

— A quelle heure?

— A neuf heures... C'est de bonne heure, je sais; mais je voudrais être ici à onze.

— Soyez sans crainte, général, je ne vous ferai point attendre.

— Nous serons seuls; je veux causer longuement et tranquillement avec vous.

— C'est une double faveur que vous m'accordez, général.

On vint annoncer je ne sais quelle députation. Je me retirai.

Le lendemain, à neuf heures moins dix minutes, j'étais rue d'Anjou-Saint-Honoré, n° 6.

Le général m'attendait dans son cabinet.

— Nous déjeunerons ici, me dit-il, si cela vous convient... D'ailleurs, nous aurons sous la main certaines choses dont nous devons causer.

Je souris.

Il m'arrêta, voyant que j'allais renouveler la question que je lui avais faite la veille.

— Parlons d'abord, me dit-il, de votre projet sur la Vendée.

— Volontiers, général.

— Y avez-vous réfléchi?

— Autant que je suis capable de réfléchir à quelque chose; je suis un homme d'instinct, et non de réflexion, moi.

— Voyons, dites-moi bien la proposition que vous me faites.

— Je vous propose de m'envoyer en Vendée pour voir s'il ne serait pas possible d'y organiser une garde nationale qui gardât le pays elle-même, et s'opposât à toute tentative royaliste, dans le cas où cette tentative aurait lieu.

— Et comment croyez-vous possible de faire garder par lui-même un pays royaliste contre une tentative royaliste?

— Général, lui dis-je, voici peut-être où je commets une erreur, mais écoutez-moi d'abord, car il me semble que ce que je vais vous exposer n'est pas tout à fait dénué de raison; et ce qui peut, au premier coup d'œil, vous paraître inapplicable, est, cependant, à mon avis, chose sinon facile, du moins possible.

— Allez, je vous écoute.

— La Vendée de 1830 n'est plus celle de 1792; la population, composée autrefois de nobles et de métayers seulement, s'est accrue, depuis lors, d'une nouvelle classe sociale qui s'est glissée entre les deux autres : c'est celle des propriétaires de biens nationaux. Quoique cette grande œuvre de la division territoriale, qui était la pensée intime, ou qui fut le résultat des mesures de la Convention, comme vous le voudrez, ait eu plus de peine à s'établir dans le pays dont nous nous occupons, combattue qu'elle a été par la double influence des prêtres et de la noblesse, et surtout par ce terrible dissolvant qu'on appelle la guerre civile, il y a peu de grands propriétaires qui n'aient laissé quelques lambeaux de leur héritage aux mains de la Révolution. Eh bien, général, ces lambeaux ont formé la propriété secondaire, dans laquelle est l'esprit de progrès et de liberté, parce que le progrès et la liberté peuvent seuls lui assurer la tranquille possession de ces biens, que toute contre-révolution remettra en doute. C'est elle, n'avez-vous pas songé quelquefois à cela, général? c'est cette classe secondaire qui nous envoie, depuis 1815, des députés patriotes ; c'est elle, enfin, qui, joyeuse de la révolution de 1830, parce qu'elle y reconnaîtra, quoique un peu mutilée, la fille de la révolution de 1792 ; c'est elle qui, voyant dans cette révolution une nouvelle consécration de la vente des biens nationaux, doit, par conséquent, soutenir cette révolution de tout son pouvoir. Or, je vous le demande, général, par quel moyen peut-elle mieux la soutenir que par l'organisation d'une garde nationale chargée de veiller sur la tranquillité du pays, et qui, composée d'une classe assez nombreuse pour obtenir la majorité aux élections, sera naturellement aussi assez nombreuse pour imposer, à main armée, sa volonté pacifique au pays?... Vous voyez, général, que mon projet est presque une solution algébrique, solide comme tout ce qui repose sur des chiffres, et que, logique dans la pensée, il est, par conséquent, possible dans l'exécution.

— Ah! ah! mon cher poëte, me dit la Fayette, nous aussi, nous faisons donc de la politique?

— Général, lui répondis-je, je crois que nous sommes à une époque de genèse sociale à laquelle tout homme est appelé à contribuer de sa force ou de sa pensée, matériellement ou intellectuellement, le poëte avec sa plume, le peintre avec son pinceau, le mathématicien avec son compas, l'ouvrier avec sa règle, le soldat avec son fusil, l'officier avec son épée, le paysan avec son vote. Eh bien, j'apporte ma part comme poëte; ma part, c'est la volonté de bien faire, le mépris du danger, l'espérance de réussir. Je ne me donne pas pour plus que je ne vaux, et, à la rigueur, ne me prenez pas même pour ce que je me donne, mais pour ce que vous m'estimez.

— C'est bien... après le déjeuner, vous aurez votre lettre.

Nous nous mîmes à table.

C'était un esprit charmant que celui du général la Fayette, plein de justesse et de sens, péchant par la bonté, mais non par la portée; il avait beaucoup vu, et ce qu'il avait vu suppléait à ce qu'il n'avait pas lu.

Jugez ce que c'était pour moi, jeune homme, que causer face à face, pour ainsi dire, avec l'histoire d'un demi-siècle: avec l'homme qui avait connu Richelieu, serré la main du major André, discuté avec Franklin, été l'ami de Washington, l'allié des sauvages du Canada, le frère de Bailly, le proscripteur de Marat, le sauveur de la reine, l'antagoniste de Mirabeau, le prisonnier d'Olmütz, le représentant de la chevalerie française à l'étranger, le soutien de la liberté en

France; avec l'homme qui, après avoir été le héros de la révolution de 1789 en proclamant les droits de l'homme, venait d'être celui de la révolution de 1830 en rédigeant le programme de l'hôtel de ville!

Hélas! à cette époque, j'étais fort ignorant d'histoire, et mon admiration d'amateur pour le général dut assez peu le flatter.

Cette conversation européenne nous conduisit peu à peu au dessert, et nous ramera naturellement à l'objet de ma question.

— Et maintenant, général, lui demandai-je, est-ce trop indiscret de vous répéter ce que je vous disais hier : Comment se fait-il qu'ayant pris part à toutes les conspirations de Béfort, de Saumur et de la Rochelle, vous n'ayez jamais été inquiété?

Le général se leva, alla vers un secrétaire, l'ouvrit, en tira un portefeuille fermé à clef, et prit dans ce portefeuille un papier qu'il garda dans le creux de sa main gauche, et avec lequel il vint se rasseoir à table.

— Avez-vous jamais entendu parler, me demanda-t-il, d'un homme appelé Thomas de Mahi, marquis de Favras?

— N'est-ce point un chef de complot qui fut exécuté en 1790 ou en 1791 ?

— Justement... Ce fut le premier et le dernier noble pendu. Il conspirait pour Monsieur, frère du roi; il s'agissait d'enlever, de gré ou de force, le pauvre Louis XVI des Tuileries, de le transporter dans une place forte quelconque, et de faire nommer Monsieur régent.

— Monsieur, qui fut, depuis, Louis XVIII?

— C'est cela... Eh bien, dans la soirée de Noël 1789, M. de Favras fut arrêté; on saisit tous les papiers qu'il avait sur lui, et, comme j'étais commandant en chef de la garde nationale, on me les apporta. Au nombre de ces papiers se trouvait la lettre que voici... Lisez.

Je déployai avec un certain frissonnement ce papier, que je supposais, d'après ce que me disait le général, avoir été pris dans la poche d'un homme condamné, exécuté, mort du dernier supplice, et redevenu poussière depuis quarante ans.

J'en fus pour mon frissonnement : ce papier était une copie et non un original.

Voici ce qu'il contenait :

« 1er novembre 1790.

» Je ne sais, monsieur, à quoi vous employez le temps et l'argent que je vous envoie. Le mal empire ; l'Assemblée détache toujours quelque chose du pouvoir royal. Que restera-t-il si vous différez? Je vous l'ai dit et écrit souvent: ce n'est point avec des libelles, des tribunes payées et quelques malheureux groupes soudoyés que l'on parviendra à écarter Bailly et la Fayette ; ils ont excité l'insurrection parmi le peuple, il faut qu'une insurrection les corrige à n'y plus retomber. Ce plan a, en outre, l'avantage d'intimider la nouvelle cour, et de décider l'enlèvement du soliveau ; une fois à Metz ou à Péronne, il faudra qu'il se résigne. Tout ce que l'on veut est pour son bien ; puisqu'il aime la nation, il sera enchanté de la voir bien gouvernée. — Envoyez au bas de cette lettre un récépissé de deux cent mille francs.

» Louis-Stanislas-Xavier. »

— Ah! oui, dis-je, je commence à comprendre... Mais pourquoi la copie seulement, et non l'original?

— Parce que cet original, à la possession duquel j'attribue mon impunité, est à Londres, dans les mains d'un de mes amis, grand amateur d'autographes, qui regarde celui-là comme très-précieux, et qui ne le perdra pas, j'en suis sûr, tandis qu'en France, ajouta le général en souriant, vous comprenez... Il pourrait se perdre.

J'entendais à merveille. Je mourais d'envie de demander au général la permission de prendre une copie de cette copie.

Je n'osai.

Tout à l'heure je dirai comment je donne aujourd'hui cette copie au lecteur.

Le général replia la lettre, la remit dans le portefeuille et réintégra le portefeuille dans le secrétaire.

Puis il prit un papier, une plume et écrivit :

« M. Alexandre Dumas est autorisé à parcourir, comme envoyé spécial, les départements de la Vendée, de la Loire-Inférieure, du Morbihan et de Maine-et-Loire, et à s'entendre, dans ces différents départements, avec les autorités locales pour la formation d'une garde nationale.

» Nous recommandons M. Alexandre Dumas, excellent patriote de Paris, à nos frères les patriotes de l'Ouest.

» Salut et fraternité.

». La Fayette.

» Ce 6 août 1830. »

Il me passa le papier ; c'était ma commission.

— M'autorisez-vous à porter un uniforme quelconque, général ? lui demandai-je après avoir lu.

— Sans doute, me répondit-il ; faites-vous faire quelque chose qui ressemble à un uniforme d'aide de camp.

— Bien.

— Seulement, vous comprenez, je vous préviens qu'un uniforme est l'habit le moins sûr que vous puissiez adopter pour parcourir la Vendée ; il y a beaucoup de haies, pas mal de chemins creux, surtout dans le Bocage, et un coup de fusil est bientôt lâché !

— Bah ! général, quand nous en serons là, nous verrons.

— Soit, c'est dit... Vous partez ?...

— Le temps de faire faire un uniforme, général.

— Et vous correspondrez directement avec moi.

— Pardieu !

— Allez, et bon voyage ! Il faut que je me rende à la Chambre.

Il m'embrassa, et je pris congé de lui.

J'ai revu bien souvent, depuis, ce digne, ce noble, cet excellent vieillard. On le retrouvera chez moi, un soir de folie, dans un bal d'artistes, costumé lui-même, et jouant à l'écarté avec Beauchesne, vêtu du costume de Charette, lequel faisait son enjeu, en vrai Vendéen qu'il était, avec des louis à l'effigie d'Henri V.

Quant à la lettre originale de Favras, je fus tout étonné, un jour, de la retrouver textuellement, autant, du reste, que pouvait la collationner ma mémoire, dans l'excellent et surtout consciencieux ouvrage de Louis Blanc sur la Révolution.

C'est donc à cet ouvrage que je l'emprunte et que je renvoie le lecteur, dans le cas où il voudrait d'autres détails sur le malheureux Favras, que renia Monsieur devant ce même la Fayette, qui avait la lettre du prince dans sa poche, et qui n'avait qu'à en tirer cette lettre pour le déshonorer.

CLXVI

Léon Pillet. — Son uniforme. — Susceptibilité soissonnaise. — Harel revient à la charge avec sa pièce. — Je pars pour la Vendée. — J'obtiens la grâce d'un faux monnayeur condamné aux galères. — Séjour à Meurs. — Le commandant Bourgeois. — Effet désastreux des trois couleurs dans le Bocage. — Nouvelle preuve qu'un bienfait n'est jamais perdu.

En traversant la place du Carrousel pour me rendre chez madame Guyet-Desfontaines, que je n'avais pas encore remerciée de l'hospitalité reçue dans les jours de danger, je vis venir à moi une figure de connaissance vers laquelle je courus.

Cette figure de connaissance appartenait à Léon Pillet.

Léon Pillet était un de mes bons amis, et, quoique son père, qui tenait le *Journal de Paris*, m'eût un peu étrillé à propos d'*Henri III*, le coup d'étrille avait été si léger et de si bon goût, qu'au lieu d'en vouloir au vieux classique, je l'avais remercié.

Ce qui me préoccupait dans Léon Pillet au point de me faire courir à lui, ce n'était pas Léon Pillet lui-même, c'était le brillant costume dont il était revêtu : schako à flots de plumes tricolores, épaulettes d'argent, ceinture d'argent, habit bleu de roi, pantalon idem. Il y avait là, on en conviendra, de quoi tirer l'œil d'un homme qui cherchait un costume pour faire sa campagne de Vendée.

Mon premier mot à Léon Pillet, après m'être informé de sa santé, fut donc de lui demander dans quel corps il était officier, et quel était le charmant uniforme qu'il portait.

Léon Pillet n'était officier dans aucun corps, et l'uniforme qu'il portait était celui de simple garde national à cheval, qu'il venait d'inventer, à ce que je soupçonne, et dont il lançait le prospectus dans le public.

Le prospectus avait produit son effet, et j'y étais pris : je lui demandai l'adresse de son tailleur ; il me la donna.

Son tailleur était Chevreuil, un des meilleurs tailleurs de Paris, qui demeurait, à cette époque, place de la Bourse.

Je courus du même pas chez Chevreuil.

Il me prit mesure complète, se chargea de me fournir schako, épaulettes, sabre et ceinturon, et promit que le tout serait chez moi le 9 ou le 10.

Je revins par le pont des Arts. C'était la première fois que je passais devant l'Institut depuis le jour où j'y avais stationné ; sa façade était grêlée de balles et de boulets comme le visage d'un homme qui vient d'avoir la petite vérole.

En rentrant chez moi, je trouvai deux jeunes gens qui m'attendaient ; à la gravité de leur salut, je jugeai que leur visite avait un motif sérieux.

Ils se nommèrent : l'un était M. Lenoir-Morand, capitaine des sapeurs-pompiers à Veilly ; l'autre, M. Gilles, de Soissons.

Je ne sais quel journal, *le Courrier français*, je crois, avait raconté mon expédition de Soissons d'une façon insultante pour la ville ; la susceptibilité des deux Soissonnais s'était émue, et ils venaient me demander des explications.

— Messieurs, leur dis-je, l'explication sera facile à donner.

Ils s'inclinèrent.

— Voici ce que je vous propose. Pour ne pas occuper le public de ma très-infime personnalité au milieu des événements importants qui sont en train de s'accomplir, je n'ai fait au général la Fayette, sur mon expédition de Soissons, qu'un rapport verbal ; je vais faire un rapport écrit, destiné à être mis dans *le Moniteur ;* si ce rapport contient l'exacte vérité, *selon vous*, vous le signerez. Il sera inséré dans le journ'al officiel avec l'affirmation de vos deux signatures, et tout sera dit. Si, au contraire, le rapport ne vous paraît pas conforme, et s'il n'est vrai que *selon moi*, vous refuserez de le signer; ce qui ne m'empêchera pas de le mettre au *Moniteur*, je vous en préviens; seulement, le jour même de sa publication, je serai votre homme, et me battrai contre celui de vous deux que le sort désignera... Cela vous convient-il?

MM. Lenoir-Morand et Gilles acceptèrent.

Je me mis incontinent à une espèce de bureau qui m'était à peu près inutile pour travailler, attendu que j'avais l'habitude de ne travailler que dans mon lit, et, au courant de la plume, je rédigeai un rapport contenant le récit des événements que j'ai racontés.

Ce rapport fini, je le communiquai aux deux Soissonnais, qui le trouvèrent si simplement exact, que, sans élever aucune objection, ils le signèrent l'un et l'autre.

C'est ce rapport, signé par moi d'abord, puis par Bard et Hutin, puis, enfin, par MM. Lenoir-Morand et Gilles, que l'on peut lire dans *le Moniteur* du 9 août 1830.

Ce point éclairci, j'allai faire une bonne visite à mon excellente mère, que j'avais un peu oubliée au milieu de tout cela, après que nous eûmes pris rendez-vous pour dîner tous ensemble, Soissonnais et Parisiens, aux *Frères provençaux*.

Ma pauvre chère mère venait d'apprendre qu'il s'était passé quelque chose à Paris; elle m'attendait avec impatience pour m'annoncer que M. le duc d'Orléans avait des chances à la couronne, et pour me féliciter des avantages que me promettait l'intronisation du nouveau roi.

C'était ma sœur, toute fraîche arrivée de province afin de solliciter en faveur de son mari, qui lui avait conté cela.

Pauvre mère! je me gardai bien de lui dire que, loin de pouvoir quelque chose à la carrière administrative de mon beau-frère, je regardais la mienne comme parfaitement terminée du côté du Palais-Royal.

Pendant que j'étais chez ma mère, il m'arriva un messager d'Harel.

L'obstiné directeur me poussait de toutes ses forces et de

toutes celles de mademoiselle Georges au drame de *Napoléon*.

Il m'attendait pour causer des conditions, qui seraient, disait-il, celles que je poserais moi-même.

Je répondis à Harel que je partais pour la Vendée le lendemain ou le surlendemain; que j'allais profondément réfléchir au sujet, et que, si j'y voyais un drame, je l'exécuterais et le lui enverrais.

Ce n'était point cela que voulait Harel; mais il fallut bien qu'il se contentât de la promesse, si vague qu'elle fût.

D'ailleurs, il avait à jouer une pièce de Fontan : *Jeanne la Folle.*

Fontan était tout naturellement sorti de prison après les journées de juillet, sans lesquelles il en avait pour six ans à Poissy, et Fontan pressait ses répétitions.

J'allai faire mes visites d'adieu à M. Lethière, à M. de Leuven et à Oudard.

Oudard voulait à toute force me retenir à Paris, ou plutôt m'expédier à Pétersbourg avec M. Athalin, qui partait comme envoyé extraordinaire près de l'empereur Nicolas.

C'était une occasion toute trouvée pour moi d'avoir cette croix de la Légion d'honneur que j'avais ratée à la dernière promotion, malgré la lettre que M. le duc d'Orléans avait écrite à Sosthènes.

Je remerciai Oudard, et le priai de me regarder comme ne faisant plus partie de l'administration duco-royale.

Oudard insista beaucoup pour me faire renoncer à cette résolution, et je le laissai véritablement affligé de mon départ, qu'il comprenait bien être une rupture complète.

Enfin, le 10 août, c'est-à-dire le lendemain de la proclamation de la royauté de juillet, je montai en diligence, désespéré de ne pas trouver pour Paris un équivalent de l'adieu que Voltaire avait trouvé pour la Hollande.

Je m'arrêtai d'abord à Blois; je voulais visiter son château taché de sang, et je gravis l'échelle de rues par laquelle on y arrive. Je cherchai vainement, au-dessus du portail, la statue équestre de Louis XII devant laquelle madame de Nemours s'était arrêtée tout éplorée, pour demander vengeance du meurtre de ses deux petits-fils; j'entrai dans la cour, j'admirai cette enceinte carrée bâtie sous quatre règnes différents, et dont chaque face offre une architecture distincte : l'aile de Louis XII, belle de sa simplicité sévère; celle de François Ier, avec ses colonnettes surchargées d'ornements; l'escalier d'Henri III, découpé à jour comme une dentelle; puis — protestant contre le gothique et la renaissance, c'est-à-dire contre l'imagination et contre l'art, — la bâtisse froide et plate de Mansard, devant laquelle le concierge me ramenait sans cesse, s'étonnant que l'on pût regarder, dans cette cour merveilleuse, autre chose que cette merveille!

La rapidité avec laquelle je l'examinai, l'espèce de grimace involontaire qu'imprima sur ma figure ma lèvre inférieure prolongée plus que d'habitude, me valurent, de la part du brave homme, un sourire de mépris que je ne tardai pas à justifier entièrement en ne voulant pas reconnaître, malgré ses affirmations obstinées, la place où, disait-il, le duc de Guise avait été assassiné. Il est vrai qu'à l'autre bout de l'appartement, je retrouvai, à ne pouvoir m'y tromper, la salle des ordinaires, l'escalier dérobé par lequel le duc de Guise sortit de la salle des États, le corridor qui conduisait à l'oratoire du roi, et tout, jusqu'à la place même où le duc devait être tombé, lorsque Henri III, pâle et priant, souleva sa portière de tapisserie, et dit à voix basse : « Messieurs, tout est-il fait? » car ce ne fut qu'en ce moment que le roi s'aperçut que le sang coulait à travers le corridor, et que la semelle de ses souliers y trempait; alors, il s'avança, donna un coup de talon par le visage de ce pauvre mort, — ainsi que le duc de Guise en avait donné un à l'amiral, le soir de la Saint-Barthélemy; — puis il se dit, en reculant comme effrayé de son courage : « Mon Dieu, Seigneur! qu'il est grand! il paraît plus grand encore couché que debout, mort que vivant (1)! »

Pendant que je me rappelais ces choses, le concierge,

(1) Je dois dire, à mon honneur, que de nouvelles recherches archéologiques m'ont donné complètement raison sur le concierge du château de Blois.

qui tenait absolument à me faire revenir à son avis, me disait :

— Cependant, monsieur, il n'y a que vous et un grand monsieur blond qu'on appelle M. Vitet qui m'ayez jamais contredit.

Puis il continuait à me montrer la cheminée où les corps du duc et du cardinal, coupés par morceaux, avaient été brûlés; la fenêtre par laquelle la cendre de ces deux corps avait été jetée au vent; les oubliettes de Catherine de Médicis avec leurs quatre-vingts pieds de profondeur, leurs lames d'acier tranchantes comme des rasoirs, leurs crampons aigus comme des fers de lance, si nombreux et si artistement disposés en spirale, qu'un homme qui tombait d'en haut, créature de Dieu au moment de sa chute, perdant un morceau de chair ou un membre à chaque choc, n'était plus, en arrivant en bas, qu'une masse informe et hachée sur laquelle, le lendemain, on jetait de la chaux vive pour absorber la corruption.

Et tout ce château, demeure royale des Valois, avec ses souvenirs d'assassinat et ses merveilles d'art, était une caserne de cuirassiers qui s'y roulaient en buvant, chantant, et qui, dans leurs transports d'amour et de patriotisme, grattaient, avec la pointe de leur long sabre, telle ravissante arabesque de Jean Goujon, pour écrire sur le bois aplani : *J'aime Sophie!* ou : *Vive Louis-Philippe* (1) !

Je pris la malle-poste en sortant du château, et j'arrivai le soir à Tours. On ne s'y entretenait que de l'arrestation de MM. de Peyronnet, de Chantelauze et de Guernon-Ranville; on me raconta, avec la volubilité du triomphe, une foule de détails sur cette arrestation. Ces détails viendront en leur lieu et place.

Je continuai ma route par le bateau à vapeur, et, arrivé aux Ponts-de-Cé, je mis pied à terre pour gagner Angers.

---

(1) Depuis cette époque, grâce aux soins du roi Louis-Philippe, non-seulement les cuirassiers ont été logés ailleurs, mais encore le château a été admirablement restauré.

J'avais là un ami nommé Victor Pavie, bon et brave jeune homme à la tête ardente et au cœur pur. En arrivant chez lui, j'appris qu'il assistait à une séance de la cour d'assises. On jugeait un pauvre diable de Vendéen des environs de Beaupréau qui avait blanchi avec du vif-argent des sous de la République et qui avait voulu les faire passer pour des pièces de trente sous. En risquant ce malheureux essai de fausse monnaie, il avait eu pour but d'acheter du pain à ses enfants, qui mouraient de faim.

On portait, par toute la ville, un grand intérêt à l'accusé; mais, à cette époque, la répression était horriblement sévère contre les faux monnayeurs; ce n'était pas en vain que les billets de banque portaient dans un médaillon la condamnation à mort de celui qui les falsifiait.

Malgré la naïveté de ses aveux, malgré les pleurs de sa femme et de ses enfants, malgré le plaidoyer de son avocat, l'accusé fut condamné à vingt ou trente ans de galères.

J'assistais à cette condamnation, et je ressentis, comme tout le monde, une partie du coup qui frappait le malheureux.

Aussi, en écoutant cette sentence, non pas injuste, mais sévère, j'eus l'idée que la Providence m'avait envoyé là tout exprès pour sauver cet homme.

Je revins chez Pavie, et, sans en rien dire à personne, j'écrivis deux lettres : l'une à Oudard, l'autre à Appert.

Je crois avoir déjà parlé d'Appert, et avoir dit ce qu'il était dans la maison d'Orléans : Appert était distributeur des bienfaits particuliers de la duchesse.

Je leur exposais la situation, je les priais de solliciter la grâce du condamné, l'un près du roi, l'autre près de la reine, et j'insistais sur le bon effet politique que devait produire, dans un moment où la Vendée était à craindre, une grâce accordée à un Vendéen. Je déclarais à chacun d'eux que je regardais la supplique comme si juste, que je resterais à Angers jusqu'à ce que j'eusse obtenu une réponse favorable.

En attendant, guidé par Pavie, je me mis à parcourir la ville et ses environs.

Excellent Pavie ! il me montrait, avec une indignation toute d'art et de nationalité, des ouvriers qui, par l'ordre du préfet, et sous la direction d'un architecte du cru, convertissaient en consoles les mascarons de la cathédrale! De sorte que vous pourriez voir, maintenant, — à votre grande satisfaction si vous n'aimez pas ces figures merveilleusement grimaçantes que le moyen âge clouait à ses cathédrales, — un entablement roman soutenu par des consoles grecques dans le genre de celles de la Bourse, autre merveille qui, en sa qualité de monument moderne, est moitié grec, moitié romain, et n'a de français que ses tuyaux de poêle.

Disons de plus qu'on grattait cette cathédrale sans respect de ce bruni qu'il avait fallu huit siècles pour étendre à sa surface; cela lui donnait un air de pâleur maladive qu'ils appelaient de la jeunesse... Hélas! il faut vingt-cinq ans pour faire un homme : un Suisse bon royaliste tire dessus, et le tue! Il faut six ou huit cents ans pour colorer un bâtiment : un architecte de bon goût arrive et le gratte!... Pourquoi donc le Suisse ne tue-t-il pas l'architecte? ou pourquoi l'architecte ne gratte-t'il pas le Suisse?

Nous descendîmes sur la promenade; je passai devant le vieux château, construction du xe siècle entourée de fossés, flanquée de douze tours massives; on dirait l'ouvrage d'un peuple et l'habitation d'une armée.

— Ah! me dit mon pauvre Pavie avec un soupir, on va l'abattre... Il gêne la vue!

Comme, ce jour-là, je reçus enfin une lettre d'Oudard m'annonçant que la grâce était accordée, et que les formalités à accomplir au ministère de la justice retardaient seules la mise en liberté du condamné, je me hâtai de faire parvenir la lettre à celui qu'elle intéressait directement, et, rien ne me retenant plus à Angers, je sautai dans une voiture qui passait, tant il me tardait de quitter cette ville de démolisseurs, et je me fis conduire aux Ponts-de-Cé.

C'est pourtant à Angers que sont nés Béclard et David, — soit dit pour lui épargner quelques malédictions.

Sur la route, nous traversâmes un long village, la Mercerie, je crois; on inaugurait le nouveau maire. Deux pièces de canon éraillées, qui partaient par la lumière, nous saluèrent à notre entrée. Chaque maison avait arboré son drapeau ; nous passâmes sous un dais tricolore; le maire était avec toute sa famille sur un balcon; la jeune mairesse, qui, dans son amour pour ses administrés, s'approchait, en les saluant, sur le bord de la terrasse, me parut avoir de fort belles jambes; de sa figure, je n'en dirai rien; la ligne verticale qu'elle occupait relativement à moi m'empêcha de la voir.

L'endroit que j'avais marqué comme mon centre d'opérations était une petite ferme appartenant à M. Villenave; cette petite ferme, dont j'ai déjà parlé, était située entre Clisson et Torfou, et se nommait la Jarrie.

Madame Waldor habitait cette ferme, depuis trois ou quatre mois, avec sa mère et sa fille.

Mon intention était d'arriver à ce but en décrivant un grand cercle, et en passant par Chemillé, Chollet et Beaupréau.

De cette façon, lorsque j'atteindrais la Jarrie, j'aurais déjà une idée de l'esprit du pays, et je saurais comment opérer sur es individus et sur les masses.

Je voulais aller à petites journées, m'arrêter à mon caprice, partir aux heures qui me conviendraient, et séjourner quand cela me ferait plaisir.

Il n'y avait donc d'autre moyen de transport à adopter pour ma personne que d'acheter ou de louer un cheval; quant à aller à pied, il n'y fallait pas songer avec mon uniforme de garde national à cheval. Cet uniforme et un second costume de chasse, c'était toute la garde-robe que j'avais jugé utile d'emporter.

A Meurs, je louai un cheval.

Je m'étais arrêté un jour à Meurs, pour visiter le champ de bataille des Ponts-de-Cé. Là, en 1438, les Angevins avaient battu les Anglais; en 1620, le maréchal de Créquy avait défait les troupes de Marie de Médicis; et, enfin, en 1793, les républicains avaient été battus par les Vendéens, — mais battus comme on bat les républicains.

C'est une belle défaite que celle du 26 juillet 1793, une de ces défaites pareilles à celle qui fit Léonidas immortel, et, cependant, qui connaît le nom du commandant Bourgeois?

Par bonheur, c'est mon droit, quand je trouve un de ces noms-là sur mon chemin, un nom perdu, oublié, enseveli sous la poussière du passé, de le prendre, de souffler dessus, et de le présenter tout resplendissant à mes contemporains. Non-seulement c'est mon droit, mais encore c'est mon devoir; d'autant plus que Bourgeois est un de ces braves de 93 que l'on calomnie, quand on ne les oublie pas.

Après la déroute de Vihiers, et tandis que notre armée essayait de se réorganiser à Chinon, Bourgeois, qui commandait le 8ᵉ bataillon de Paris, celui qu'on appelait le bataillon des Lombards, eut l'ordre de quitter les Ponts-de-Cé et d'occuper la roche de Meurs.

C'était une position détestable : au nord, la roche à pic dominant un bras du Loüet, petite rivière qui va se jeter dans la Loire; à l'ouest, un plateau peu étendu, ondulé par quelques mouvements de terrain; au sud, un ravin au fond duquel coule l'Aubance; au delà, les hauteurs de Mozé, de Soulaines et de Derrée.

Une fois campé sur ce malheureux plateau, il n'y a plus de retraite possible, si l'on est attaqué de front et en flanc.

Mais l'ordre était donné; il fallait obéir.

Bourgeois et ses quatre cents hommes campèrent sur la roche de Meurs.

— Un drôle de nom, commandant, que la roche de Meurs! dit un des soldats.

— Mon ami, répondit Bourgeois, c'est l'impératif du verbe *mourir*.

— Qu'est-ce que c'est que cela, un impératif?

— Je te le montrerai, quand l'heure sera venue.

Les Vendéens débouchèrent sur la route de Brissac.

Ils étaient douze mille, commandés par Bonchamp, et secondés par d'Autichamp et Scépeaux.

Le bataillon des Lombards se composait, comme nous l'avons dit, de quatre cents hommes.

Le combat dura cinq heures.

Une fois les redoutes du camp emportées, une fois le camp forcé, d'Autichamp cria : « Ne tuez plus ! » mais il y avait dans les rangs des Vendéens des prêtres qui criaient : « Tuez toujours ! »

Trois cent quatre-vingt-seize hommes périrent massacrés !

Bourgeois, avec trois des siens (les derniers), se jeta à la nage.

Deux de ses hommes furent tués dans la rivière, à côté de lui ; lui et son compagnon furent blessés.

Mais, tout blessé qu'il était, Bourgeois s'élance sur la route d'Angers, et, à l'*Image de Morus*, rattrape le 6ᵉ bataillon de Paris, qui fuyait lui-même.

Il rallie les fuyards et les arrête.

En ce moment, le bataillon de Jemmapes sortait d'Angers ; Bourgeois se retrouve à la tête d'un bataillon et demi ; il revient sur ses pas, attaque les chouans à son tour, et les force de se retrancher dans le château et dans l'île.

— Pendant plus d'une lieue, me disait un témoin oculaire, on voyait, à la surface des flots de la Loire, de longs serpents rouges !

C'étaient des escouades entières que le cours du fleuve emportait vers l'Océan (1).

Je quittai, comme je l'ai dit, Meurs, après m'y être arrêté un jour.

Dans ce voyage de la Vendée, le même phénomène se reproduisit pour moi que dans le voyage de Soissons, c'est-à-dire qu'au fur et à mesure que je m'éloignais de Paris, il semblait que je m'avançasse vers le pôle nord. Aux environs de Paris, la vue de mon uniforme excitait l'enthousiasme ; à Blois, j'avais encore trouvé de l'admiration ; à Angers, on était descendu à la simple curiosité ; mais, à Meurs, à Beaulieu, à Beaumont, je tombais dans la froideur, et je sentais, pour peu que cela continuât, qu'il y aurait, comme m'en avait prévenu

---

(1) Je renvoie, pour de plus amples détails, au curieux ouvrage de M. Fr. Grille : *la Vendée en 1793.*

la Fayette, quelque danger pour moi à passer à portée des haies et des buissons. A Chemillé, mon uniforme fit presque émeute.

J'avais, ainsi que je l'ai dit, un costume de rechange, costume de chasse tout neuf ; — après les trois journées, après le voyage à Soissons, après l'expédition de Rambouillet, l'ancien n'était plus de mise ; — ce costume était dans une espèce de portemanteau long dont un des compartiments contenait mon fusil démonté. J'aurais pu dévêtir mon habit de garde national, le plier proprement, le serrer dans mon portemanteau, au lieu et place de mon habit de chasse, mettre celui-ci sur mon dos, et continuer mon voyage, et il était évident que les trois quarts des dangers que je pouvais courir avaient disparu ; mais il me semblait que ce serait une faiblesse indigne d'un combattant de juillet. Je gardai donc mon uniforme, et me contentai de faire prendre l'air à mon fusil.

Le lendemain, je demandai mon cheval pour huit heures du matin ; je chargeai ostensiblement mon fusil de deux balles, — ce qui était une nouvelle imprudence, — je le mis en bandoulière, et je traversai une partie de la ville au milieu d'un silence qui ressemblait fort à une menace.

Je comptais, non pas aller coucher à Chollet, — il n'y a guère que six lieues de pays de Chemillé à Chollet, — mais y arriver sur les deux heures de l'après-midi, et y séjourner jusqu'au lendemain matin.

A onze heures, j'avais dépassé Saint-Georges-du-Puy, à midi, Trémentines ; enfin, vers une heure, je m'approchais d'un endroit qui me paraissait dangereux, si toutefois danger il y avait, en ce que le chemin que j'avais à parcourir se trouvait resserré entre le bois de Saint-Léger et la forêt de Breil-Lambert.

J'en étais à me demander si mieux valait traverser ce *malo sitio*, comme on dit en Espagne, au pas ou bien au galop, lorsqu'il me sembla entendre retentir derrière moi mon nom prononcé par une voix essoufflée.

Du moment où l'on m'appelait par mon nom, je n'avais rien à craindre de celui qui m'appelait.

Seulement, il n'était guère probable que j'eusse bien entendu.

Cependant mon nom retentit une seconde fois et plus distinctement que la première.

Qui diable pouvait me connaître dans le département de Maine-et-Loire, entre Chemillé et Chollet?

Je tournai la tête de mon cheval du côté d'où venait la voix, et vis bientôt apparaître, à l'angle du chemin de Nuaillé, un homme courant à perdre haleine, et me faisant signe avec son chapeau que c'était moi qu'il appelait.

Il n'y avait plus de doute sur le désir de cet homme de me rejoindre; mais que pouvait-il me vouloir?

A mesure qu'il avançait, je distinguais son costume : c'était celui d'un paysan.

J'attendis plus que jamais.

L'homme accourait de toute la vélocité de ses jambes, et, à défaut de sa voix, qui s'éteignait de plus en plus, il mettait, en approchant de moi, un nouveau degré d'expression dans ses gestes.

Enfin, il me joignit, se jeta à ma botte et se mit à me baiser les genoux.

Mais, quant à la parole, il n'en était plus question. Je crois que, s'il eût eu seulement cinquante pas de plus à faire, comme le Grec de Marathon, il fût tombé mort en arrivant.

Enfin, la respiration lui revint.

— Vous ne me connaissez pas, me dit-il; mais, moi, je vous connais : vous êtes M. Alexandre Dumas, et vous m'avez sauvé des galères!

Et il se laissa glisser à genoux, en me remerciant au nom de sa femme et de ses enfants.

Je sautai à terre, je le pris dans mes bras, et je l'embrassai.

Au bout de quelques instants, il se calma.

— Ah! monsieur, me dit-il, quelle imprudence! et quel bonheur que j'aie été mis en liberté à temps!

— Comment cela?

— Qui a donc pu vous donner le conseil de voyager en Vendée avec un pareil uniforme?

— Personne... J'ai agi selon ma propre volonté.

— Mais c'est un miracle que vous ne soyez pas encore tué!

— Ah çà! mais ils sont donc bien méchants, vos Angevins?

— Ce n'est pas qu'ils soient méchants, monsieur; mais on croit partout que vous voulez narguer le pays... J'ai été mis en liberté hier au soir, à quatre heures, monsieur; je me suis informé où je pourrais vous trouver pour vous remercier; on m'a dit que vous aviez pris la route de Chollet. Aux Ponts-de-Cé, j'ai demandé de vos nouvelles; on m'a répondu que vous aviez séjourné un jour à Meurs; il n'y avait pas à s'y tromper, vous êtes reconnaissable : on ne vous appelle que *le monsieur tricolore*. A Meurs, on m'a dit que vous aviez loué un cheval, et que vous étiez parti hier matin; je ne me suis arrêté qu'à Beaumont. Au point du jour, je suis reparti. A dix heures, j'étais à Chemillé; vous aviez quitté le bourg à huit heures... J'ai appris, en outre, que votre passage y avait produit un fort mauvais effet; alors, je me suis mis à courir à perdre haleine, et je cours comme cela depuis dix heures du matin... Au moment où vous tourniez l'angle de Nuaillé, je vous ai aperçu et reconnu; voilà pourquoi je vous appelais... J'espérais vous rejoindre avant la forêt de Breil-Lambert, et, Dieu merci! j'y suis parvenu!... Enfin, vous voici, mon cher monsieur... Au nom de Notre-Seigneur Jésus-Christ, ne vous exposez pas davantage!

— A quoi, mon ami?

— Mais à être assassiné?

— Bah!

— Puisque je vous dis qu'ils croient que vous les narguez.

— C'est qu'ils ont le caractère mal fait! Tant pis pour eux!

— Laissez-moi aller devant vous ou avec vous, monsieur; et, quand on saura que vous avez sauvé des galères un homme du Bocage, vous pourrez aller partout habillé comme vous voudrez, et je vous réponds, foi de chouan, qu'il ne vous arrivera rien... mais rien du tout... c'est-à-dire qu'on ne touchera pas à un cheveu de votre tête. Voulez-vous me laisser faire?

En fin de compte, je ne demandais pas mieux.

— Arrangez cela comme vous l'entendrez, lui dis-je.
— Ah! à la bonne heure!... Où allez-vous de ce pas?
— A la Jarrie, entre Clisson et Torfou.
— Vous n'êtes pas sur le chemin.
— Je le sais bien, et j'avais pris exprès le plus long.
— Vous allez chez des amis?
— Oui.
— Eh bien, croyez-moi, laissez-moi vous conduire chez ces amis-là... Nous pouvons facilement y être après-demain. Restez huit jours chez eux; pendant ce temps-là, je ferai si bien de mes pieds et de mes mains, que vous pourrez vous remettre en route... Est-ce dit?
— Ma foi, oui, je m'abandonne entièrement à vous.... Vous connaissez le pays; vous en êtes!... Maintenant, s'il m'arrive malheur, cela vous regarde.
— Oui, monsieur, et, à partir de ce moment, je réponds de vous à votre bon ange.

Deux jours après, j'arrivais à la Jarrie, non-seulement sans accident, mais encore chargé de toute sorte de souhaits de bonheur recueillis sur ma route, déblayée de tout danger, grâce au récit vingt fois répété de mon homme, qui allait devant moi comme un coureur, racontant à qui voulait, et même à qui ne voulait pas l'entendre, le service que je lui avais rendu.

Aujourd'hui, j'avoue que j'ai un grand regret, presque un remords : moi qui me souviens si bien du nom de M. Detours, j'ai complétement oublié le nom de mon Vendéen.

CLXVII

Avis aux chasseurs parisiens. — Clisson. — Le château de M. Lemot. — Mon guide. — La colonne vendéenne. — La bataille de Torfou. — Deux noms omis. — Tiffauges. — Tibulle et la Loire. — Gilles de Laval. — Sa mort édifiante. — Moyen employé pour en graver le souvenir dans la mémoire des enfants.

Le lendemain de mon arrivée à la Jarrie, je revêtis mon costume de chasse, et, mon fusil sur l'épaule, ma carnassière sur le dos, je partis pour Clisson.

Deux heures après, j'y entrais, les cuisses déchirées par les ajoncs, les mains ensanglantées par les ronces, mais sans avoir tué une seule alouette.

Un avertissement, en passant, pour les Parisiens qui s'aviseraient de croire que la Vendée est encore un pays giboyeux, et qui feraient cent vingt lieues dans cette croyance : j'y ai chassé un mois, et je n'ai pas fait lever quinze perdrix ! En revanche, les vipères y foisonnent, et l'on en rencontre à chaque pas ; tout chasseur doit avoir en poche son flacon.

Je reviens à Clisson, que j'avais si grande hâte de voir, que, dès le lendemain de mon arrivée à la ferme, je quittais mes excellents hôtes pour le visiter.

Eh bien, Clisson, que l'on m'avait tant vanté, serait une fort jolie petite ville en Grèce ou en Italie ; mais en France, mais dans la Vendée, non : il y a quelque chose d'incompatible entre le ciel brumeux de l'Ouest et les toits plats de l'Orient, entre ces jolies fabriques italiennes et nos sales paysannes françaises. Le château de Clisson lui-même, grâce aux soins de M. Lemot, le célèbre statuaire, est tellement bien conservé, qu'on est tenté d'en vouloir à son propriétaire de ne pas avoir laissé ramper sur ses murailles une seule toile d'araignée ; on dirait d'un vieillard à son jour de barbe avec de fausses dents, de faux cheveux et du rouge. M. Lemot a dépensé des sommes énormes pour faire du pittoresque, il n'a fait que de l'anomalie; cette anomalie était rendue plus sensible encore par la présence du drapeau tricolore sur cette ruine du XI*e* siècle : le maire n'avait pas permis qu'on plaçât ce drapeau sur le clocher.

Le parc est comme tous les parcs du monde; c'est Ermenonville, c'est Morfontaine : une rivière, des rochers, des grottes, des statues et des temples aux Muses, à Apollon et à Diane.

Supposez, au lieu de tout cela, des chaumières groupées où sont les temples, c'est-à-dire des deux côtés de la vallée, les unes ayant l'air de grimper, les autres ayant l'air de descendre, jetées çà et là, selon le caprice ou la commodité de leurs propriétaires; au fond du ravin, la rivière; au sommet de la montagne, le château : le château, vieille ruine déchirée par les crevasses, avec ses pierres, que le temps a fait rouler autour d'elle comme des feuilles mortes autour du tronc d'un chêne. Joignez à cela les anciens souvenirs d'Olivier de Clisson, les souvenirs modernes des chouans et des bleus, le souterrain qui servait de cachot aux barons, un puits qui sert de tombe à quatre cents Vendéens, et vous aurez des siècles de rêverie pour une âme de poëte.

M. Lemot avait fait tout ce qu'il avait pu pour organiser une garde nationale à Clisson; il avait déjà trouvé dix hommes de bonne volonté, à qui le maréchal des logis de la gendarmerie faisait faire l'exercice en cachette.

C'était un brave homme que ce maréchal des logis, ce qui ne l'empêchait pas d'être possédé de l'envie de m'arrêter : il avait dit aux libéraux que j'avais l'air d'un chouan, et aux chouans que j'avais l'air d'un libéral; d'où il résultait que, dans tous les cas, la ville m'aurait vu d'assez bon œil conduire en prison. J'avais le choix, comme sauvegarde, entre mon passe-port, parfaitement en règle, et la lettre du général la Fayette.

J'optai pour le passe-port, et je crois que je fus bien inspiré.

J'étais de retour, le soir même, à la Jarrie. On ne m'attendait plus que le lendemain : on me fit de terribles reproches sur mon imprudence; on n'en revenait pas, que je ne fusse point resté en route.

Il fut décidé en conseil que je ne risquerais plus de nouvelles excursions sans mon guide, lequel avait demandé deux ou trois jours, d'abord pour aller embrasser ses enfants, et ensuite pour répandre dans les villages environnants le récit de son aventure, récit qui devait me servir de sauvegarde.

Il reparut au jour dit, se mettant à ma disposition et répondant de tout.

Nous prîmes la route de Torfou.

Mon homme s'était fait beau pour être condamné aux galères; de sorte que le caractère de sa physionomie et la forme de son costume, se rapprochant de ceux d'un habitant des villes, ne m'avaient point frappé; mais, pour me servir de guide, il avait repris le costume du pays.

C'est alors seulement que je l'examinai avec une certaine attention. Il avait conservé le cachet primitif des paysans de la deuxième race; à son front étroit, à sa figure grave, à ses cheveux taillés en rond, on eût dit un paysan du temps de Charles le Gros. Il n'ouvrait guère la bouche, au reste, que pour me dire en me désignant, à droite ou à gauche, un point topographique :

— C'est ici que les bleus ont été battus!

Je crois qu'il ne s'était pas trop engagé en me promettant sa protection : quoiqu'il vînt d'être gracié par le roi Louis-Philippe, le brave homme était chouan des pieds à la tête. D'ailleurs, à ses yeux, c'était moi qui l'avais gracié, et non point le roi.

A un quart de lieue en avant de Torfou, au milieu d'un carrefour où viennent aboutir quatre chemins, s'élève une colonne de pierre d'une vingtaine de pieds de hauteur, sur le modèle, à peu près, de celle de la place Vendôme. M. de la Bretèche l'a fait ériger à ses frais à l'époque de la Restauration. Quatre noms, en lettres de bronze entourées d'une couronne de même métal, y sont inscrits, et chacun d'eux fait face à l'un des quatre chemins dont cette colonne est le point de réunion : ce sont les noms de Charette, de d'Elbée, de Bonchamp et de Lescure. Je demandai à mon guide une explication.

— Ah! me dit-il dans son langage ordinaire tout entremêlé de vieux mots qu'il semblait avoir retrouvés en mettant le pied sur cette terre des vieux souvenirs, c'est que c'est ici que Kléber et ses *trente-cinq mille Mayençais* ont été battus par les chouans (1).

Puis il fit un éclat de rire, et, avec ses mains rapprochées l'une de l'autre, imita le cri de la chouette.

J'étais sur la place même où s'était livrée la fameuse bataille de Torfou.

Alors, mes souvenirs de fils de républicain me revinrent en foule; ce fut moi qui racontai, et le paysan qui écouta.

— Ah! oui, me dis-je en regardant l'inscription gravée sur la colonne, « 19 septembre 1793, » c'est bien cela!

Puis, portant la vue sur les villages environnants, Torfou, la Buffière, Tiffauges et Roussay :

— Oui, continuai-je, et tout cela brûlait et formait à l'horizon un cercle de flammes, quand Kléber, arrivant avec l'avant-garde de l'armée de Mayence, fit retentir sur le front de ses trois mille hommes le mot « Halte! en bataille! » Car, outre le bruit de l'incendie, un autre bruit sourd comme celui de feuilles froissées, de branches rompues, se faisait entendre et allait se rapprochant toujours, sans que l'on aperçût rien sur les routes qui aboutissaient au centre de la forêt. C'est que, par cette forêt qui leur était connue, les Vendéens venaient, venaient lentement, obligés tantôt de ramper, tantôt de s'ouvrir un passage avec leur sabre; cependant, leur ligne se resserrait de plus en plus, et chaque minute diminuait la distance qui les séparait de leurs ennemis. Enfin, ils arrivèrent si près de la lisière du bois, que tous purent voir à portée de fusil l'armée inquiète, mais ferme, et que chacun eut la faculté de choisir son homme avant de tirer... Tout à coup, la

---

(1) Le corps d'armée qui avait évacué Mayence, et qu'on avait dirigé sur la Vendée, ne se composait, en réalité, que de dix mille quatre cents hommes.

mousqueterie pétilla sur un cercle de trois quarts de lieue, s'éteignit, puis se ralluma avant qu'on sût contre qui ni comment il fallait se défendre. Les Vendéens voulurent profiter de ce moment de désordre : tous s'élancèrent par les routes, pour charger les bleus. Trois mille hommes étaient attaqués de quatre côtés différents par plus de trente mille, ayant pour eux la connaissance des localités, et défendant leurs foyers et leur Dieu! Chacun des chefs dont le nom est inscrit sur la colonne se présentait par la route à laquelle aujourd'hui son nom fait face. Du moment où nos soldats purent apercevoir l'ennemi, le courage leur revint. « Allons, mes braves! dit Kléber en se jetant à leur tête, donnons à ces b.....s-là une indigestion de plomb et d'acier! » Et il se rua au hasard par l'un de ces quatre chemins, rencontra le corps d'armée de Lescure, le brisa comme verre, et, tandis que celui-ci, à pied, un fusil à la main, ralliait les habitants des Aubiers, de Courlé et des Échauboignes, il courut à l'arrière-garde, qui avait suivi son mouvement, et qu'entouraient les trois corps de d'Elbée, de Bonchamp et de Charette. L'artillerie venait d'arriver : quinze pièces en batterie trouaient six fois par minute les masses qui se reformaient aussitôt; trois charges de cavalerie vendéenne se heurtèrent et disparurent l'une après l'autre devant ces gueules de bronze. Cela dura deux heures. Kléber, poussant devant lui Lescure, qui se ralliait toujours, Kléber, poussé lui-même par les trois autres chefs, soutenait vaillamment la retraite, lorsqu'une cinquième armée de dix mille hommes conduite par Donissan et la Rochejaquelein, vint s'éparpiller sur ses flancs, tirant à bout portant, tuant à tous coups, et jeta enfin la confusion dans les rangs républicains. Il était temps que la tête de l'armée, toujours commandée par Kléber, arrivât à la Sèvre; l'héroïque général s'empara du pont, le traversa, et, appelant un maréchal des logis nommé Schewardin : « Faites-vous tuer ici avec deux cents hommes, lui dit-il. — Oui, mon général! » répondit Schewardin. Il choisit ses hommes, tint parole, et sauva l'armée!

— Oh! oui, c'est comme cela que tout s'est passé, me dit mon chouan, car j'y étais... J'avais quinze ans, pas encore...

Voyez-vous, monsieur, ajouta-t-il en ôtant son chapeau, en relevant ses cheveux, et en me montrant une cicatrice qui lui sillonnait le front, j'ai reçu cela ici... (Et il frappait du pied la terre.) Ici!... C'est un aide de camp du général, un tout jeune homme, presque aussi jeune que moi, qui me frappa ; mais, avant de tomber, j'eus le temps de lui enfoncer ma baïonnette dans le corps, et de lâcher mon coup en même temps... Quand je revins à moi, il était mort, lui... Nous étions tombés l'un sur l'autre... Il y avait tout autour de nous, à une lieue à la ronde, des bleus et des Vendéens, que l'on ne savait où mettre le pied. On les a enterrés à l'endroit même où ils étaient couchés ; voilà pourquoi les arbres poussent si bien et pourquoi l'herbe est si verte.

Je me retournai vers la colonne : rien n'y constatait le courage de Kléber et le dévouement de Schewardin, rien que les quatre noms vendéens. J'oubliai où j'étais : cette partialité me fit monter le sang au visage.

— Je ne sais à quoi tient, dis-je tout haut et me parlant à moi-même, sans faire part à mon homme des réflexions qui m'amenaient à ce monologue, je ne sais à quoi tient que je n'envoie une balle au milieu de cette colonne, et que je ne la signe Schewardin et Kléber !

Je sentis que mon guide posait sa main frémissante sur mon épaule. Je me retournai ; il était très-pâle.

— Au nom de Notre-Seigneur, monsieur, dit-il, ne faites pas cela, car j'ai juré de vous tirer d'ici sain et sauf, et, si vous commettiez une pareille imprudence, je ne répondrais plus de rien... Savez-vous que ces quatre hommes, ce sont nos dieux, à nous, et que chaque paysan vendéen fait ici sa prière comme à ces stations de la Vierge que vous voyez à l'entrée de nos villages ?... Ne faites pas cela, ou écartez-vous des haies.

Nous arrivâmes à Tiffauges sans dire un mot de plus.

Tiffauges est une ancienne station romaine. César, pendant sa guerre des Gaules, y envoya Crassus, son lieutenant, avec la septième légion ; de là, Crassus se rendit à Theowald, aujourd'hui Doué, et y établit son camp. — *Crassus adolescens, cum legione septimâ, proximus mare Oceanum in Andibus hiemârat* (1).

Jamais cette partie des Gaules ne fut entièrement soumise aux Romains; les rois Pictes y défendirent toujours leur liberté. A peine Auguste est-il monté sur le trône, que le Bocage jette un nouveau cri de guerre. Agrippa y court; il croit en avoir soumis les habitants, et revient à Rome. Nouvelle révolte. Messala lui succède, emmenant avec lui Tibulle, qui, en sa qualité de poëte, s'attribue une partie des honneurs de la campagne :

Non sine me est tibi partus honos : Tarbella Pyrene
Testis, et Occani littora Santonici;
Testis Arar, Rhodanusque celer, magnusque Garumna,
Carnuti et flavi, cœrula lympha, Liger!

Ce qui veut dire à peu près :

« Cet honneur, tu ne l'as point acquis sans moi : témoin Tarbelle la Pyrénéenne, et les rivages de l'océan Santonique (de Saintonge); témoin aussi l'Arar (la Saône), et le Rhône rapide, et la grande Garonne, et la Loire, onde azurée du blond Carnute. »

Peut-être aussi Tibulle n'a-t-il suivi Messala qu'à la façon dont Boileau suivait Louis XIV; quant à la Loire, si elle était *azurée* du temps d'Auguste, elle a singulièrement changé de couleur depuis!

Du reste, Tiffauges est un de ces points où viennent se joindre les souvenirs de César, d'Adrien, de Clovis et des Visigoths; près du tombeau romain s'élève le berceau franc; on voit clair dans son histoire de toute la longueur de vingt siècles.

Le château, dont nous visitâmes les ruines, semble une construction du xiie siècle continuée pendant le xiie, et achevée seulement à la fin du xiie. Le fameux Gilles de Laval, maréchal de Raiz, connu dans le pays sous le nom de *Barbe-*

(1) *Commentaires de César*, l. III, § 7.

Bleue, habita ce château, et, par sa manière de vivre, donna naissance à une foule de traditions populaires encore toutes vivantes dans les villages environnants. Bref, comme il y a une justice au ciel, et qu'un homme qui a pillé vingt églises, violé cinquante jeunes filles et fait de l'or, doit toujours mal finir, vous saurez, pour l'acquit de la Providence, que le susdit Gilles de Laval fut brûlé dans la prairie de Bièce, après avoir été provisoirement décapité, à la sollicitation de sa famille, laquelle jouissait d'une grande influence sur le sire de l'Hospital, qui lui accorda cette faveur ; mais, au préalable, le condamné prononça un discours à la fin duquel, dit l'histoire, on n'entendait plus que sanglots parmi les femmes. L'histoire dit encore — mais, comme c'est de l'histoire, vous n'êtes pas forcé d'y ajouter foi — que les pères et les mères de famille qui avaient entendu les dernières paroles de Gilles de Laval jeûnèrent trois jours pour lui mériter la miséricorde divine, qu'on ne doute pas qu'il n'ait obtenue, son confesseur étant un des plus habiles de l'époque. Puis, cela fait, les mêmes pères et mères, sur le lieu de l'exécution, infligèrent à leurs enfants la peine du fouet, afin qu'ils gardassent dans leur mémoire le souvenir du châtiment qui frappait ce grand criminel !

L'histoire oublie de nous dire si les enfants du XVIe siècle aimaient autant les exécutions que ceux du XIXe.

CLXVIII

Le Bocage. — Ses chemins creux et ses haies. — Tactique des chouans. — Les chevaux et les cavaliers vendéens. — La Vendée politique. — Le marquis de la Bretèche et ses métayers. — Moyens que je proposais pour prévenir une nouvelle chouannerie. — La pierre qui tremble. — Je quitte la Jarrie. — Adieux à mon guide.

On conçoit que j'aie écarté le plus que j'ai pu, jusqu'à présent, les détails de statistique et de topographie ; mais, enfin, il faut y arriver.

C'est aux environs de Tiffauges que la Vendée commence à se présenter avec ces accidents de terrain qui nous furent si fatals pendant la guerre de la chouannerie.

Qu'on me permette de reproduire textuellement ici un fragment du rapport qu'à mon retour à Paris, je mis sous les yeux du général la Fayette, rapport qui, ainsi qu'on le verra plus tard, passa également sous les yeux du roi Louis-Philippe.

« ..... D'abord, le mot *Vendée*, considéré politiquement, comprend un plus grand espace de terrain que ne lui en assigne la topographie. Cela vient de ce que le nom d'un seul département a donné le baptême à une guerre dont, en réalité, quatre départements furent le théâtre. Aussi désigne-t-on généralement sous le nom collectif de Vendée les départements de Maine-et-Loire, du Morbihan, des Deux-Sèvres et de la Vendée.

» Aucune contrée de la France ne ressemble à la Vendée; c'est un pays à part dans notre pays.

» Peu de grandes routes la traversent.

» Je parlerai tout à l'heure de ces grandes routes.

» Les autres moyens de communication, et, par conséquent, de commerce, consistent en chemins de quatre ou cinq pieds de large bordés, de chaque côté, par un talus rapide couronné lui-même d'une haie vive taillée à hauteur d'homme, dans laquelle se trouvent jalonnés, de vingt pas en vingt pas, des chênes dont les branches forment, en se réunissant, un berceau au-dessus du chemin. A cette haie viennent aboutir transversalement, et de distance en distance, les autres haies qui servent de limites aux champs des particuliers, lesquels champs se trouvent, par ce système, convertis en autant d'enclos n'ayant presque jamais plus d'un ou deux arpents, et affectant toujours la forme d'un carré long.

» Chacune de ces haies n'a qu'un passage nommé *échalier*; c'est quelquefois une espèce de barrière semblable à celles qui ferment les parcs des moutons; c'est plus souvent un fagot de même essence que la haie, qui, s'emboîtant dans la haie elle-même, ne présente, l'hiver surtout, à l'œil des étrangers, aucune différence avec elle. L'habitant du pays va droit à cet échalier, qu'il connaît ; tout autre que lui est obligé, la plupart du temps, de longer les quatre faces de l'enclos avant d'en découvrir l'issue.

» Ces haies expliquent toute la tactique de la guerre vendéenne : tirer à coup sûr, sans pouvoir être aperçu ; fuir, quand on a tiré, par le passage, sans risquer d'être atteint. Aussi en acceptant cette belle harangue de la Rochejaquelein : « Si j'avance, suivez-moi ; si je recule, tuez-moi ; si je meurs, » vengez-moi ! » les chefs n'en proféraient-ils guère d'autres, avant le combat, que celle-ci, plus simple et surtout plus claire pour les paysans : « Égayez-vous, mes gars ! » ce qui voulait dire : « Éparpillez-vous, mes enfants ! » Et alors, chaque buisson cachait un homme et son fusil ; devant, derrière, sur les deux côtés de l'armée en marche, les haies s'enflammaient, les balles se croisaient en sifflant, et les soldats tombaient avant d'avoir eu le temps de distinguer de quel côté soufflait cet ouragan de feu ! Enfin, las de voir s'entasser les morts au fond des défilés, les bleus s'élançaient de chaque côté, gravissaient le talus, escaladant la haie, et perdant encore, dans cet assaut, la moitié de leurs hommes ; puis, arrivés au faîte, ils voyaient subitement le feu cesser ; tout avait disparu comme par enchantement, et ils n'apercevaient plus, aussi loin que la vue pouvait s'étendre, qu'un pays dessiné gracieusement comme un jardin anglais, et, d'espace en espace, perçant le ciel brumeux de l'Ouest, la pointe aiguë d'un clocher couvert d'ardoises, ou, se détachant sur le fond vert des chênes, des hêtres et des noyers, le toit rougeâtre de quelque métairie.

» Ces chemins, ou plutôt ces défilés, qui paraissent, au premier abord, n'avoir été creusés que par le sabot des bœufs, sont, en raison des inégalités du terrain, de véritables escaliers, où les petits chevaux du pays peuvent seuls marcher d'un pied sûr. — Nous dirons un mot de ces chevaux et de la manière de les conduire. — L'été, ces chemins ne paraissent que pittoresques ; l'hiver, ils sont impraticables ; la moindre pluie fait de chacun d'eux le lit d'un torrent ; et, alors, pendant quatre mois de l'année à peu près, les communication s'établissent à pied et à travers terres.

» Revenons aux chevaux.

» Le meilleur écuyer de Franconi se trouverait assez embarrassé, je crois, si on le juchait sur une de ces grandes selles bretonnes qui s'élèvent au milieu du dos de l'animal, de façon à lui donner l'air d'un dromadaire. Quant à l'animal lui-même, peut-être cet écuyer espérerait-il le guider à l'aide de la bride et des jambes ; mais il s'apercevrait bientôt que les jambes du cavalier ne servent qu'à maintenir celui-ci en équilibre, et que la bride n'a d'autre but que d'arrêter court la monture en tirant carrément des deux mains; seulement, avec un peu d'étude, il apprendrait à s'aider du gourdin: — c'est ce qui remplace dans les principes de l'équitation bretonne, les jambes et la bride ; — pour faire tourner le cheval à droite, il ne faut que lui appliquer un coup de gourdin sur l'oreille gauche, et *vice versâ* ; de cette manière, qui simplifie énormément l'art des Larive et des Pellier, on guide l'animal par des chemins qui feraient tourner la tête à un Basque !

» Ce tableau, d'ailleurs, quant aux chemins et aux cavaliers qui les fréquentent, commence à être moins exact pour les départements de la Vendée et de la Loire-Inférieure, où Bonaparte a fait percer des routes : mais il l'est encore pour le département des Deux-Sèvres, et surtout pour la partie méridionale du département de Maine-et-Loire.

» C'est aussi dans cette dernière partie que s'est réfugiée la Vendée politique. L'opposition à tout gouvernement libéral est là flagrante et vivace.

» Heureusement, la civilisation, comme en défiance, l'a entourée d'une ceinture de villes libérales qui part de Bourbon-Vendée, traverse Chollet, Saumur, Angers, revient par Nantes et aboutit dans la Vendée même, à Clisson, espèce de sentinelle perdue dont le coup de feu donnerait l'alarme en cas de soulèvement.

» Une seule route passe par un coin de cette contrée en

formant un Y ; la queue représente le chemin de Chollet à Trémentines ; les deux branches, ceux de Trémentines à Angers et à Saumur : — ce dernier chemin n'est pas même une route de poste.

» La Vendée se trouve donc enfermée aujourd'hui dans un seul département, sans issue pour attaquer et pour fuir.

» Quatre classes d'individus bien distincts s'agitent au milieu de cette fournaise politique : les nobles ou *gros*, le clergé, la bourgeoisie, les paysans ou métayers.

» La noblesse est entièrement opposée à tout système constitutionnel ; son influence est à peu près nulle sur la bourgeoisie, mais elle est immense sur les métayers, qui sont presque tous à ses gages.

» Ainsi, un exemple :

» Le marquis de la Bretèche possède à lui seul cent quatre métairies ; supposez, par chaque métairie, trois hommes seulement en état de manier le fusil, et un mot de lui mettra sur pied trois cent douze paysans armés !

» Le clergé partage l'opinion de la noblesse, et a, de plus que lui, l'influence de la chaire et du confessionnal (1).

» La bourgeoisie est ainsi le centre du triangle que forment la noblesse imposant ses opinions, le clergé les prêchant, et le peuple les acceptant.

» Aussi la proportion des libéraux dans ce département — je parle de l'intérieur — est-elle à peine de un à quinze ; aussi le drapeau tricolore n'existe-t-il nulle part, malgré l'ordre formel du préfet ; aussi les prêtres ne chantent-ils pas le *Domine salvum*, malgré le mandement de l'évêque.

» Mais le bâton auquel était attaché le drapeau blanc subsiste et semble, par sa nudité, protester contre le drapeau tricolore ; mais les prêtres recommandent en chaire de prier pour Louis-Philippe, *qui ne peut manquer d'être assassiné.*

» L'agitation est donc continuelle.

» Elle est entretenue par des rassemblements de quarante

---

(1) Voir les admirables pages de Michelet, touchant l'influence du prêtre sur la Vendée, en 1793.

ou cinquante nobles, qui ont lieu une fois ou deux par semaine, soit aux Lavoirs, soit aux Herbiers, soit aux Combourds.

» Le moyen d'excitation dont on se sert est la soustraction des journaux, qui n'arrivent que par commissionnaires, la poste passant seulement à Beaupréau, Chemillé et Chollet.

» Parmi les villes et les villages qui ne cachent en aucune façon l'espoir d'un prochain soulèvement, il faut compter en première ligne Beaupréau, Montfaucon, Chemillé, Saint-Macaire, le May et Trémentines.

» Le cœur de la révolution royaliste est à Montfaucon ; fût-elle éteinte par toute la France, là on sentirait encore battre l'artère de la guerre civile. Cette révolution éclaterait infailliblement par la présence du dauphin, de Madame, ou même tout simplement le jour où il y aurait déclaration de guerre entre la France et une puissance étrangère quelconque, mais surtout si cette puissance était l'Angleterre, laquelle, pour la troisième fois, jetterait des armes et des hommes sur les côtes, éloignées seulement de dix à onze lieues du département de Maine-et-Loire, où ces hommes et ces armes pénétreraient sans obstacle par l'ouverture qui se trouve entre Clisson et Chollet.

» Les moyens de prévenir une insurrection nous paraissent être ceux-ci :

» 1° Percer des routes.

» En général, le peuple ne voit, dans une route percée à travers un pays impraticable, qu'une facilité donnée au commerce de s'étendre. Le gouvernement, s'il est libéral, y verra, de son côté, un but politique; la civilisation suivra le commerce, et la liberté, la civilisation. Les relations avec les autres départements dépouilleront le département à craindre de sa rudesse primitive; les nouvelles vraies se répandront facilement; les nouvelles fausses seront aussitôt démenties; des bureaux de poste s'ouvriront dans tous les chefs-lieux de canton; la gendarmerie y établira un service actif et régulier; puis, enfin, les troupes y circuleront, en cas de besoin, d'une manière incisive.

» Les routes à faire dans le département de Maine-et-Loire devraient aller du Palet à Montfaucon en passant par Saint-Crespin ; à Montfaucon, la voie se séparerait en deux branches : l'une se rendrait à Beaupréau, par la Renaudière, Villedieu et la Chapelle-au-Genêt ; l'autre s'avancerait jusqu'à la Romagne, où elle rejoindrait la route de Chollet par la Jarrie et Roussay.

» Le commerce qui s'établirait sur ces routes serait celui des vins d'Anjou, des bestiaux de Bretagne et des toiles de Chollet ; il ne peut se faire maintenant qu'à dos-d'homme ou sur des charrettes à bœufs, qui ne versent pas, mais qui, en raison des mauvais chemins, nécessitent parfois, pour une seule voiture très-peu chargée, un attelage de huit ou dix bêtes.

» Les routes devraient être faites par les ouvriers du pays, parce qu'elles répandraient quelque argent dans la classe pauvre ; parce que les paysans connaissent les endroits d'où l'on peut tirer le meilleur cailloutis ; parce que les nobles, dont l'intention positive est de s'opposer à l'ouverture de ces routes, soulèveraient facilement les paysans contre les ouvriers étrangers qui enlèveraient à ceux-ci un salaire qu'ils regarderaient comme leur étant légitimement dû ; parce que, enfin, les paysans choisis pour faire les routes s'opposeraient d'eux-mêmes à toute tentative de la noblesse ayant pour but d'empêcher leur exécution.

» 2° Transporter dans des villages au delà de la Loire dix ou douze prêtres, en ajoutant à leurs appointements une centaine de francs, pour les empêcher de crier au martyre, — et notamment ceux de Tiffauges, de Montauban, de Torfou et de Saint-Crespin.

» Envoyer, à leur place, dans ces paroisses, des prêtres dont le gouvernement serait sûr.

» Ils n'auraient rien à craindre, leur caractère les rendant sacrés pour tout paysan, qui pourra haïr l'homme, mais respectera la soutane.

» 3° Une grande partie des nobles qui se rassemblent, afin d'aviser aux moyens de renouveler la guerre civile, jouissent de pensions assez considérables que le gouvernement continue à leur payer : rien de plus facile que de les prendre en flagrant délit; dès lors, le gouvernement pourra cesser, avec justice, de payer ces pensions, et les répartir, par portions égales, entre les anciens soldats vendéens et républicains, dont les haines mutuelles s'amortiront ainsi de trimestre en trimestre.

» De cette manière, il n'y aura plus, dans l'avenir, de Vendée possible, puisque, à la moindre émeute, le gouvernement n'aura qu'à étendre le bras et à disposer ses troupes sur les grandes routes pour isoler les rassemblements.

» Et que l'on ne croie pas que ces hommes, éclairés depuis 1792, en soient arrivés à ne plus se lever pour le fanatisme et la superstition : on se tromperait étrangement ; ceux mêmes que la conscription de Bonaparte a tirés de leurs foyers et promenés par le monde ont perdu graduellement, depuis qu'ils sont rentrés dans leurs chaumières, leur instruction momentanée pour reprendre leur ignorance primitive.

» J'en citerai un exemple.

» Je chassais avec un brave militaire qui avait servi douze ans sous Napoléon. — Sur le versant d'une colline, près de la Jarrie, se dressait, à douze pieds de hauteur, une pierre ayant la forme d'un cône renversé, touchant à la montagne par un côté de son bord supérieur, et par sa base, étroite comme un fond de chapeau, reposant sur un large rocher; quoique cette pierre pesât quinze ou vingt milliers, son équilibre était tel, qu'une main d'homme pouvait facilement l'ébranler. Je crus y reconnaître un monument druidique; mais, ne m'en rapportant pas à cette fausse instruction des gens du monde qui va souvent échouer contre la bonhomie grossière des paysans, j'appelai mon compagnon, et lui demandai ce que c'était que cette pierre, et qui l'avait apportée là.

» — C'est le diable! me répondit-il avec une conviction qui ne paraissait pas redouter de ma part la moindre contradiction.

» — Comment, c'est le diable? répétai-je étonné.

» — Oui, me répondit-il.

» — Mais dans quel but?

» — Voyez-vous d'ici le ruisseau de la Maine,... là-bas au fond de la vallée?

» — Parfaitement.

» — Eh bien, alors, vous distinguez un endroit où l'on pourrait le traverser sur des pierres qui sortent à fleur d'eau, si, juste au milieu de ces pierres, il n'y avait un vide.

» — Bon.

» — Ce vide devait être rempli par le rocher contre lequel nous sommes appuyés.

» — En effet, il est taillé de manière à s'y emboîter exactement, et à faire disparaître la solution de continuité qu'y produit son absence.

» — Je ne comprends pas bien ce que vous dites, reprit le paysan; mais tant il y a que c'est le diable qui était en train de bâtir ce pont pour aller voler les vaches des métayers; il n'y manquait plus que cette pierre, qu'il apportait sur son épaule, oubliant que le jour où il voulait terminer son ouvrage était un dimanche, lorsque, tout à coup, il aperçut la procession de Roussay, et que la procession de Roussay l'aperçut. Le prêtre, à cette vue, fit le signe de la croix; aussitôt les forces manquèrent à Satan, qui fut obligé de déposer ici même, à l'endroit où nous sommes, et pour toujours, cette pierre qu'il ne peut plus soulever... Voilà pourquoi le pont est interrompu, et pourquoi cette pierre tremble.

» C'était une explication comme une autre; force me fut de m'en contenter; si je lui avais donné la mienne, il est probable qu'elle lui eût paru plus absurde encore que ne me le paraissait à moi-même celle qu'il venait de me donner... »

Au bout de six semaines, grâce à mon guide, qui m'avait accompagné partout, je connaissais aussi bien qu'un habitant du pays, et peut-être même beaucoup mieux, non-seulement la Vendée passée, mais encore la Vendée à venir.

Je pris donc congé de madame Villenave et de sa fille;

j'embrassai la petite Élisa au front, et je partis pour Nantes.

Au delà de Clisson, la compagnie de mon Vendéen me devenait inutile; je le quittai en essayant de lui faire accepter une récompense pour les services qu'il m'avait rendus; mais il refusa obstinément en disant que, quelque chose qu'il eût faite et dût faire encore pour moi, il resterait éternellement mon débiteur.

Nous nous embrassâmes, et je m'éloignai; — mais lui resta à la même place, me faisant des signes chaque fois que je me retournais.

A un angle du chemin, je le perdis de vue, et tout fut dit.

Vit-il? est-il mort? se souvient-il de moi? m'a-t-il oublié? A-t-il gardé au fond de son cœur cette pierre précieuse que l'on appelle la reconnaissance, ou l'a-t-il jetée si loin de lui, qu'il la chercherait vainement, et ne saurait plus même où la retrouver? Je l'ignore.

J'arrivai à Nantes une heure et demie après l'avoir quitté.

CLXIX

La révolution nantaise. — Régnier. — Paimbœuf. — Les aubergistes et les voyageurs. — Jacomety. — L'habitant de la Guadeloupe et sa femme. — Chasse aux mouettes et aux goëlands. — Axiome pour la chasse maritime. — Le capitaine de *la Pauline*. — Femme et hirondelle. — Superstition amoureuse. — Appareillage.

Nantes avait eu, comme Paris, sa révolution, son Raguse qui avait fait tirer sur le peuple, et son peuple qui avait écrasé le Raguse. On me montra des maisons presque aussi belles de cicatrices que le Louvre ou l'Institut; le feu avait été si bien nourri de la part des troupes royales, qu'un jeune homme nommé Petit avait reçu, d'une seule décharge, trois balles dans le bras, une dans la poitrine, et un coup de fusil à plomb dans la figure; ce dernier lui avait été tiré d'une fenêtre, et lui venait d'un compatriote. Le blessé était en pleine convalescence; mais un de ses amis, qui n'avait reçu qu'une chevrotine, était en train de mourir.

S'il est mort, c'est le onzième qui ait perdu la vie dans cette échauffourée secondaire.

Régnier — qui était déjà un charmant comédien, et qui est devenu, depuis, un des soutiens de la Comédie-Française, — se trouvait alors à Nantes, et y donnait des représentations fort suivies.

Je passai là deux ou trois jours au milieu des anciens souvenirs de la Révolution, ravivés pour moi par M. Villenave, qui, on le sait, avait failli jouer, dans ce grand drame dont la Convention était l'auteur, et dont Carrier était le metteur en scène, le rôle de victime. S'il a y a au monde un nom conservé intact dans l'exécration publique, c'est à coup sûr celui de Carrier!

Je partis de Nantes pour Paimbœuf. Je n'avais vu la mer qu'au Havre, et l'on m'avait dit que ce n'était presque pas la mer; j'étais curieux de voir une mer véritable, une mer à tempêtes, une mer que les marins eux-mêmes appellent la *mer sauvage*.

Je ne connais rien au monde de plus mélancolique que ce ruban de maisons qui frange la Loire pendant l'espace de cinq ou six cents pas, et qu'on appelle Paimbœuf! On dirait être à mille lieues de Paris, hors de toute civilisation. Devant ces braves gens qui regardaient passer à leurs pieds un fleuve grand comme une mer, et qui ne me paraissaient occupés qu'à raccommoder leurs filets et à *aller en pêche*, je me demandais ce que pouvaient leur importer les révolutions du cratère parisien, dont la lave ne saurait les atteindre, et dont ils ne voient jamais ni la flamme ni la fumée.

Cela leur importait cependant, car on parlait hardiment à Paimbœuf d'une nouvelle Vendée.

Au reste, la distance qui sépare Paimbœuf de Paris met toutes les choses de la vie à un prix dont on ne peut avoir d'idée dans les provinces centrales de la France. Il faut dire que, pour le voyageur, ce bon marché qu'on lui vante parfois, ces homards à six ou huit sous, ces turbots à deux francs, ces raies dont on ne veut pas, et ces crevettes que l'on vous jette aux jambes, restent tout simplement un mythe : pour lui, le prix des auberges est, à une très-légère différence près, toujours le même ; il y a, du nord au midi et de l'est à l'ouest, un tarif adopté par MM. les aubergistes, et qui maintient les voyageurs dans cette excellente habitude de ne séjourner nulle part à peu de frais.

Nous dînâmes chez le Philippe du lieu : il se nommait Jacomety ; notre dîner nous coûta cinquante sous à table d'hôte ; c'était dix ou vingt sous de différence avec les tables d'hôte du reste du royaume.

A cette table mangeait près de moi, ou plutôt ne mangeait pas, une jeune femme fort triste ; son mari, placé à sa droite, avait pour elle tous les soins d'un amant, et, cependant, à chaque minute, le cœur de la belle affligée suffoquait gros de larmes dont les plus indiscrètes apparaissaient au bord de sa paupière, et parfois, malgré les efforts qu'elle essayait pour les retenir, roulaient le long de ses joues.

Je ne pus m'empêcher d'écouter les quelques mots que mes deux voisins échangeaient entre eux, et j'appris bientôt que le jeune homme, habitant de la Guadeloupe, venait d'épouser aux environs de Tours cette charmante jeune femme, qu'il enlevait au jardin de la France pour la conduire dans le jardin des Antilles. La pauvre enfant, à part le guide qu'elle venait de donner à ce côté aveugle de la vie qu'on appelle l'avenir, ne connaissait rien du pays qu'elle allait voir, et, en attendant les enfants qui, en buvant son lait, devaient sécher ses larmes, elle pleurait les amis et les parents qu'elle laissait sur cette vieille terre d'Europe, et peut-être aussi cette vieille terre d'Europe elle-même.

A la même table dînait le capitaine qui devait emmener les deux époux ; ce fut par lui que je sus la plupart de ces détails. C'était le lendemain qu'on devait appareiller ; je lui demandai la permission d'aller à son bord jusqu'au moment du départ, ce qu'il m'accorda de grand cœur.

Le bâtiment était à l'ancre entre Paimbœuf et Saint-Nazaire, et s'appelait *la Pauline*.

C'était un joli trois-mâts marchand, bien élégant, du port de cinq à six cents tonneaux.

Je ne dis rien de mon projet à mes deux voisins, sûr que, tout indifférent que je leur étais, le lendemain, au moment du départ, je deviendrais pour eux plus qu'un compatriote, — un ami !

Je passai le reste de la journée à suivre le bord de la rivière, et à envoyer des coups de fusil à des mouettes et à des goëlands que j'étais tout étonné de ne pas voir tomber. Un chasseur du pays, qui s'amusait de mon désappointement, et de qui je m'approchai pour lui demander si, comme le Styx, la Loire avait la propriété de rendre invulnérables les animaux ou les hommes qui se baignaient dans ses eaux, m'apprit, à mon grand étonnement, que, faute de savoir mesurer les distances maritimes, je tirais à une portée double de la portée ordinaire.

Il ajouta ceci comme principe absolu :

— Ne tirez jamais un oiseau de mer que vous ne puissiez voir distinctement son œil ; quand vous voyez l'œil, le corps est à la distance du plomb.

J'appliquai à l'instant même cette maxime à l'exécution. J'eus patience ; je laissai approcher un margat jusqu'à ce que je visse distinctement son œil comme un petit point noir ; je tirai : l'oiseau tomba.

Le donneur de conseils me salua et tira de son côté, satisfait d'avoir appris quelque chose à un Parisien.

Je reproduis l'enseignement comme il m'a été donné ; on ne saurait trop, petite ou grande, répandre une vérité, quelle qu'elle soit.

Je ne me rappelle plus quel philosophe disait que, s'il avait la main pleine de vérités, il se la ferait fermer par un cercle de fer, de peur qu'elle ne s'ouvrît par distraction, et que les vérités ne s'envolassent. Moi, j'ouvrirais les deux mains, et pousserais encore la vérité de toute la puissance de mon souffle. Rien ne vole si mal ou ne marche si lentement qu'une vraie vérité ! Mais, comme une vérité coûte toujours quelque chose à quelqu'un, celle qui venait de m'être révélée coûta la vie à trois ou quatre goëlands.

A mon retour à l'hôtel, je ne vis point nos deux époux; ils s'étaient renfermés chez eux.

Passé huit heures du soir, à la fin de septembre, il n'y a pas grande distraction à Paimbœuf; j'imitai donc l'exemple que me donnait le jeune couple, et je me retirai dans ma chambre en recommandant que l'on m'éveillât de manière à ce que je pusse profiter du premier canot qui irait à bord de *la Pauline*.

Ce fut le capitaine lui-même qui frappa à ma porte; je crois que le brave homme avait, pendant la nuit, sous la douce et trompeuse rosée du sommeil, laissé germer dans son esprit l'espérance de m'emmener; il me vanta le charme d'une longue traversée à bord d'un bon bâtiment, me parla de son cuisinier, qu'il mit fort au-dessus de celui de Jacomety, et de sa table, qui n'avait de rivale que celle du *Rocher de Cancale*, à Paris.

Le capitaine avait dîné une fois au *Rocher de Cancale*, et ne manquait jamais de placer un mot sur l'excellence de la cuisine de Borel.

On était encore dans les beaux jours de la fin de l'été, et, comme je croyais faire une simple visite à *la Pauline*, je n'étais vêtu que d'un pantalon de nankin, d'un gilet de piqué blanc et d'une veste de velours.

Pour ceux qui ont appris à leurs dépens ce que c'est que d'avoir froid, ce détail, comme on le verra bientôt, n'est pas sans quelque importance.

C'était la première fois que je voyais de près un bâtiment sur le point de prendre la mer. Au Havre, j'avais bien visité un ou deux paquebots en partance pour Boston ou la Nouvelle-Orléans; mais, grâce à leur élégance, ces navires, destinés au transport des voyageurs, ressemblent à des hôtelleries, à des appartements garnis, à des corridors de théâtre, bien plus qu'à des navires.

La Pauline, au contraire, était le trois-mâts pur sang.

J'en examinai tous les détails avec une curiosité qui me

donne l'espérance de pouvoir faire, un jour, si l'occasion s'en présente, des romans maritimes comme Cooper ou tout au moins comme Eugène Sue.

J'en étais au beau milieu de mon examen, lorsque le canot aborda pour la seconde fois; il amenait nos deux jeunes époux et leurs bagages.

La jeune femme ne se donnait plus la peine de retenir ses larmes : elle pleurait abondamment et apertement. Cela fit qu'elle ne me vit point approcher de l'escalier de tribord, et que, quand je lui donnai la main afin de l'aider à passer de l'échelle sur le pont, elle poussa un petit cri de surprise.

— Ah! monsieur! me dit-elle, est-ce que, vous aussi, vous partez pour la Guadeloupe?

— Hélas! non, madame, lui dis-je; non, à mon grand regret; mais c'est justement parce que je reste que vous me trouvez ici.

— Je ne vous comprends pas, monsieur.

— Je vous ai vue triste; je sais que vous quittez des personnes qui vous sont chères... En ma qualité de compatriote, j'ai voulu prendre vos dernières commissions pour elles.

— Oh! monsieur, dit-elle, vous êtes trop bon!

Et elle regarda son mari, comme pour lui demander jusqu'où elle pouvait s'engager dans une pareille conversation avec un inconnu.

Celui-ci sourit et me tendit la main, pendant que, d'un coup d'œil, il donnait toute liberté à sa femme.

— Oui, dit-il, soyez assez bon pour vous charger des derniers adieux de ma chère Pauline à sa famille, et dites bien à sa mère, si vous la voyez, qu'avant trois ans nous reviendrons lui faire une visite.

— Trois ans!... murmura la jeune femme d'un air de doute.

— Mais dites donc à cette entêtée, monsieur, reprit le mari en approchant ses lèvres du front de sa femme, que l'on va maintenant à la Guadeloupe plus facilement qu'on n'allait autrefois à Saint-Cloud... Je n'ai pas trente ans, et j'ai déjà fait douze voyages de la Pointe-à-Pitre à Nantes.

— Oh! mon ami, tu me dis cela aujourd'hui, mais dix-huit cents lieues de traversée !...

— C'est-à-dire six semaines de voyage... Voilà une belle affaire, n'est-ce pas?

Je montrai à la jeune femme une hirondelle qui effleurait la mâture.

— Cet oiseau fait un pareil voyage deux fois par an, madame, lui dis-je, et l'instinct le conduit.

— Oui, mais c'est un oiseau, dit-elle en poussant un soupir.

J'essayai de donner un autre cours à la conversation.

— Monsieur, dis-je au mari, je vous ai entendu appeler madame : Pauline... *La Pauline* est le nom du bâtiment sur lequel nous sommes; est-ce par un effet du hasard ou de votre volonté que ce rapprochement existe?

— C'est par un effet de ma volonté, monsieur; il y avait trois ou quatre bâtiments en rivière; j'ai choisi celui-ci... Il m'a semblé qu'outre sa patronne céleste, c'était une patronne supplémentaire que je lui donnais... Est-ce que cette superstition vous fait rire?

— Non pas, monsieur, au contraire... Je comprends toutes les superstitions, et particulièrement celles dont l'amour est la base. Il m'a toujours semblé qu'il était impossible d'aimer sincèrement sans que la personne aimée fût l'objet de ces vagues terreurs qui rendent superstitieux le cœur le plus ferme.

La jeune femme m'écoutait depuis un instant.

— Oh! monsieur, me dit-elle en me tendant la main, quelle bonne idée vous avez eue là, de nous reconduire!

— Je puis donc espérer, madame, que vous me chargerez d'une dernière commission pour votre famille?

— J'ai écrit ce matin à ma mère, monsieur; mais, si, par hasard, vous vous arrêtez à Tours, et que vous puissiez disposer d'un moment, ayez la bonté de vous faire enseigner la maison de madame M...; dites-lui que nous vous avons rencontré, que vous nous avez reconduits jusqu'au bâtiment, et que, devant vous (elle sourit d'un air de doute), Léopold a promis de me ramener en France d'ici à trois ans.

— Je le lui dirai, madame, et je me ferai garant de la parole de monsieur.

Pendant ce temps s'était opéré à bord tout le mouvement qui indique l'appareillage. Le vent était est-sud-est, c'est-à-dire excellent pour sortir de la rivière ; on n'avait donc attendu que le reflux, afin de se mettre en route avec cette double accélération qu'apportent à la marche d'un bâtiment le vent et la marée.

Aussi, tout à coup, la voix du capitaine nous fit-elle tressaillir.

Le pilote venait d'arriver de Saint-Nazaire, et le capitaine donnait ce premier ordre :

— Virez sur l'ancre à pic !

On eût dit, à cet ordre inattendu, que la pauvre voyageuse apprenait pour la première fois qu'il lui fallait quitter la France.

Elle poussa un léger cri, jeta plutôt qu'elle ne posa sa tête sur la poitrine de son mari, et se mit à pleurer à sanglots.

Je profitai de ce redoublement de larmes pour m'éloigner des deux nouveaux époux, et pour aller dire au capitaine que, quand il le jugerait convenable, j'étais prêt à retourner à terre.

— Eh ! me dit-il, vous êtes donc bien pressé de nous quitter ? Je comptais vous garder à déjeuner et à dîner, ou tout au moins à déjeuner, car ajouta-t-il en regardant le ciel, je doute que beaucoup de passagers dînent aujourd'hui.

— Bon ! lui répondis-je, et, une fois en mer, comment vous seriez-vous débarrassé de moi

— De la façon la plus naturelle : vous seriez retourné à terre sur le pilote côtier.

— Tiens, au fait... est-ce possible ?

— Tout est possible à qui désire.

— Eh bien, je déjeune !

— Alors, vous ne nous quitterez qu'aux Piliers ; vous reviendrez avec le pilote, auquel vous donnerez un écu, et vous passerez pour un Anglais qui a voulu tâter du mal de mer.

— C'est dit... Arrangez la chose avec lui.

Il appela le pilote, lui dit quelques mots tout bas, me montra à lui de l'œil; le pilote fit, de la tête, un signe d'acquiescement.

— La! dit le capitaine, voilà une affaire bâclée!

Puis, s'adressant aux matelots qui avaient amené le navire à pic:

— En haut du monde, pour larguer les huniers et les basses voiles, les focs et la brigantine!

— Ah çà! capitaine, lui dis-je, n'allez pas m'en faire autant, à moi, que Bougainville à son ami le curé de Boulogne!

— Oh! soyez tranquille... D'ailleurs, je ne fais pas le tour du monde (1)!

Et, se tournant vers ses hommes:

— Range à hisser et à border les huniers! cria-t-il.

CLXX

Le déjeuner sur le pont. — Saint-Nazaire. — A quoi ne pensent jamais les maris. — Noirmoutiers. — Belle-Ile. — Je quitte les deux Pauline. — L'échelle de cordes. — Le canot. — Un bain complet. — L'auberge de Saint-Nazaire. — Je jette l'argent par les fenêtres. — Une fournée d'habits. — Retour à Paris.

Pendant que la manœuvre s'exécutait, je rejoignis nos deux époux.

— Eh bien, monsieur, me dit la jeune femme, voici le moment de retourner à terre, et vous allez me quitter.

— Pas encore, madame, lui dis-je.

Son regard s'arrêta sur moi.

— Pas encore? répéta-t-elle.

— Non, madame; j'ai obtenu du capitaine de ne vous quitter qu'au dernier moment... Je déjeune avec vous, et nous avons encore quelques bonnes heures à parler ensemble de la France.

— Merci, monsieur, me dit à son tour le mari.

---

(1) Voir *le Curé de Boulogne*, p. 59 du t. II de *Bric-à-Brac*.

En ce moment, toutes les personnes venues à bord soit pour affaires de commerce, soit pour affaires de cœur, firent leurs adieux, descendirent dans les barques, et s'éloignèrent du bâtiment.

L'ancre fut tirée hors de l'eau, puis caponnée, et *la Pauline* commença d'obéir au double mouvement du courant et de la brise.

Ce mouvement, tout insensible qu'il était, fut un nouveau sujet de douleur pour la jeune femme.

J'allai au capitaine.

— Capitaine, lui dis-je, je crois que vous feriez un grand plaisir à vos passagers... à deux, du moins... en ordonnant qu'on serve le déjeuner sur le pont.

— Pourquoi cela?

— Parce que voici là-bas une jeune femme qui désire prendre tout ce qu'elle pourra de la France avant de la quitter, et que, pendant tout le temps qu'elle sera dans l'entre-pont, elle ne verra pas la France.

— Rien n'est plus facile, dit le capitaine, je n'ai que cinq passagers à ma table.

— Alors, c'est dit?

— C'est dit.

Nous étions à la hauteur de Saint-Nazaire, qui s'élève tristement au milieu des sables et des bruyères sans un arbre où puisse se reposer la vue. Et, cependant, la jeune femme embrassait des yeux l'aride paysage avec autant d'avidité que si ses regards eussent flotté sur une prairie suisse ou un lac écossais.

— Madame, lui dis-je, je vous préviens de la part du capitaine, que nous allons déjeuner.

— Oh! moi, dit-elle, je ne mangerai pas.

— Laissez-moi vous dire que je suis sûr du contraire, madame...

Elle secoua la tête.

— Attendu, continuai-je, que nous déjeunons, non pas dans l'entre-pont, mais sur le pont.

— C'est vous qui avez demandé cela au capitaine! s'écria-t-elle, comme si je venais de réaliser un désir auquel son esprit n'osait pas même s'arrêter.

— Mais oui, lui dis-je en riant.

— Oh! mon ami, reprit-elle en se retournant vers son mari, vois donc comme monsieur est bon!

— Ma foi, dit-il, aie-lui-en toute reconnaissance; je n'y eusse pas pensé, moi.

Comment se fait-il que les maris, même les plus amoureux, même les plus nouveaux mariés, ne pensent jamais aux choses auxquelles pensent les étrangers!

Je livre cette réflexion à la sagacité des psychologistes qui, par hasard, liront ce livre.

La table fut mise sur le pont; la jeune femme mangea peu, mais ne perdit pas un instant de vue les deux bords de la Loire, qui allait sans cesse s'élargissant.

Au fur et à mesure que nous approchions de la mer, l'eau changeait de couleur, et, de jaune, devenait verdâtre; puis on voyait moutonner un commencement de vagues.

Dès que nous eûmes doublé Saint-Nazaire, nous nous trouvâmes au fond d'une espèce de V gigantesque qui, par sa partie la plus évasée, nous montrait l'horizon infini de la mer.

C'était la première fois que cette mer qu'elle allait traverser apparaissait aux yeux de la jeune femme, et il était facile de voir qu'elle lui produisait une profonde impression de terreur.

Sans qu'il y eût gros temps, la mer était houleuse; mais ce n'était point cette houle qui impressionnait la mélancolique voyageuse, ce n'étaient point ces vagues blanchissantes à leur cime qui la faisaient pâlir; c'était cette idée de l'infini, c'était ce sentiment de l'espace qui s'attache aux océans.

Vers deux heures de l'après-midi, nous entrions en pleine mer.

Alors, nous avions, à gauche, l'île de Noiromutiers (*nigrum monasterium*), laquelle doit son nom à un monastère de bénédictins, qui y fut fondé au viie siècle par saint Philibert, et que détruisirent, au ixe, ces Normands dont la vue avait attristé les dernières années de Charlemagne; — à droite,

Belle-Ile, l'île de Fouquet, qui devait donner, plus tard, son nom à l'héroïne d'une de mes comédies, et, plus tard encore, devenir le théâtre du dénoûment de la triple épopée des *Mousquetaires*, et fournir à mon pauvre ami Porthos une tombe digne de lui. Alors, ces différents noms me frappaient comme des sons indifférents ; mais, restés néanmoins au fond de ma mémoire, ils devaient en sortir un jour avec tout cet échafaudage des rêves de mon imagination ; Délos flottantes qui s'arrêteront plus ou moins avant dans les espaces de l'avenir.

En face de nous s'étendait la mer aux crêtes dentelées, se joignant, vers l'horizon, à un ciel tout assombri de nuages dans lesquels le soleil commençait à s'ensevelir. Nous étions à trois lieues du port à peu près, à la hauteur de cet écueil qu'on appelle les Piliers ; les mauvaises passes étaient franchies, le vent tournait au sud-sud-ouest, et fraîchissait. Le pilote déclara que sa besogne était finie, qu'il remettait le commandement au capitaine, et qu'il allait regagner la terre.

Quant à moi, je regardai avec une certaine inquiétude, je l'avoue, les moyens de descente qui m'étaient offerts pour passer du bâtiment dans la barque.

Ces moyens se réduisaient à une simple échelle de cordes collée aux flancs arrondis du navire.

Et, par-dessus tout cela, le navire filait ses sept nœuds à l'heure.

Il y eut un moment où j'eus bien envie de ne descendre qu'à la Guadeloupe.

Par bonheur, le capitaine comprit ce qui se passait en moi ; il réfléchit qu'un petit retard de dix minutes n'était rien sur un voyage de six semaines.

— Allons, me dit-il, faites vos adieux, tandis que je vais mettre le bâtiment en panne.

Puis il cria :

— La barre dessous !

A l'instant même, les voiles fasièrent. On exécutait pour moi la même manœuvre que pour un homme tombé à la mer.

— Carguez la grande voile! reprit le capitaine, les voiles du grand mât sur le mât!

Le navire s'arrêta, ou à peu près. Le pilote était déjà dans son canot.

Je m'approchai de la pauvre exilée; ses larmes coulaient silencieusement le long de ses joues.

— Vous vous acquitterez de ma commission, n'est-ce pas, monsieur? me dit-elle d'une voix entrecoupée.

Je la saluai en signe d'adhésion.

— Vous embrasserez ma mère pour moi, n'est-ce pas?

— Je vous le promets, madame.

— Mais, dit le mari, si tu veux que monsieur embrasse ta mère pour toi, il faut d'abord que tu l'embrasses lui-même.

— Oh! oui, s'écria la jeune femme avec effusion, je ne demande pas mieux.

Et elle me jeta ses bras autour du cou.

Chose étrange! cette femme et moi ne nous étions jamais vus la veille au soir; le matin, nous étions encore des étrangers l'un pour l'autre; au moment du départ, nous étions des connaissances; le déjeuner nous avait faits amis; la séparation nous faisait presque frère et sœur. O mystères du cœur, incompris de la foule, et qui font de ceux à qui Dieu les a révélés des êtres privilégiés pour la souffrance. J'avais plus de peine à quitter ces amis d'un jour que je ne me promettais de plaisir à revoir des amis de vingt ans!

— Vous vous rappellerez mon nom, n'est-ce pas, monsieur? me dit la jeune femme.

— Tâchez de lire les prochains livres que je ferai, madame, et je vous promets que vous retrouverez ce nom dans un de mes premiers romans.

Il y avait bien aussi peut-être, au fond de cette attraction du bord, la préoccupation de la descente tant soit peu périlleuse à laquelle j'allais être obligé de me livrer...

Heureusement, j'avais bon nombre de spectateurs de mes manœuvres gymnastiques, et l'on sait combien, en pareil cas, double le courage l'idée que l'on vous regarde.

Je m'avançai donc bravement vers la muraille; je m'accrochai tout à la fois aux bas haubans du grand mât et à l'échelle, que, pour plus de facilité, le pilote — dans la crainte peut-être que je ne tombasse à la mer avant de lui avoir payé son petit écu — roidissait d'une main, tandis que, de l'autre, à l'aide d'une corde passée par un sabord, il maintenait la barque à portée du bâtiment.

Je n'avais pas descendu deux échelons, que le vent avait emporté mon chapeau. Je n'essayai pas même de le retenir : je n'avais pas trop de mes deux mains pour me cramponner à l'échelle.

Enfin, à ma grande satisfaction, et sans trop de gaucherie, j'arrivai à toucher le fond de la barque.

C'est une des vives joies que j'aie éprouvées de ma vie.

A peine fus-je assis sur un des bancs du canot, que le pilote lâcha en même temps l'échelle et la corde, et que nous nous trouvâmes à trente pieds de *la Pauline*.

J'entendis aussitôt la voix du capitaine qui criait :

— Faites porter les voiles du grand mât !

A l'instant, les voiles cessèrent de fasier, et le bâtiment reprit sa course.

Nos deux jeunes gens étaient à l'arrière, l'homme me faisait signe avec son chapeau, la femme avec son mouchoir.

Pendant ce temps-là, le pilote orientait une petite voile ; je m'aperçus qu'elle était orientée à la façon dont la barque inclina tout à coup ; si je ne me fusse retenu au bordage opposé, je coulais tout bonnement à la mer.

Décidément, la plaisanterie commençait à me paraître mauvaise : — d'autant plus que le pilote, qui parlait à peine français, et qui était avare du peu de mots qu'il savait de notre langue, regardait l'horizon avec une ténacité qui m'inquiétait.

C'est qu'à mesure que nous nous approchions des côtes, la mer grossissait.

En outre, la nuit venait rapidement ; je voyais encore le trois-mâts, parce que sa pyramide de voiles se détachait sur l'horizon empourpré du soleil couchant ; mais il était certain que le trois-mâts ne pouvait plus nous voir, ou que, s'il nous voyait, nous avions, pour lui, l'aspect d'une mouette ou d'un goëland perdu dans les vagues.

Ceux qui se sont trouvés dans une frêle barque, au fond d'un de ces abîmes liquides, avec une muraille mouvante à droite et à gauche, l'immensité devant et derrière, et le ciel nuageux au-dessus de leur tête, savent seuls ce que le vent leur a dit en passant à travers leurs cheveux mouillés d'écume.

Au bout d'une demi-heure, le pilote fut obligé d'abattre sa voile. Il prit les avirons, mais les avirons mordaient mal sur les lames.

De place en place, nous voyions les vagues, plus hautes et plus blanches, lancer dans les airs leur embrun, que le vent nous apportait comme une pluie fine et glacée. C'étaient les endroits où la vague se brisait contre les rochers.

Par bonheur, le flux nous poussait vers la terre ; mais, en même temps que le flux nous servait ainsi, le vent nous faisait dévier de l'embouchure de la Loire, et nous jetait le long de la côte du Croisic.

Quant à moi, il m'était impossible de deviner où j'étais ; la nuit venait de plus en plus, le cercle de l'obscurité se rétrécissait ; nous avions à peine vingt pas d'horizon.

Je pris le parti de me cramponner au fond du canot, et de ne plus m'occuper de rien, que de ne pas rouler à la mer ; seulement, assis au fond comme je l'étais, je trempais à moitié dans l'eau de mer que nous avions embarquée alors que nous allions à la voile. Deux heures se passèrent ainsi, qui, je l'avoue, me parurent les deux plus longues heures que j'eusse encore vécues.

Dans un moment où je me soulevais pour regarder, je vis le pilote se donner un grand mouvement ; puis la barque bondit comme si elle eût été folle ; nous passâmes sous une espèce de cataracte qui dominait la crête sombre d'un rocher... Cette fois, je crus que tout était fini : l'eau était entrée par le col de ma chemise, et ruisselait jusque dans mes guêtres.

Je fermai les yeux, et j'attendis.

Au bout de cinq minutes, comme je me sentais toujours dans la barque, je les rouvris. Nous n'étions ni mieux ni plus mal, et rien n'était changé, si ce n'est qu'on entendait le bruit du ressac contre la côte; il était évident que nous n'en étions plus éloignés que d'une ou deux encablures. Le pilote se tenait au gouvernail, et, poussé par le flux, laissait toute la besogne à la mer; son seul travail — et ce travail ne me paraissait pas facile — était de se diriger à travers les rochers.

Tout à coup il se leva en me criant :

— Tenez-vous bien.

La recommandation était plus qu'inutile : je serrais la banquette à y laisser l'empreinte de mes doigts.

J'éprouvai un choc violent, comme si le fond de la barque eût ratissé un lit de galets.

Le pilote passa rapidement au-dessus de moi, et sauta dans la mer.

Je ne comprenais rien à cette évolution, lorsqu'en me soulevant je l'aperçus, dans l'eau jusqu'à la poitrine, tirant la barque à lui avec une corde.

A quinze pas de nous était la falaise. J'eus grande envie de sauter à côté de mon homme; mais, comprenant mon intention :

— Non, non, dit-il, tenez-vous tranquille... Nous sommes arrivés.

En effet, la première vague poussa la barque si près du rivage, qu'elle s'y engrava.

— Maintenant, me dit le pilote en s'approchant de moi, montez sur mon dos.

— Pour quoi faire?

— Pour ne pas vous mouiller.

La précaution était bonne, mais venait un peu tard : j'étais trempé comme une éponge.

— Merci de votre obligeance, lui dis-je, mais ce n'est pas la peine.

Et je sautai dans la mer.

En ce moment arriva une vague qui me passa par-dessus la tête.

— Bon ! dis-je, le bain sera complet !... Ah ! sacré imbécile que je suis de faire de pareilles promenades, quand rien ne m'y force !... Ah !...

Cette dernière exclamation m'était arrachée par la satisfaction que j'éprouvais de me retrouver sur la terre ferme.

Nous venions de débarquer dans cette petite anse qui se trouve entre Saint-Nazaire et le Croisic, à une lieue et demie à peu près de l'une et de l'autre de ces deux villes. J'avais le choix. Seulement, le Croisic m'éloignait d'une lieue et demie, tandis que Saint-Nazaire me rapprochait d'autant.

Il n'y avait donc pas d'hésitation à avoir : je me décidai immédiatement pour Saint-Nazaire.

Quant au pilote, il restait avec sa barque.

Le vent sifflait aussi sec que sur la plate-forme d'Elseneur, au moment où va apparaître le fantôme du roi de Danemark. Je n'avais qu'un moyen de me réchauffer : c'était de me donner le plus de mouvement possible. J'allongeai cinq francs dans la main du pilote, au lieu de trois que je lui avais promis, et la tête nue, les deux mains dans mes goussets, n'ayant pas un fil de mes vêtements qui ne fût mouillé de cette charmante eau de mer qui ne sèche jamais, je me mis à suivre le rivage au petit trot.

Une heure après, j'arrivais à Saint-Nazaire, et je frappais à la porte de la seule auberge du lieu, laquelle faisait toute sorte de difficultés pour s'ouvrir et recevoir, à onze heures du soir, un homme sans chapeau.

Le dialogue qui devait amener mon introduction se prolongeant à l'infini, et ne promettant pas de se terminer à ma satisfaction, je pris le parti de jeter à travers la fenêtre du premier étage, de l'appui de laquelle l'hôte me parlait, une pièce de cinq francs. De cette façon, l'hôte était sûr que je payerais mon coucher.

La pièce retentit sur le plancher de la chambre ; l'aubergiste la ramassa, alluma une lampe, et, s'étant assuré que ma pièce était de bon aloi, se décida à m'ouvrir.

Dix minutes après, j'étais tout nu devant un immense feu de bruyères qui me rôtissait sans me réchauffer ; mais j'étais si heureux de sentir la terre sous mes pieds, que j'avais oublié le trop grand froid, et que je ne pensais pas à la trop grande chaleur.

L'hôte était devenu aussi aimable qu'il avait été rébarbatif d'abord ; il m'offrit une de ses chemises que j'acceptai, bassina mon lit lui-même, et emporta mes habits pour les mettre au four.

Il avait, dans la journée, fait du pain et des galettes, de sorte que son four était encore tiède. Ma défroque y fut enfournée sur une plaque de tôle, et, grâce à cette invention, je retrouvai, le lendemain, mes habits secs comme de l'amadou.

A onze heures du matin, j'étais de retour à Paimbœuf ; le soir, j'étais à Nantes ; le lendemain de ce lendemain, j'étais à Tours, où je m'acquittais près de madame M... de la commission de sa fille.

Le même jour, je trouvai une place dans la malle-poste, et m'en emparai.

J'étais las du langage carliste que j'entendais depuis six semaines ; j'avais besoin de revoir mon soleil de juillet, mon Paris révolutionnaire, mes monuments criblés de balles.

Lorsque j'arrivai, il pleuvait à verse ; M. Guizot était ministre, et l'on grattait la façade de l'Institut !

CLXXI

Lettre confidentielle de Louis-Philippe à l'empereur Nicolas. — Réponse du czar. — Ce que pouvait la France après la révolution de juillet. — Louis-Philippe et Ferdinand VII. — Les réfugiés espagnols. — La réaction à l'intérieur. — Grattage des monuments publics. — Protestation.

Ce dernier mot indique, en effet, où en était arrivée la réaction à Paris au moment où j'y rentrais, après mes six semaines ou deux mois d'absence.

On se rappelle la conversation du lieutenant général avec les républicains dans la soirée du 31 juillet, et comment

Louis-Philippe y avait mis à découvert son système de juste milieu, système qui avait tellement révolté l'âme de nos jeunes gens, que Cavaignac s'était écrié : « Oh ! s'il en est ainsi, monsieur, nous pouvons être tranquilles ; vous n'en avez pas pour quatre ans ! »

Cavaignac ne se trompait pas sur le résultat : il se trompait sur la date ; c'était une erreur de chronologie, voilà tout.

Au reste, une lettre rendue publique par celui-là même à qui elle avait été adressée, prince dont l'orgueil aristocratique et héréditaire se complaisait à l'abaissement d'un roi issu d'une révolution, avait donné, plus clairement encore que les paroles volantes d'une conversation, le programme du nouveau règne.

Cette lettre, on s'en passait des copies envoyées de Pétersbourg même : cette lettre était celle que le roi de France avait écrite à *monsieur son frère* l'empereur de toutes les Russies.

M. Athalin l'avait portée en courrier extraordinaire ; mais elle devait être remise à part de la lettre officielle qui annonçait l'avénement au trône du lieutenant général ; c'était la lettre faite pour n'être lue que de l'empereur de Russie, et la seule naturellement qui fut lue de tout le monde.

Elle semblait inexplicable aux hommes qui, depuis quinze ans, suivaient la politique du duc d'Orléans à l'endroit de la branche aînée, à ceux qui connaissaient sa conduite vis-à-vis de Charles X et du jeune duc de Bordeaux pendant les journées qui précédèrent sa nomination à la lieutenance générale, et celles qui la suivirent ; à ceux, enfin, qui savaient le rôle que le Palais-Royal avait joué dans toute cette grande mise en scène de l'expédition de Rambouillet, expédition qui avait déterminé, non pas la fuite, — Charles X conserva jusqu'à Cherbourg la dignité suprême saine et sauve, — mais le départ de la famille royale.

Les meilleurs amis du roi Louis-Philippe niaient que la lettre fût de lui ; selon eux, cette lettre était apocryphe.

Comme je dois expliquer à beaucoup de personnes qui s'en sont étonnées, et à quelques-unes qui s'en étonnent encore, les causes de l'opposition que, dans la sphère étroite du citoyen d'abord, et dans celle de l'homme de lettres ensuite, j'ai faite contre le gouvernement du roi Louis-Philippe, on permettra que je continue d'énumérer les motifs de cette répugnance politique, qui m'amena à donner ma démission au roi dans le moment où mon intérêt — si mon intérêt avait pu un seul instant l'emporter sur ma conscience — devait m'exciter, au contraire, à me rapprocher de cette fortune princière qui devenait une fortune royale.

J'ai dit les impressions produites en moi par cette lettre du duc d'Orléans au roi Charles X emportée par M. de Mortemart; j'ai dit comment ces poignées de main données, cette *Marseillaise* chantée, ce front essuyé, m'avaient poussé hors du Palais-Royal à l'heure même où le jeune duc de Chartres y faisait sa rentrée; j'ai dit l'espèce de honte qui m'avait cloué immobile devant cette affiche où le duc d'Orléans se prétendait *Valois*, au mépris des plus simples connaissances historiques, et, reniant saint Louis comme aïeul, se donnait pour chef de race François Ier, c'est-à-dire de tous nos rois le plus débauché, le plus impolitique, le plus infidèle à sa parole.

Au reste, ils savaient bien ce qu'il y avait d'honorable et de désintéressé dans mon opposition, ces trois fils du roi, le duc d'Orléans, le duc d'Aumale et le duc de Montpensier, que je n'eus jamais l'orgueil d'appeler mes amis, mais qui me firent plus d'une fois l'honneur de se dire les miens. On verra, lorsque j'aurai à parler d'eux, — et l'occasion s'en présentera souvent dans le cours de ces Mémoires, — si je suis fidèle à la mauvaise fortune, et s'ils sont pieux les souvenirs de mon cœur et de ma plume qui suivent les exilés dans leur retraite.

Eh bien, cette lettre du roi à l'empereur Nicolas — la chose est peut-être ridicule à dire — me fut une douleur, comme la réponse du czar me fut une honte.

Il me semble, à moi, que, pour qu'un pays soit véritablement grand, généreux et fort, il faut que chaque citoyen de ce pays soit en quelque sorte une fibre de l'organisation générale, et reçoive individuellement la secousse imprimée à sa nationalité, à sa gloire, à son honneur.

Voici cette lettre. Quelque longue qu'elle soit, nous la ferons suivre de sa réponse. Notre seul commentaire sera de souligner certains passages :

« Monsieur mon frère,

» J'annonce mon avénement au trône à Votre Majesté par la lettre que lui présentera, en mon nom, le général Athalin ; mais j'ai besoin de lui parler avec une entière confiance sur les suites de la *catastrophe que j'aurais tant voulu prévenir.*
» Il y avait longtemps que je regrettais que le roi Charles X et son gouvernement ne suivissent pas une marche mieux calculée pour répondre à l'attente et au vœu de la nation ; j'étais bien loin de prévoir pourtant les prodigieux événements qui viennent de se passer, et je croyais même qu'à défaut de cette allure franche et loyale dans l'esprit de la Charte et de nos institutions, qu'il était impossible d'obtenir, il aurait suffi d'un peu de prudence et de modération pour que le gouvernement pût aller longtemps encore comme il allait ; mais, depuis le 8 août 1829, la composition du nouveau ministère m'avait fort alarmé. Je voyais à quel point cette composition était odieuse et suspecte à la nation, et je partageais l'inquiétude générale sur les mesures que nous devions en attendre. Néanmoins, l'attachement aux lois, l'amour de l'ordre ont fait de tels progrès en France, que la résistance au ministère ne serait certainement pas sortie des voies parlementaires, si dans son délire le ministère lui-même n'eût donné le fatal signal par la plus audacieuse violation de la Charte, *et par l'abolition de toutes les garanties de notre liberté nationale,* pour lesquelles il n'est guère de Français qui ne soit prêt à verser son sang. Aucun excès n'a suivi cette lutte terrible.
» Mais il était difficile qu'il n'en résultât point quelque ébranlement dans notre état social, et cette même exaltation des esprits, qui les avait détournés de tant de désordres, les portait, en même temps, vers des essais de théories politiques qui auraient précipité la France et peut-être l'Europe dans de terribles calamités ; c'est dans cette situation, sire, que

tous les yeux se sont tournés vers moi : *les vaincus eux-mêmes m'ont cru nécessaire à leur salut;* je l'étais peut-être plus encore pour que les vainqueurs ne laissassent point dégénérer la victoire ; j'ai donc accepté cette tâche noble et pénible, et j'ai écarté toutes les considérations personnelles qui se réunissaient pour me faire désirer d'en être dispensé, parce que j'ai senti que la moindre hésitation de ma part pouvait compromettre l'avenir de la France et le repos de tous nos voisins. Le titre de lieutenant général, qui laissait tout en question, excitait une défiance dangereuse, et il fallait se hâter de sortir de l'état provisoire, tant pour inspirer la confiance nécessaire que pour sauver cette Charte, si essentielle à conserver, dont feu l'empereur, votre auguste frère, connaissait si bien l'importance, et qui aurait été très-compromise si l'on n'eût promptement rassuré et satisfait les esprits.

» Il n'échappera ni à la perspicacité de Votre Majesté, ni à sa haute sagesse, que, pour atteindre ce but salutaire, il est bien désirable que les affaires de Paris soient envisagées sous leur aspect véritable, et que l'Europe, rendant justice aux motifs qui m'ont dirigé, entoure mon gouvernement de la confiance qu'il a droit d'en espérer. Que Votre Majesté veuille bien ne pas perdre de vue que, tant que le roi Charles X a régné sur la France, *j'ai été le plus soumis* et le plus fidèle de ses sujets, et que ce n'est qu'au moment où j'ai vu l'action des lois paralysée, et l'exercice de l'autorité royale totalement anéanti, que j'ai cru de mon devoir de déférer au vœu national en acceptant la couronne à laquelle j'ai été appelé. C'est sur vous, sire, que la France a surtout les yeux fixés : elle aime à voir dans la Russie son allié le plus naturel et le plus puissant ; j'en ai pour garantie le noble caractère et toutes les qualités qui distinguent Votre Majesté impériale.

» Je la prie d'agréer les assurances de la haute estime et de l'inaltérable amitié avec laquelle je suis,

» Monsieur mon frère, de Votre Majesté impériale, le bon frère,

» LOUIS-PHILIPPE. »

Une lettre si pleine de tendres assurances, si obséquieuse, si humble, eût bien mérité une réponse polie.

Voici celle de Sa Majesté l'empereur de toutes les Russies :

« J'ai reçu des mains du général Athalin la lettre dont il était porteur. Des événements à jamais déplorables ont placé Votre Majesté dans une cruelle alternative : elle a pris une détermination qui lui a paru la seule propre à sauver la France des plus grandes calamités, et je ne me prononcerai pas sur les considérations qui ont guidé Votre Majesté ; mais je forme des vœux pour que la Providence veuille bénir ses intentions et les efforts qu'elle va faire pour le bonheur du peuple français. De concert avec mes alliés, je me plais à accueillir le désir que Votre Majesté a exprimé d'entretenir les relations de paix et d'amitié avec tous les États de l'Europe, *tant qu'elles seront basées sur les traités existants et sur la ferme volonté de respecter les droits et obligations, ainsi que l'état de possession territoriale qu'ils ont consacrés ;* l'Europe y trouvera une garantie de la paix, si nécessaire au repos de la France elle-même. Appelé, conjointement avec mes alliés, à cultiver avec la France, sous son gouvernement actuel, ces relations conservatrices, j'y apporterai, pour ma part, toute la sollicitude qu'elles réclament, et *les dispositions dont j'aime à offrir à Votre Majesté l'assurance, en retour des sentiments qu'elle m'a exprimés.*

» Je la prie d'agréer, en même temps, l'assurance de mes sentiments pour elle.

» Nicolas. »

Ainsi, Louis-Philippe en avait été pour ses frais de fraternité ; Nicolas le tolérerait peut-être s'il respectait les traités de 1815, et on lui offrait des *dispositions* en échange de l'assurance des sentiments qu'il avait envoyés.

C'est que justement là était l'embarras de la situation nouvelle.

Nous avons dit que la révolution de juillet était la dernière amorce de Waterloo ; et, en effet, aussitôt le fait de la révolution accompli, tout ce qu'il y avait de cœurs généreux en France se tourna du côté de la Belgique, de l'Italie et de la Pologne.

La Belgique, à cette époque, faisait encore, on se le rappelle, partie de la Hollande, comme adjonction de territoire.

L'Italie, de même qu'aujourd'hui encore, râlait sous le genou de l'Autriche.

La Pologne, écartelée par la Prusse, la Russie et l'Autriche, n'avait pas même la consolation de réunir dans un même linceul ses membres dispersés.

Or, les cœurs généreux demandaient un remaniement de l'Europe; ils voulaient donner à ces troupeaux qu'on appelle les peuples des pasteurs choisis par eux-mêmes; ils refusaient de reconnaître ces bouchers auxquels, sur la table verte du congrès de Vienne, des diplomates sans cœur avaient partagé presque au hasard cent millions de corps et d'âmes.

Mais c'était cela justement que ne voulait pas Louis-Philippe. Louis-Philippe représentait la bourgeoisie, qui se compose de notaires, d'hommes d'affaires, de banquiers, d'agioteurs de bourse, de tripoteurs d'argent; et la bourgeoisie a son dieu à part, son dieu à elle, qui n'a rien de commun avec le dieu des grands esprits et des grands cœurs.

La situation était si élevée, que les yeux clignotants de cette bourgeoisie se baissaient éblouis avant de pouvoir monter jusqu'à elle.

En effet, après la révolution de 1830, la France pouvait jeter aux rois le défi d'une ambition sans limites; car elle pouvait non-seulement agir avec ses propres forces, mais encore, en se faisant l'alliée des peuples, augmenter sa puissance, et neutraliser celle des rois. Que fallait-il pour cela?

Il suffit que l'on jette les yeux sur l'état général des monarchies européennes, sur la Russie, avec son vautour du Caucase et sa gangrène de Constantinople; sur l'Autriche, avec son double cancer de l'Italie et de la Hongrie; sur la Hollande, avec sa Belgique hostile; sur l'Angleterre, avec son Écosse insoumise et son Irlande mourant de faim, pour comprendre qu'en parlant un peu haut, non-seulement nous serions maîtres chez nous, mais encore que nous étendrions cette suprématie sur toute l'Europe.

Un instant, on crut, à propos de l'Espagne, que la France allait adopter cette large et splendide politique.

Il est vrai que le mobile qui faisait agir Louis-Philippe à l'endroit de l'Espagne était un sentiment tout personnel.

Aussi niais et presque aussi lâche que son aïeul Ferdinand de Naples qui n'avait pas voulu reconnaître la république française, Ferdinand d'Espagne n'avait pas voulu reconnaître la révolution de juillet, ou plutôt le prince qui venait d'hériter d'elle d'une façon presque aussi mystérieuse qu'il venait d'hériter du dernier des Condé.

Alors, dans un premier mouvement de colère, le roi Louis-Philippe avait reçu, conduit par M. Odilon Barrot, trois des membres du comité espagnol, MM. Loëve-Weimars, Marchais et Dupont; il avait traité son frère Ferdinand de coquin, et presque offert la corde avec laquelle il désirait le voir pendre (1).

Il avait fait plus : il avait, pour soutenir les tentatives des révolutionnaires espagnols, mis cent mille francs à la disposition de la Fayette.

De ce côté, du moins, on se croyait à l'abri de tout revirement politique. M. Girod (de l'Ain), préfet de police, distribuait ouvertement des feuilles de route aux réfugiés espagnols se dirigeant vers les Pyrénées; les impériales de toutes les voitures publiques étaient réservées à ces proscrits, qui allaient rentrer chez eux à la face du ciel, et, tout le long de la route, outre ces voyageurs privilégiés, on rencontrait des bandes de cinquante, de cent, de cent cinquante hommes qui, tambours battants, bannières déployées, marchaient vers la Bidassoa.

Enfin, M. Guizot, l'homme de Gand, c'est-à-dire l'homme de la réaction, avait dit tout haut :

---

(1) Voici les propres paroles du roi Louis-Philippe :

« Quant à Ferdinand VII, on peut le pendre si l'on veut; c'est le plus grand coquin qui ait jamais existé! »

— La France, en reconquérant, en 1823, l'Espagne aux idées absolutistes, a commis un crime politique ; elle doit donc une réparation à l'Espagne. Cette réparation sera donnée éclatante, complète !

C'était à M. Louis Viardot que M. Guizot avait dit ces paroles en l'invitant à les répandre.

On voit que nous n'allons pas à tâtons ; que nous n'accusons pas au hasard ; nous citons non-seulement les paroles dites, non-seulement les hommes qui les ont dites, mais encore les hommes à qui elles ont été dites.

Et, là-dessus, toutes ces victimes de Ferdinand VII, qu'on appelait Mendizabal, Isturitz, Calatrava, le duc de Rivas, Martinez de la Rosa, le comte de Toreno, le général Mina, le colonel Moreno, le colonel Valdès, le général Torrijos, le général Chapalangara, le général Lopès Baños, le général Butron, levèrent les bras au ciel et crièrent *Hosannah !*

En effet, des armes étaient envoyées si publiquement par MM. Guizot et de Montalivet, que l'ambassadeur d'Espagne, M. d'Ofalia, en fit l'objet d'une note diplomatique.

Nous avons dit, de Ferdinand VII d'Espagne, qu'il était aussi niais et presque aussi lâche que son aïeul Ferdinand IV de Naples ; nous aurions dû dire qu'il était plus lâche, car, à ce seul bruit d'armes qui se faisait en France, à ces seuls cris de liberté qui se poussaient dans le Midi, à ce seul roulement de tambours qui s'approchait de la frontière, il fit amende honorable, et reconnut Louis-Philippe avec l'expression de tous ses regrets d'avoir tardé si longtemps.

Or, quoiqu'il eût, comme nous l'avons dit, presque offert la corde pour le pendre, le nouveau roi voulait le repentir et non la mort du pécheur ; il retira, sans leur en rien dire, la main qu'il avait étendue sur les réfugiés espagnols, et ceux-ci, abandonnés à eux-mêmes, c'est-à-dire livrés à la vengeance de Ferdinand, furent tués, les uns sur le champ de bataille, et les autres, — oh ! ceci, c'est triste, c'est douloureux, c'est honteux à dire ! — les autres, poursuivis jusqu'au delà de la frontière, furent pris et fusillés sur le territoire français !...

Oh ! sire, sire, ne sont-ce point les ombres de ces martyrs qui, vous apparaissant, le 24 février, firent de vous le roi inerte et fugitif qui alla s'abattre sur la place de la Révolution, au pied de l'Obélisque, à l'endroit même où était tombée la tête de cet autre roi qu'on appelait Louis XVI ?

Quant à l'Italie, soulevée par les promesses de la Fayette, promesses que le vieux général croyait pouvoir tenir ; quant à l'Italie, qui ne demandait pour accomplir sa révolution, que la présence d'un corps d'armée sur les Alpes, elle regarda en vain du côté de l'Occident : la route d'Annibal, de Charlemagne et de Napoléon resta solitaire ?

Quant à la Pologne, on sait le mot immortel de M. Sébastiani : « L'ordre règne à Varsovie ! »

A l'intérieur, la réaction n'était pas moins visible.

D'abord, on avait choisi pour ambassadeur à Londres M. de Talleyrand, ce Méphistophélès politique qui avait vu trépasser entre ses mains, et devant son sourire de squelette, la République, le Directoire, l'Empire et la Restauration.

L'abolition de la peine de mort avait avorté à la Chambre.

Enfin, l'ordre avait été donné de faire disparaître de la face des monuments publics la trace des balles de juillet.

Il est vrai que cette dernière ordonnance n'avait point passé sans opposition.

A mon retour à Paris, les murailles étaient encore couvertes d'une protestation qu'on me permettra de citer, parce que le caractère de l'époque est tout entier dans les quelques lignes qui la composent, et que le plus grand mérite de ces Mémoires doit être de conserver et de reproduire intacte pour l'avenir toujours disposé à devenir myope, la physionomie des temps au milieu desquels j'aurai vécu.

Voici cette protestation :

RESPECT AUX MONUMENTS.

« Chacune de nos époques de gloire a ses trophées et ses monuments ; le grand homme a sa colonne de bronze et ses arcs de triomphe ; mais, pour nous, quel témoin vivant ira raconter aux peuples à venir les exploits de ce siècle de trois jours et de cette population immortelle? Quelle page d'histoire ira dire à la postérité à quel prix s'écroula cette monarchie de mille ans, vieillie dans le despotisme? Quel monument apprendra à nos neveux que, là, derrière ces colonnes mutilées, leurs pères tombaient en défendant la liberté?

» Notre charte, replâtrée en un jour, est-elle un monument digne du peuple roi?

» Nous n'avons à nous que des tombeaux, les traces des balles empreintes sur nos murs, et les sillons de mitraille qui décorent le fronton de nos palais. Ce sont là nos bas-reliefs, nos inscriptions, nos fastes de la grande semaine; le peuple y lit sa gloire, et le roi y trouve des leçons. Sur ces noires murailles, temple des sciences et des arts, les balles de Charles X ont écrit, en caractères ineffaçables, ce que nous pouvions attendre, non-seulement de l'amour, de la reconnaissance, mais encore de l'impartialité d'un Bourbon! Là, si on en eût religieusement conservé l'empreinte, peut-être eussions-nous retrouvé la trace des balles d'un autre Charles!...

» Quelle main vandale vient donc s'attaquer aujourd'hui à ces nobles vestiges? Un ordre sacrilége, émané de je ne sais quel pouvoir, voudrait faire disparaître ces brèches sublimes! Qu'elles disparaissent, et bientôt on oubliera que des milliers de victimes sont tombées pour un principe, et que le sang a ruisselé pour une liberté éphémère qui ne nous a souri que trois jours! Sont-ils des amis, sont-ils des frères, ceux qui osent ainsi insulter à nos exploits? Les Autrichiens, les Russes, les Prussiens, respectèrent notre Colonne, nos arcs de triomphe, et les insignes honteux du vainqueur du Trocadéro souillent encore l'arc de triomphe du vainqueur d'Austerlitz?

» *Courage, hommes du lendemain! courage! finissez-en avec l'héroïsme!* arrachez ces croix de bois, déchirez ces drapeaux tricolores qui décorent la tombe de nos frères, et vous aurez effacé la dernière trace de notre révolution!

> *Signé :* LANNOY, élève de l'École polytechnique; PLOCQUE, avocat; TH. MASSOT, avocat; GUYOT, étudiant en médecine; ÉTIENNE ARAGO, CH. LOTHON, élève de l'École polytechnique. »

Vous voyez, ils ne demandaient pas grand'chose, ces pauvres combattants de juillet qui venaient de se voir souffler la république, qu'on avait enfermés dans les traités de 1815, et à qui l'on avait donné pour roi un fils de régicide qui reniait la Convention ; ils demandaient qu'on n'effaçât point la trace des balles des Suisses et de la garde royale empreintes sur la façade de leurs monuments. La demande, comme de raison, parut exorbitante, et fut refusée.

Donc, ainsi que je l'ai dit, à mon retour à Paris, M. Guizot était ministre, et l'on grattait la façade de l'Institut.

CLXXII

Le drame de Saint-Leu. — La bravoure du duc d'Aumale. — Arrestation de MM. Peyronnet, Chantelauze, Guernon-Ranville et Polignac. — Le domestique de madame de Saint-Fargeau. — Thomas et M. de Polignac. — Les ex-ministres à Vincennes. — L'abolition de la peine de mort à la Chambre. — La Fayette. — M. de Kératry. — Salverte. — Mort aux ministres. — Vive Odilon Barrot! et vive Pétion!

Avant de revenir à tous ces replâtrages de murailles, — qui ont bien leur importance, comme on le verra tout à l'heure, — finissons-en avec le sombre drame de Saint-Leu, et avec ce dernier des Condé que l'on trouva pendu un matin, comme une vieille épée rouillée, à une espagnolette de fenêtre.

Je dis *finissons-en avec le sombre drame de Saint-Leu,* parce que, dans le chapitre précédent, j'ai fait allusion, je crois, à la mort *mystérieuse* du prince de Condé.

Oui, certes, cette mort est mystérieuse; mais qu'on ne donne pas à l'épithète un autre sens que celui que je lui donne moi-même.

Un de mes amis, de mes amis intimes, — le même qui, le matin du 17 août 1847, après sa sortie de la chambre à coucher de madame la duchesse de Praslin, déjeunant chez moi, où il venait de laver pour la seconde fois ses mains tachées du sang de cette malheureuse femme ; le même qui, ce matin-là, me disait : « Je vous atteste que c'est le duc de Praslin qui a tué sa femme ! » cet ami, le célèbre chirurgien Pasquier, savant comme Dupuytren, probe comme Larrey, m'a répété dix fois :

— C'est moi qui ai dépendu le prince de Condé de sa fenêtre ; eh bien, sur mon âme et conscience, je déclare qu'il s'y était pendu lui-même !

Et je l'interrogeais sur ce sujet avec d'autant plus d'insistance, que j'avais connu ce pauvre prince à Villers-Cotterets, que j'avais mangé à la même table que lui chez M. Deviolaine, et qu'il avait été bon pour moi, tout enfant, tout étranger, tout inconnu que je lui étais.

Eh bien, sur mon honneur, à mon tour, je crois à la lettre ce que Pasquier m'a dit tant de fois, et me répétait encore exactement dans les mêmes termes quand, il y a deux ans à peine, nous allions tous deux, traversant la mer, rendre les derniers devoirs à ce roi mort à Claremont, — devoirs que, par je ne sais quelle susceptibilité de sa famille, j'ai eu le regret de ne pouvoir lui rendre pour mon compte ; — je le crois, et, s'il n'était pas mort, lui aussi, mort avant l'âge, comme tant de mes amis, comme celui à qui sont dédiés ces Mémoires, j'invoquerais son témoignage, et ce témoignage, dénué de toute affection à cette famille royale dont si souvent il a eu à se plaindre, et dont si souvent il s'est plaint à moi, — son témoignage, dis-je, ne me manquerait pas.

Or, je crois qu'il est bon de dire, d'écrire, d'imprimer cela, en adjurant le mort comme j'eusse adjuré le vivant, à l'heure où, dans cette retraite que je me suis volontairement choisie sur une autre terre que la terre de France, le bruit m'arrive qu'on veut mettre en doute cette question de suicide.

Du reste, peu importe! Madame de Feuchères eût-elle été condamnée à l'expier sur l'échafaud; madame de Feuchères, enfin, dans une dernière confession, eût-elle accusé de complicité morale ou matérielle ceux que de basses haines ont voulu souiller de cette complicité; madame de Feuchères eût-elle proféré cet infâme mensonge, eût-elle proclamé cette odieuse calomnie, que, pour tous les esprits élevés, pour toutes les âmes honnêtes, l'ombre d'un soupçon ne pouvait point rejaillir jusqu'à ceux qu'elle tentait d'atteindre. Malheur aux partis qui saisissent de pareilles armes pour en frapper leurs ennemis! Comme le dauphin essayant d'arracher l'épée au duc de Raguse, ils se blessent eux-mêmes, et n'ensanglantent que leurs propres mains!

Pour quiconque tient une plume, et écrit en face de l'histoire, c'est un devoir de dire la vérité: je crois l'avoir toujours dite.

Pour quiconque tient une plume, et écrit en face de l'histoire, c'est une lâcheté de ne pas repousser la calomnie, et je la repousse.

Certes, il eût été beau, il eût été grand, il eût été sublime que le duc d'Orléans, déjà si riche de sa propre fortune comme prince, si riche encore de sa liste civile comme roi; il eût été sublime, répéterai-je, que le duc d'Orléans renonçât à cette succession fatale, et en fît, à quelque établissement de bienfaisance, à quelque fondation artistique, à quelque infortune nationale présente ou à venir, un legs gigantesque; mais ceux qui ont lu ces Mémoires connaissent la stricte économie du roi, cette économie qu'on a pu me reprocher de mettre au jour; on comprend ce que je veux en induire aujourd'hui. Eh bien, le caractère du prince donné, son tempérament admis, nous déclarons qu'il était au-dessus des forces de l'homme qui couvrait six pages de chiffres pour trouver un *boni* de 66 centimes, de renoncer à une succession de 66 millions, au moment où cette succession, si longtemps désirée, si longtemps attendue, venait, pour ainsi dire, d'elle même au-devant de lui.

Passons donc vite sur tout cela, comme nous avons dit, en

commençant ce chapitre, que notre intention était de le faire, et gardons-nous surtout de rendre responsable de cette fortune qui lui a été léguée, le jeune et noble héros de la *smala*.

Hélas! tant de calomnies, tant d'indifférence, tant d'oubli, suivent les exilés, qu'il faut bien que, de temps en temps, quelques voix rappellent au pays qui les a nommés ses enfants bien-aimés, qu'ils n'étaient pas indignes de cet amour!

Un officier ne m'a-t-il pas répondu un jour, — il est vrai que cet officier avait reçu ses premières épaulettes du duc d'Aumale, — un officier ne m'a-t-il pas répondu, à moi qui vantais en sa présence la bravoure de ce pauvre banni :

— Brave?... Parbleu! brave comme tout le monde!

Brave comme tout le monde! quand j'ai entendu dire à Yousouf, — on ne contestera pas la bravoure de celui-là, j'espère! — quand j'ai entendu dire à Yousouf, qui est prêt à le répéter, j'en suis sûr :

— Lorsque nous nous sommes trouvés, avec nos deux cent cinquante hommes, en face des quarante mille âmes dont se composait la smala; que j'ai demandé au prince : « Monseigneur, que faut-il faire? » et qu'il m'a répondu : « Entrer là dedans, pardieu! » lorsqu'il m'a répondu cela, me disait Yousouf, j'ai cru avoir mal entendu; je l'ai fait répéter, et, lorsqu'il eut répété : « ENTRER LÀ DEDANS, VOUS DIS-JE! » *le frisson m'a pris;* j'ai mis le sabre à la main, parce que je suis un soldat, mais je me suis dit à moi-même : « C'est fini! nous sommes tous flambés! »

Brave comme tout le monde! quand Charras, — on n'accusera pas celui-là d'être orléaniste; on ne l'accusera pas non plus d'avoir peur : c'est un de ces rares tempéraments qui aiment le danger pour le danger, *un soldat de nuit,* comme les appellent les connaisseurs ; — quand Charras me disait, en parlant de cette même prise de la smala :

— Pour entrer, comme l'a fait le duc d'Aumale, avec deux cent cinquante hommes au milieu d'une pareille population, *il fallait avoir vingt-deux ans, ne pas savoir ce que c'est que le danger, ou bien* AVOIR LE DIABLE DANS LE VENTRE! *Les femmes seules n'avaient qu'à tendre les cordes des tentes sur le chemin des chevaux pour les culbuter, et qu'à jeter leurs pantoufles à la tête des soldats pour les exterminer tous, depuis le premier jusqu'au dernier!*

Non, le duc d'Aumale n'a pas été brave comme tout le monde : il a été brave comme personne ne l'eût été, même les plus braves.

Je raconterai en son lieu et place ce qu'il me dit lui-même à cette époque, la première fois que je le vis après son retour.

Et, maintenant, revenons aux replâtrages des murailles, dont nous avons été écartés par cette digression sur la mort du prince de Condé et sur la bravoure du duc d'Aumale; j'écris, je le répète, avec mes sensations, et surtout avec mes convictions, et je proclame d'une voix aussi impartiale l'avarice et la ruse du père que le courage et la loyauté des enfants.

Au reste, la discussion qui s'était élevée pour savoir si les murailles de Paris resteraient mutilées ou non; si elles porteraient, comme une empreinte immuable, la date des 27, 28 et 29 juillet, ou si cette date serait effacée sur les pierres, ainsi qu'on voulait l'effacer dans les cœurs; cette discussion, disons-nous, avait, une portée bien autrement haute que les gratteurs de maisons et les recrépisseurs de monuments ne voulaient l'avouer.

Il s'agissait tout simplement de sauver les têtes des ministres de l'ex-roi, têtes vigoureusement menacées par la vindicte publique.

Quatre de ces ministres avaient été arrêtés. C'étaient, pour les nommer dans leur ordre d'arrestation, MM. de Peyronnet, de Guernon-Ranville, de Chantelauze et de Polignac.

Donnons quelques détails sur ces différentes arrestations; ces détails, les journaux du jour les enregistrent, on s'en préoccupe dans le moment, on se les transmet, on les répète; puis, peu à peu, on les oublie; le fait reste, le fait brutal et bête; puis arrive l'histoire, qui se borne à consigner ce fait dépouillé de tous ses détails, c'est-à-dire de tout son pittoresque.

Mais qu'importe à l'histoire? N'est-elle pas le squelette des événements, et pas autre chose?...

Quant à nous, nous aimons mieux le personnage vivant que la momie, et la momie que le squelette. En conséquence, nous tâcherons toujours de faire de l'histoire vivante, et ce ne sera que bien malgré nous que nous ferons de la momie ou du squelette.

M. de Peyronnet avait été arrêté le premier, à Tours.

Le lundi 6 août, à deux heures de l'après-midi, une chaise de poste qui traversait cette ville, ayant éveillé des soupçons, fut entourée par la garde nationale. Un seul homme se trouvait dans cette chaise de poste, et affectait de parler allemand. Il se donna d'abord pour un courrier de la maison Rothschild, et refusa de répondre aux autres questions, sous prétexte qu'il ne comprenait pas; mais les postillons, interrogés à leur tour, déclarèrent qu'un second voyageur était descendu de la voiture, à un kilomètre des premières maisons, avec intention probablement de tourner la ville.

Deux gardes nationaux se détachèrent à l'instant et se dirigèrent vers la route de Bordeaux; bientôt ils aperçurent un homme marchant à grands pas sur la levée de Grammont. Un garde champêtre qui venait à la rencontre de cet homme comprit, aux signes des gardes nationaux, qu'il fallait l'arrêter. Sommé de dire qui il était, l'étranger exhiba un passe-port au nom de Cambon; malgré ce passe-port, on le fouilla, et la lettre P, brodée sur son mouchoir et gravée sur sa tabatière, acheva d'éveiller des doutes au sujet de son identité.

En ce moment, deux autres personnes survinrent, et l'une d'elles, ayant regardé l'étranger attentivement, déclara qu'elle le reconnaissait pour M. de Peyronnet.

L'ex-ministre jouait de malheur : celui des nouveaux arrivants qui le reconnaissait était un ancien magistrat qu'il avait destitué.

L'autre, sans le connaître personnellement, avait eu affaire à lui à propos d'un jeune homme de Tours, nommé Sirjean, condamné pour délit politique; il avait demandé à M. de Peyronnet la grâce de ce jeune homme, ou tout au moins un adoucissement à sa peine, et il n'en avait tiré qu'un refus brutal.

Tous deux haïssaient donc particulièrement M. de Peyronnet, et, l'ayant pris par le collet de son habit, ils le ramenèrent ainsi dans la ville.

Conduit à la prison de Tours, sans que les injures et les mauvais traitements qu'il avait subis eussent en rien altéré le calme de sa physionomie, M. de Peyronnet y avait été écroué.

Le même jour, une autre arrestation eut lieu à Tours : c'était celle de MM. de Chantelauze et de Guernon-Ranville. La veille déjà, ils s'étaient présentés au haut de la tranchée Barthélemy; mais, apprenant que l'on fouillait les voitures et que l'on visitait les voyageurs, ils se retirèrent. Le lendemain matin, les paysans, rencontrant dans la campagne deux hommes qui semblaient égarés, les arrêtèrent, les conduisirent à un petit village nommé la Membrole, et les remirent à la gendarmerie, qui les amena tous deux garrottés à Tours.

Quant au prince de Polignac, on fut quelque temps à le chercher vainement, et l'on croyait déjà qu'il avait passé la frontière, lorsque, le 18 août, l'on apprit par dépêche télégraphique qu'il venait d'être arrêté à Granville.

Voici de quelle façon l'arrestation s'était opérée :

Il voyageait ave la marquise de Saint-Fargeau, passait pour son domestique, et était revêtu d'une livrée. Arrivé aux environs de Granville, il s'était réfugié chez un gentilhomme nommé M. Bourblanc d'Apreville; puis, par l'entremise d'un M. Semolé, il avait gagné Granville, et s'était logé dans une auberge du port.

Malgré son déguisement, peut-être même à cause de son déguisement, on eut des soupçons; ces soupçons augmentèrent encore lorsque l'on sut qu'il devait s'embarquer dans la nuit. Au moment où il s'attendait le moins à être reconnu, deux gardes nationaux entrèrent tout à coup dans sa chambre.

Le prince se détourna en les apercevant, et cacha sa tête entre ses mains.

— Avez-vous des papiers? demandèrent les gardes nationaux.

— De quel droit m'adressez-vous cette question? répondit le prince.

— Avez-vous des papiers? demandèrent une seconde fois ces hommes d'une manière plus impérative.

— Non.

— Eh bien, alors vous allez nous suivre en prison.

En ce moment, madame de Saint-Fargeau, prévenue, entra dans la chambre, réclama son domestique, et protesta contre la violence qu'on voulait faire à celui-ci.

Mais, malgré les protestations de madame la marquise de Saint-Fargeau, M. de Polignac fut arrêté, garrotté et conduit dans la prison de la ville.

Le lendemain, il avoua au maire qu'il était le prince de Polignac.

Le même jour, conduit par la garde nationale, il partit de Granville. Son passage à travers Coutances et son arrivée à Saint-Lô faillirent lui être fatals : la population menaçait de le mettre en pièces; un instant, on crut que les efforts de ceux qui le conduisaient, et qui cherchaient à le défendre, seraient inutiles; des bras s'allongeaient entre les rangs des gardes nationaux et des gendarmes, et essayaient de le harponner; un homme arriva à lui mettre un pistolet sur la gorge, et peut-être allait-il tirer; par bonheur, on lui releva le bras.

Le prince était très-pâle; seulement, on ne pouvait dire si c'était de fatigue ou de terreur.

De Saint-Lô, M. de Polignac avait écrit au ministre de l'intérieur pour protester contre son arrestation, et arguer de sa qualité de pair de France, qui lui donnait le privilége de n'être arrêté que sur un mandat de la chambre des pairs.

Un singulier hasard m'a fourni sur le voyage de M. de Polignac des détails que seul j'ai recueillis, et dont je me souviens peut-être seul aujourd'hui avec les principaux acteurs de cette scène.

Le prince avait été remis aux mains de Thomas. Quand je dis Thomas, mes lecteurs savent bien de qui je veux parler : c'est de ce brave et loyal ami de Bastide, qui, comme Bastide, a risqué sa vie et sacrifié sa fortune pour la cause de la liberté.

Il avait promis sur sa tête de reconduire le prince sain et sauf à Paris. Dès lors, le prince pouvait être tranquille : ou il y arriverait avec son conducteur, ou ni l'un ni l'autre n'y arriveraient.

La voiture qui conduisait l'ex-ministre à Paris se mit en route dans les ténèbres.

Cependant, de même que Thomas avait répondu de conduire M. de Polignac sain et sauf à Paris, de même il avait résolu de ne pas le laisser fuir en route.

Aussi, le premier dialogue qui s'engagea entre le prisonnier et son conducteur fut celui-ci.

Thomas, avec ce prodigieux sang-froid qui ne le quittait jamais, qu'il menaçât ou fût menacé, tira un poignard et un pistolet de sa poche, et, les montrant au prince :

— Vous le voyez, monsieur, dit-il, j'ai pris mes précautions, c'est mon devoir. Mais, du reste, comme, pendant la route, je désire ne gêner en rien votre liberté, ni humilier en aucune façon une infortune que je respecte, donnez-moi votre parole d'honneur de ne faire aucune tentative d'évasion, et vous serez aussi libre que moi.

— Je vous la donne, monsieur, répondit le prince, qui commençait à se croire plus en sûreté avec Thomas que fuyant à travers champs.

Et, à partir de ce moment, le prince put, à sa volonté, descendre de voiture, monter les côtes à pied, et s'écarter à son plaisir.

La conversation, on le comprend bien, ne pouvait guère rouler que sur une chose, c'est-à-dire sur les événements qui venaient de s'accomplir, et où les deux acteurs — l'acteur du palais et l'acteur de la rue — avaient joué chacun un rôle.

Aux réflexions consciencieuses et quelquefois sévères de Thomas sur ce que l'on appelait alors le crime des ordonnances, *crime* qui avait amené la chute de Charles X et l'arrestation du prince, M. de Polignac répondait avec un soupir :

— O mon pauvre monsieur Thomas, qui aurait jamais pu se douter que les choses tourneraient ainsi? Qui aurait pu croire à une pareille ruine?

Et, une fois, le prince, qui connaissait son Corneille, fit suivre cette mélancolique réflexion de ces deux hémistiches :

Chimène, qui l'eût dit ?
Rodrigue, qui l'eût cru ?

Le prince soupirait fort du sort qui l'attendait, mais avec résignation ; il avait moins la contenance d'un général vaincu que celle d'un chrétien martyr. Il interrogea Thomas sur l'issue probable du grand procès qui allait s'ouvrir.

— Dame ! répondit Thomas, toute la question est dans le tribunal qui sera appelé à connaître de la cause. Si vous êtes traduits à la barre d'un jury, vous serez condamnés à mort, vous et vos collègues ; si vous êtes jugés par la chambre des pairs, vous serez condamnés à la prison seulement.

— C'est aussi mon avis, répondit avec calme M. de Polignac.

Cette double conviction amena entre les deux voyageurs un silence pendant lequel commença de s'éclaircir l'obscurité qui avait enveloppé le commencement du voyage.

Alors, Thomas fut frappé de voir se dessiner à vif, dans le clair-obscur, le long et reconnaissable profil de l'ex-ministre. Le pied des chevaux faisait déjà résonner le pavé d'une ville où les boutiques s'ouvraient joyeusement, où les bourgeois, désœuvrés et avides de nouvelles, se réunissaient en petits groupes sur la place. Thomas crut remarquer que la berline était l'objet d'une certaine attention.

Il fallait relayer à l'hôtel de la poste, situé sur la place, et, si courte que fût la halte, il suffisait d'un regard pour reconnaître le prince, et allumer dans la ville, comme une traînée de poudre, une émotion dont il était impossible de calculer les suites. Thomas portait une casquette à longue visière ; il la jeta sur l'aristocratique figure du prince, et lui passa autour du cou son cache-nez. Thomas appelait cela *éteindre* son prisonnier. Les curieux de la ville vinrent, en effet, regarder à la portière de la berline ; mais, voyant d'un côté le visage rond, franc et tranquille de Thomas, et, à côté de lui, une casquette ensevelie dans un cache-nez, ils ne conçurent aucun soupçon, et la berline repartit avec des chevaux frais en brûlant le pavé.

La même manœuvre se renouvela à peu près à tous les relais.

Lorsque Thomas racontait ces faits, c'était toujours avec une certaine mélancolie. Il n'oubliait pas qu'au bout du voyage était la prison, peut-être même la mort pour son compagnon de berline, lui qui, aussi, devait plus d'une fois affronter, devant un tribunal, la mort ou la prison.

Le 28 août, les trois prisonniers de Tours et le prisonnier de Saint-Lô étaient arrivés presque en même temps à Paris.

Tous quatre avaient été enfermés dans cette partie du château de Vincennes qu'on nomme le pavillon de la Reine.

Trois d'entre eux étaient des hommes nouveaux. En effet, la veille du jour où vint luire sur eux la fatale illustration du malheur, à peine étaient-ils connus.

Ce qui leur avait donné de la popularité ou plutôt de l'impopularité, c'étaient les vers imprimés à cent mille exemplaires de Barthélemy et Méry, et les traditions orales débitées sur l'un d'eux particulièrement, M. de Peyronnet, par l'illustre Chodruc-Duclos.

Nous aurons occasion de parler plus tard de ce moderne Diogène (il est bien entendu que c'est à Chodruc-Duclos et non à M. de Peyronnet que nous faisons allusion); nous parlerons, disons-nous, de ce moderne Diogène, lequel a ébouriffé, pendant sept ou huit ans, les galeries du Palais-Royal, en y promenant, à toute heure du jour, sa redingote déloquetée, son pantalon cynique, son gilet attaché avec des ficelles, ses bottes en espardilles, son chapeau défoncé, et l'épaisse végétation qui, couvrant le bas de son visage, lui avait fait donner le nom de l'*homme à la longue barbe*.

Donc, avons-nous dit, à part les vers de Barthélemy et Méry et les légendes bordelaises de Chodruc-Duclos, MM. de Chantelauze, de Guernon-Ranville et de Peyronnet étaient des hommes à peu près inconnus.

La différence était grande avec M. de Polignac : outre la prétention de sa famille de descendre du même tronc que

Sidoine Apollinaire, les Polignac ont une illustration historique.

D'abord, ce sont de vieux conspirateurs. Le cardinal Melchior de Polignac, l'auteur de *l'Anti-Lucrèce*, avait conspiré contre le régent au commencement de l'autre siècle; le prince Jules de Polignac avait conspiré contre Napoléon au commencement de celui-ci; puis, pendant la révolution française, les femmes avaient joué leur rôle : on se rappelle la comtesse Diane et la duchesse Jules, ces deux amies inséparables de la reine, la duchesse Jules surtout, à qui Marie-Antoinette donna une layette de cent mille écus et un duché d'un million et demi.

Le comte Jules de Polignac, promoteur des ordonnances, était son second fils; il avait été fait prince en 1817 ou 1818, par Pie VII, prince romain, bien entendu. Émigré en 1789, il était revenu en 1804 en France, avec son frère aîné Armand, tout exprès pour prendre part à la conspiration de Cadoudal et de Pichegru; il allait être condamné, il était même, à ce que je crois, condamné à mort, lorsque l'intercession obstinée de Joséphine lui sauva la vie.

Tout cela en faisait un homme à part, l'homme important du procès qu'on allait instruire.

Après vingt-six ans d'exil, de prison, d'ambassade, de pairie, de ministère, il rentrait, en 1830, sous le poids d'une seconde accusation mortelle, dans ce même donjon de Vincennes où — pour la cause monarchique toujours — il était déjà entré en 1804.

L'ordre fut donné de transférer les prisonniers du pavillon de la Reine au donjon.

M. de Polignac sortit le premier. Je l'avais vu quelquefois chez madame du Cayla : c'était un fort bel homme sous ses cheveux blancs, très-grand seigneur, de hautes manières et d'une suprême distinction.

Mais, il faut le dire, toutes ces qualités ne touchent pas beaucoup le peuple; souvent même elles sont des titres de proscription : dans la première révolution, de beau linge et une peau fine furent plus d'une fois cause de mort.

Du pavillon de la Reine au donjon, il y avait plusieurs cours à traverser; ces cours étaient encombrées de gardes nationaux mêlés aux soldats de la garnison. M. de Polignac parut, et s'avança tête nue entre deux grenadiers : il y avait dans ses vêtements un certain désordre qui ne lui était pas habituel; arrivé à l'escalier, la force, sinon le cœur, lui faillit : il chancela, et se retint en appuyant sa main sur le bout du fusil d'un grenadier.

La démarche de M. de Peyronnet était tout opposée : très-brave, il avait le tort de pousser parfois cette bravoure jusqu'à l'insolence; aussi avait-il son chapeau sur la tête, et s'avançait-il regardant dédaigneusement à droite et à gauche. Un misérable le coucha en joue en lui criant :

— A genoux, le ministre qui a fait tirer sur le peuple!

M. de Peyronnet haussa les épaules, resta les bras croisés, et ne hâta ni ne ralentit le pas.

M. de Chantelauze était malade, pâle, atterré, et paraissait plier sous le poids de sa situation.

M. de Guernon-Ranville montrait un courage nerveux et de mauvaise humeur.

Les trois commissaires nommés pour interroger les ex-ministres étaient MM. de Bérenger, Madier de Montjau et Mauguin.

Dès le 17 août, c'est-à-dire du moment où l'on avait connu l'arrestation des ministres, l'abolition de la peine de mort avait été proposée à la Chambre par M. Victor de Tracy, et appuyée par la Fayette.

Le 6 octobre suivant, M. de Bérenger, chargé du rapport, avait demandé l'ajournement de la proposition.

Mais, alors, la Fayette s'était levé une seconde fois, et, avec cette puissance des hommes qui, ayant beaucoup vu, beaucoup fait, beaucoup souffert, peuvent dire MOI, il s'était écrié :

— On vous propose l'ajournement, messieurs ; sans doute, ceux qui vous le proposent n'ont pas eu le malheur de voir, comme je l'ai vu moi-même, traîner sur l'échafaud leur famille, leurs amis, les premiers citoyens de la France; ils n'ont pas eu le malheur de voir des infortunés immolés sous prétexte de *fayettisme*. Quant à moi, je suis l'ennemi de la peine de mort, surtout en matière politique. Je conjure donc la Chambre de prendre en considération la proposition de M. de Tracy.

Déjà M. de Kératry était monté à la tribune, et avait dit, avec une certaine éloquence qui lui venait d'un cœur plus élevé que son talent :

— Je l'atteste devant vous, s'il était possible de rassembler dans cette enceinte les parents et les amis des courageuses victimes de juillet, et de leur demander : « Voulez-vous du sang pour du sang? Parlez! » le jury silencieux agiterait la tête en signe de refus, et retournerait avec sa noble douleur vers ses foyers déserts... Que si je me trompais, j'adjurerais les mânes des nobles victimes elles-mêmes en pensée; je les appellerais à réformer une sentence aussi peu digne d'elles ; car je sais que les braves qui risquent leur vie pour une sainte cause ne versent le sang que pendant la mêlée.

Ces deux discours, dont je cite seulement les points les plus saillants, avaient soulevé un tel enthousiasme dans l'assemblée, que, séance tenante, elle décida qu'une adresse serait envoyée au roi, ayant pour objet la suppression de la peine de mort dans les cas indiqués par la commission.

Le soir même, dans une séance extraordinaire, l'adresse fut lue et envoyée.

Mais, il faut le dire, l'enthousiasme qui s'était emparé de la Chambre n'avait pas gagné le peuple, ni ému le moins du monde les républicains.

Pourquoi le peuple, d'ordinaire si généreux; pourquoi les républicains, si intéressés à l'abolition de cet échafaud sur lequel devaient tomber les têtes de quelques-uns d'entre eux, se déclaraient-ils donc pour la peine de mort ?

C'est qu'ils sentaient bien que cette clémence d'Auguste était factice ; qu'on la proclamerait tant qu'elle serait utile à la politique du moment; après quoi, l'on en reviendrait aux vieux errements de la place de Grève et de la place de la Révolution.

C'est qu'ils disaient, l'œil sombre et les lèvres serrées, ce qu'Eusèbe Salverte seul avait eu, avant eux, le courage de dire à la Chambre :

— Un homme poussé par la faim, par la misère, par la vue de sa femme et de ses enfants sans pain; un homme qui n'a pas mangé pendant trois jours, essaye de voler, et, surpris volant, tue pour échapper aux galères. Cet homme est condamné et exécuté. Alors, la société crie : « Bravo! c'est bien fait! cet homme était un voleur, un assassin, un infâme; il avait mérité l'échafaud... Vive l'échafaud! » Mais un homme d'État ordonne froidement le massacre de dix mille de ses concitoyens, afin de pouvoir, en montant sur leurs cadavres entassés, parvenir au but de son ambition. Celui-là vous inspire la pitié, et non l'horreur. A celui-là vous dites : « Vous avez voulu faire tomber nos têtes, conservez la vôtre; allez tranquillement, dans les pays étrangers, jouir des richesses que vous avez amassées. Le temps suivra son vol, les passions seront amorties, les douleurs publiques et particulières seront apaisées; on ne lira plus sur nos murs l'histoire de nos troubles gravée par les balles et par la mitraille; alors, la compassion publique s'élèvera contre la longueur de votre exil : elle demandera que l'on y mette un terme, et, pour la troisième ou quatrième fois, vous ramènerez votre pays sur le bord de l'abîme où vous réussirez peut-être, enfin, à le précipiter. » Et pourquoi cette différence? A moins que ce ne soit parce que, n'ayant pas eu le courage de frapper vous-même votre victime, comme ce malheureux qui avait faim, vous avez payé des soldats pour faire d'eux les instruments de votre crime!

Voilà ce que M. Salverte avait dit; voilà ce que disaient le peuple et les républicains.

Or, comme on va bientôt se remettre à tirer sur le peuple et sur les républicains; comme on va recommencer juillet avec un résultat opposé; comme, durant dix-huit ans, ce sont les vainqueurs des trois journées qui vont être vaincus, il est bon de poser nettement le point de départ, et de ne pas dire simplement, ainsi qu'on l'a fait : « La Chambre et la royauté de juillet voulaient l'abolition de la peine de mort, le peuple et les républicains ne l'ont pas voulue. »

Vous vous trompez, ils la voulaient, mais comme un principe qui sauvegardât l'humanité en général, et non comme un moyen d'enlever à la justice quelques coupables privilégiés.

Ce qu'ils ne voulaient pas, c'est que, de même qu'on crée des tribunaux exceptionnels pour punir, on ne créât point, cette fois, un tribunal exceptionnel pour absoudre.

Ce qu'ils voulaient, c'est que le peuple aussi fût regardé comme une majesté, et que ceux qui avaient fait tirer sur lui fussent traités comme ceux qui, plus tard, devaient tirer sur le roi.

Pourquoi, en effet, une plus grande indulgence à MM. Polignac, de Peyronnet, de Chantelauze et de Guernon-Ranville, qui ont fait tuer ou blesser trois mille citoyens qu'à Alibaud, Meunier, Lecomte, qui ont manqué leur coup, et, en tirant sur le roi, n'ont tué ni blessé personne ?

Sans doute, cette différence dans la peine est venue de ce que la sentence a été portée par des tribunaux différents? Non pas : les sentences qui condamnent les uns à la prison et les autres à l'échafaud émanent d'un même jury : — la cour des pairs.

Le peuple avait donc raison, lui qui avait vu condamner à mort le maréchal Ney, de gronder hautement, sachant qu'il allait voir absoudre les ministres.

Ce peuple n'eût pas voulu voir tomber les quatre têtes des accusés, si coupables qu'elles fussent; non, le peuple eût voulu qu'on fît, en 1830, ce qu'on manqua de faire en 1793.

Il eût voulu que l'on condamnât et qu'on en appelât à lui. Alors, comme le disait M. de Kératry, il eût fait grâce.

Mais on ne le consultait même pas : c'était le roi, auquel la révolution avait valu une couronne, une liste civile de dix-huit millions, dix ou douze châteaux royaux, qui faisait grâce, et non pas le peuple, mitraillé, décimé, assassiné!

Aussi une sourde rumeur planait-elle sur la ville, tandis que la colère qui semblait bouillir au fond de la société montait à la surface en chaudes ébullitions.

Le 18 octobre, des placards affichés pendant la nuit couvrirent de menaces les murailles du Luxembourg.

Deux ou trois bandes de ces hommes qu'on ne retrouve que dans les jours néfastes sortirent, pour ainsi dire, des catacombes, et sillonnèrent la ville en chantant *la Parisienne* et criant : « Mort aux ministres ! » L'une d'elles faisait plus que crier ; elle portait un drapeau sur lequel était écrit en grosses lettres ce vœu sanglant.

Cette bande partit du Panthéon, traversa le pont Neuf, et se dirigea droit sur le Palais-Royal.

Il y avait conseil des ministres. Au bruit, aux cris, aux rumeurs qui emplissaient la place comme le jour où l'on y plantait, au bout d'une pique, la tête de la princesse de Lamballe, le roi et M. Odilon Barrot s'avancèrent jusque sur le bord de la terrasse.

Le peuple ne poussa pas un seul cri de « Vive le roi ! » mais cria à tue-tête : « Vive Odilon Barrot ! »

M. Odilon Barrot était fort embarrassé de cette popularité qui contrastait si publiquement avec l'impopularité du roi.

Louis-Philippe se mit à rire.

— Oh ! ne vous préoccupez pas de ces cris, monsieur Barrot, dit le roi ; en 1792, j'ai entendu les pères de ces mêmes hommes crier : « Vive Pétion ! » comme eux crient aujourd'hui : « Vive Barrot ! »

CLXXIII

Oudard m'annonce que Louis-Philippe désire me voir. — Visite à M. Deviolaine. — Hutin, garde à cheval surnuméraire. — Mon entretien avec le roi sur la Vendée et la politique du juste milieu. — Bixio artilleur. — Il se charge de me faire admettre dans sa batterie. — J'envoie ma démission à Louis-Philippe.

C'était au milieu de tous ces troubles que j'étais arrivé ; et ce que je viens de dire dans le chapitre précédent, le peu d'ordre même avec lequel je l'ai dit, peint assez bien l'état étrange d'exaspération auquel étaient arrivés les esprits.

J'avais remis mon rapport au général la Fayette, et, sans doute, le général la Fayette l'avait remis au roi; car, cinq ou six jours après mon arrivée, je reçus une lettre d'Oudard, qui m'invitait à le venir voir.

Je me rendis aussitôt au Palais-Royal; malgré tout ce que m'avait fait mon ancien chef de division, j'avais pour lui une affection réelle.

Ma conviction était que lui, comme M. Deviolaine, m'avait cru incapable, et que c'était dans cette persuasion qu'il s'était opposé à mes travaux

— Comment se fait-il, me demanda Oudard, que vous soyez de retour à Paris depuis huit ou dix jours, et que nous ne vous ayons pas encore vu?

— Mais, lui dis-je, mon cher Oudard, vous savez bien que je ne me regarde plus comme faisant partie des bureaux.

— Laissez-moi vous répondre que, tant que vous n'aurez pas donné votre démission, nous vous regarderons, nous, comme des nôtres.

— N'est-ce que cela? dis-je en prenant une plume et du papier. Alors, ce ne sera pas long!

— Bon! dit Oudard en m'arrêtant la main, vous avez toujours le temps de faire une sottise... Dans tous les cas, je désire que vous la fassiez ailleurs que dans mon bureau.

Je posai la plume, et j'allai reprendre la place que j'occupais d'abord devant la cheminée.

Il y eut un moment de silence.

— N'avez-vous pas le désir de voir le roi?

— Pour quoi faire?

— Dame! ne serait-ce que pour le remercier de la grâce qu'il a accordée à votre faux monnayeur.

— Ce n'est pas à moi qu'il l'a accordée, c'est à vous.

— Vous vous trompez; c'est votre lettre qui a été mise sous ses yeux, et c'est sur votre lettre qu'il a écrit : *Accordé.*

— Vous le remercierez de ma part, cher ami... Vous savez bien mieux que moi parler aux têtes-couronnées.

— Bah! vous étiez si fort sur la manière de parler au roi Charles X!

— Ah! c'était autre chose, celui-là!... c'était un roi de vieille date; il y avait la tradition... C'était un Bourbon, et non un Valois.

— Chut! ne dites pas de ces choses-là ici!
— Est-ce de la honte ou du repentir?

Oudard haussa les épaules.

— Vous êtes incorrigible! dit-il.

Il se fit un nouveau silence de quelques instants.

— Ainsi, dit-il, vous n'avez pas envie de voir le roi!
— Aucunement.
— Mais, s'il avait envie de vous voir, lui?...
— Le roi?... Allons donc!
— Si j'étais chargé de vous désigner une heure d'audience?
— Vous comprenez, mon cher, que je n'aurais pas le mauvais goût de la refuser... Mais je ne crois pas que vous ayez reçu cette mission.
— Eh bien, c'est ce qui vous trompe encore : le roi vous attendra demain matin, à huit heures.
— Ah! mon cher, comme le roi va me trouver désagréable!
— Pourquoi cela?
— Mais parce que je suis parfaitement maussade quand on me fait lever à ces heures-là.
— Voulez-vous dîner aujourd'hui avec moi?
— Et avec qui encore?
— Lamy et Appert... Cela vous va-t-il?
— Très-bien.
— Alors, à ce soir, six heures.

Nous échangeâmes une poignée de main, et nous nous séparâmes.

Je profitai de ce que j'étais au Palais-Royal pour y faire une série de visites. J'allai voir d'abord Lassagne, qui se montra bon, excellent et spirituel comme toujours; puis Ernest, que je trouvai grandi d'un cran; puis mon ami de la Ponce, qui crut que, selon mes anciennes habitudes, je venais l'inviter à prendre son manteau et son chapeau; puis, enfin, M. Deviolaine.

Ainsi que d'ordinaire, j'entrai dans son cabinet sans être

annoncé. Myope comme une taupe, il écrivait couché sur son papier, effaçant avec les poils de son nez les lettres que traçait sa plume.

Au bruit que je fis en approchant de son bureau, il leva la tête, et me reconnut.

— Ah! te voilà, me dit-il, monsieur le fendant!
— Certainement que me voilà.
— Je te conseille de retourner à Soissons!
— Pourquoi pas?
— Tu y seras bien reçu!
— Bah! on est donc devenu bien méchant, à Soissons?
— Comment! tu n'as pas eu de honte, dans ton pays, d'aller faire un pareil esclandre?
— A propos, j'ai quelque chose à vous demander.
— Pour toi?
— Dieu m'en garde!
— Et pour qui?
— Pour mon compagnon de route.
— Lequel? car vous étiez trois.
— Hutin.
— Qu'est-ce que tu veux pour Hutin?
— Je veux une place de garde à cheval surnuméraire.
— Bon! tu crois que ça se donne comme cela, toi, une place de garde à cheval surnuméraire!
— Sans doute.
— Et qu'a-t-il fait pour être garde à cheval surnuméraire?
— Comment, ce qu'il a fait?... Vous savez bien qu'il est venu avec moi à Soissons.
— Belle recommandation!
— Voulez-vous parier que vous allez me donner la place?
— Veux-tu parier que non?
— Vingt-cinq louis.
— A-t-on vu un b..... comme cela!
— Parions...
— Qui sait? tu vas peut-être me mettre le pistolet sur la gorge, comme tu l'as mis au commandant de place de Soissons.

— Oh! non, je sais bien qu'avec vous cela ne réussirait pas.

— C'est bien heureux.

— Mais je vous ferai demander la chose par quelqu'un à qui vous ne voudrez pas la refuser.

— Par qui?

— Par le général la Fayette.

— Le général la Fayette! il a mieux à faire que d'apostiller des pétitions!

— Vous avez raison; je demanderai la chose directement au roi.

— Au roi?

— Oui, je le vois demain.

— Tu lui as demandé une audience?

— Moi?

Je secouai la tête.

— Si tu ne lui as pas demandé une audience, comment le vois-tu?

— Je le vois parce qu'il désire me voir.

— Le roi désire te voir?

— Du moins, il me l'a fait dire par Oudard.

— Et pourquoi désire-t-il te voir?

— Je n'en sais rien... Pour causer avec moi sans doute.

— Pour causer avec lui!... Ma parole d'honneur, cet animal-là a un aplomb incroyable!... Et que lui diras-tu, au roi... si tu causes avec lui?

— Ce qu'il est déjà déshabitué d'entendre: — la vérité.

— Si tu crois que c'est avec ces principes-là que tu feras ton chemin, tu te trompes!

— Mon chemin est fait... et vous savez mieux que personne que ce n'est ni vous ni lui qui m'avez aidé à le faire.

— Oh! la sacrée tête! il me semble que je parle encore à son père.

— On se ressemblerait de plus loin, vous en conviendrez.

— Je le croyais riche, ton Hutin.

— Ah! nous revenons à lui?

— Pourquoi pas?

VII. 9.

— Il l'est, riche, puisqu'il demande une place de surnuméraire.

— Un coureur de demoiselles!

— Après quoi diable voulez-vous qu'il coure? Après les garçons?...

— Un braconnier!

— Je vous ai entendu dire vingt fois que c'étaient les bons braconniers qui faisaient les bons gardes.

— Voyons, envoie-le-moi la première fois qu'il viendra à Paris.

— Je vous l'amènerai.

— Non pas!... Tu as une façon de m'entortiller...

— Ah! oui, parlez un peu de cela à *Henri III* et à *Christine;* vous verrez ce qu'ils vous répondront!

— Et que fais-tu dans ce moment-ci?

— Rien.

— Paresseux!

— Mais bientôt je ferai quelque chose, c'est probable.

— Que feras-tu?

— Je me battrai.

— Tu te battras! Et contre qui?

— Contre ce qui est, donc!

— Veux-tu me f..... le camp d'ici, et plus vite que cela!.. Mais a-t-on jamais vu!... me venir dire de pareilles choses, à moi!

— Au revoir, cousin!

— Moi, ton cousin? Ce n'est pas vrai; j'aimerais mieux être le cousin du diable!... — Féresse! Féresse!

Féresse parut.

— Vous voyez bien monsieur? lui dit M. Deviolaine en me montrant du doigt.

— Oui, répondit Féresse tout étonné.

— Eh bien, quand il se présentera à mon bureau, vous lui direz que je n'y suis pas.

— Je me moque pas mal de Féresse! J'entrerai sans lui demander, donc!

— Tu entreras sans lui demander?

— Parfaitement.
— Eh bien, moi, je te flanquerai à la porte!
— Vous?
— Comme je me gênerais!
— Vous?
— Veux-tu voir un peu?
— Ma foi, oui!
— Ah! tu veux voir? Eh bien, attends!

M. Deviolaine se leva et s'avança furieux vers moi.

Je lui jetai les bras au cou, et l'embrassai sur les deux joues.

Il s'arrêta court, et quelque chose comme une larme vint briller au bord de sa paupière.

— Allez-vous-en, Féresse, dit-il.

Alors, me posant la main sur l'épaule :

— Ce qui me fait de la peine, reprit M. Deviolaine, c'est qu'avec ce caractère-là, vois-tu, tu crèveras sur la paille, comme ton père!... Allons, l'affaire de Hutin est arrangée... Va-t'en; j'ai à travailler.

Mais, avant de quitter les bureaux, j'avais mis une lettre à la poste pour inviter Hutin à venir sans retard à Paris, et pour lui apprendre cette nouvelle, à laquelle il ne s'attendait pas.

Disons tout de suite que, trois mois après, Hutin fut nommé surnuméraire, et, au bout de dix-huit mois, porté sur les états. *Être porté sur les états* signifie, en termes de bureau, toucher des appointements.

Le lendemain, à huit heures sonnantes, j'étais chez le roi. J'avais revêtu pour cette solennité mon costume de garde national à cheval.

Soit hasard, soit préméditation, le roi me reçut dans la même chambre où, duc d'Orléans, il m'avait reçu la veille de la première représentation d'*Henri III*.

Je ne le trouvai changé ni d'aspect ni de manières; il avait ce sourire affectueux et cette apparence de bonhomie auxquels il était si difficile de résister, et avec lesquels il a usé Laffitte comme fortune, Casimir Périer comme santé, M Thiers comme réputation.

— Bonjour, monsieur Dumas, me dit-il.

Je m'inclinai.

— Vous arrivez de la Vendée, à ce qu'il paraît?

— Oui, sire.

— Combien de temps y êtes-vous resté?

— Six semaines, sire.

— On m'a dit que vous aviez fait sur le pays des études très-précises, et qui valaient la peine de m'être communiquées...

— Sans doute le général la Fayette?

— Justement.

— Je croyais qu'il avait fait mieux, sire, et qu'il avait mis sous les yeux du roi mon rapport lui-même.

— C'est vrai... Mais, dans ce rapport, je trouve, il me semble, une lacune.

Je m'inclinai en signe que j'attendais.

— Vous avez été envoyé par le général la Fayette, continua le roi, pour étudier la possibilité d'établir une garde nationale dans la Vendée, et à peine parlez-vous de cette possibilité ou de cette impossibilité.

— C'est vrai, sire, attendu que l'étude des localités m'a convaincu que l'établissement d'une garde nationale dans les départements de la Loire-Inférieure, de Maine-et-Loire, de la Vendée et des Deux-Sèvres, n'était qu'une mesure temporaire ruineuse pour la classe moyenne de la société, qui a ses affaires à suivre, et dont l'état est d'être notaire, marchand de drap, tisseur de toile, serrurier, menuisier, avocat, commerçant en gros ou en détail enfin, mais non de monter à cheval ou de faire l'exercice; une mesure, en outre, dangereuse en ceci, que les citoyens qui porteront l'uniforme redeviendront des *bleus*, et ceux qui ne le porteront pas des *chouans*. Voilà pourquoi j'ai à peu près abandonné cette idée, et me suis appesanti sur celle qui consiste à ouvrir des chemins, à créer des communications, à agir, enfin, comme on dirait en médecine, par le moyen des dissolvants bien plutôt que par celui des révulsifs; que les Vendéens échappent à l'influence des nobles, et leurs femmes à l'influence des prêtres, et il n'y a plus de Vendée possible.

— Eh bien, moi, monsieur Dumas, je suis d'un autre avis que vous. Je crois qu'il n'y a plus de Vendéens. Dites-moi où sont les d'Elbée, les Bonchamp, les Lescure, les la Rochejaquelein, les Charette ?

— Sire, où ils étaient en 1789... Pourtant, la Vendée ne me paraît pas à craindre pour demain ou après-demain ; non, je dirai mieux : la Vendée ne se soulèvera plus d'elle-même ; mais quelqu'un peut se jeter dans la Vendée et la soulever.

— Qui ? Ce n'est pas le dauphin, il n'a pas assez d'énergie pour cela ; ce n'est pas le duc de Bordeaux, il est trop jeune ; ce n'est pas Charles X, la place du roi ne saurait être à la tête de quelques bandes de rebelles.

— Le roi sait trop bien son histoire universelle pour ne pas connaître l'histoire de Hongrie : *Moriamur pro nostro rege Maria-Theresa !*

— La duchesse de Berry ?

— On en parle beaucoup.

— Vous avez raison, j'y ai pensé plus d'une fois aussi ; mais retenez bien ce que je vous dis, monsieur Dumas, il n'y a pas de Vendée sans l'Angleterre, et je suis sûr de l'Angleterre.

— Je ne dis point au roi qu'il y aura une Vendée terrible, implacable, acharnée comme celle de 92 et de 93 ; je ne dis pas qu'il y aura des armées de vingt, de trente, de quarante mille hommes comme alors ; je ne dis pas qu'il y aura des batailles désastreuses, fatales, mortelles comme celles des Ponts-de-Cé, de Torfou et d'Antrain ; je ne dis pas, enfin, que le soulèvement de l'Ouest sera appuyé par le soulèvement du Midi et par l'invasion étrangère ; je dis qu'il y a chance, probabilité, certitude que l'on se battra, que des hommes seront tués, que des haines nouvelles naîtront d'un sang nouveau, et que le roi est trop ménager du sang français pour ne pas s'opposer, autant qu'il sera dans ses moyens, à un pareil résultat.

Le roi sourit.

— Et moi, je vous dis, monsieur Dumas, que j'ai mis aussi le doigt sur le pouls de la Vendée... Je suis un peu médecin, comme vous savez.

Je m'inclinai.

— Eh bien, il n'y a rien, et il n'y aura rien dans la Vendée.

— Le roi me permettra-t-il, répondis-je en riant, de ne pas essayer de combattre son opinion, mais de rester dans la mienne?

— Comment donc! vous savez que mon influence ne s'étend malheureusement pas sur les opinions; sans quoi, j'aurais déjà tenté de modifier la vôtre et celle de quelques-uns de vos amis.

— En attendant, le roi voudra-t-il bien, quand la conversation tombera sur ce sujet, que je dise ce que je pense?

— Sur les dispositions de la Vendée?

— Et sur la politique du roi...

— Dites-moi d'abord, à moi, ce que vous pensez de l'une et de l'autre.

— Eh bien, je pense qu'une guerre étrangère, sur le Rhin ou en Italie, serait une guerre populaire à l'heure qu'il est; que le roi ne se soucie pas de faire cette guerre, mais qu'il n'est pas fâché d'avoir une excuse pour ne pas la faire.

— Ah! ah!

— Cette excuse, la Vendée la lui offre.

— Comment cela?

— Sans doute, comme le roi disait tout à l'heure, il est médecin, et, quand le roi aura à répondre à ceux qui lui parleront de la nationalité belge, italienne ou polonaise: « Pardon, messieurs, avant de s'occuper des autres peuples, la France a d'abord une inflammation d'entrailles à guérir chez elle; » quand on tournera les yeux du côté de la Vendée, qu'on y entendra la fusillade, et qu'on verra la fumée, personne n'aura plus rien à dire, et le roi, ménager de son propre sang, n'aura pas, aux yeux des plus ardents propagandistes, la responsabilité du sang étranger.

Le roi se mordit les lèvres; j'avais évidemment touché juste.

— Monsieur Dumas, me dit-il, c'est un triste métier que celui de la politique... Laissez ce métier-là aux rois et aux ministres. Vous êtes poëte, vous; faites de la poésie.

— Cela veut dire?

— Que, poëte, vous voyez les choses en poëte, voilà tout.
Je m'inclinai.

— Sire, lui dis-je, les anciens appelaient les poëtes *vates*.

Le roi me fit de la main un signe qui voulait dire : « Monsieur Dumas, votre audience est finie ; je sais de vous ce que je voulais savoir ; vous pouvez vous retirer. »

Je compris le signe, je ne me le fis pas répéter, et sortis, autant que je pus, à reculons, pour ne point donner d'entorse à cette étiquette dont le duc d'Orléans avait bien voulu m'offrir une leçon, le jour où le roi Charles X était venu au fameux bal du Palais-Royal.

Je rencontrai Oudard dans l'escalier.

— Vous avez vu le roi ? me demanda-t-il.

— Je le quitte, répondis-je.

— Eh bien ?

— Hier, nous n'étions brouillés qu'à moitié.

— Et aujourd'hui ?

— Aujourd'hui, c'est autre chose, nous le sommes tout à fait.

— Mauvaise tête ! murmura-t-il.

Je lui dis adieu de la main et descendis les escaliers en riant.

En revenant chez moi, je rencontrai Bixio sur le pont des Tuileries, il était vêtu d'un habit militaire bleu, avec des épaulettes et une fourragère rouges ; il portait une flamme de crin rouge à son schako, des bandes rouges à son pantalon.

— Tiens, lui dis-je, dans quoi es-tu donc ?

— Dans l'artillerie.

— Il y a donc une artillerie ?

— Certainement.

— Qui est composée...?

— De tous nos amis les républicains : Grouvelle, Guinard, Cavaignac, Étienne Arago, Bastide, Thomas, moi enfin...

— Mais je veux en être, alors.

— C'est difficile, à cause de ta position près du roi.

— Moi ? J'ai parfaitement rompu !

— Tu es donc libre ?

— Libre comme l'air! Et d'ailleurs, il y a un moyen de me rendre plus libre encore...

— Lequel?

— C'est d'envoyer aujourd'hui même ma démission.

— Si c'est comme cela, je me charge de te faire admettre... Je crois qu'il manque un ou deux hommes à la quatrième batterie; tu n'as pas de préférence?

— Non.

— D'ailleurs, c'est la mienne.

— Alors, j'ai une préférence : fais-moi recevoir dans la quatrième batterie.

— J'en parlerai ce soir à Cavaignac et à Bastide.

— C'est convenu?

— Pardieu!

— Au revoir.

— Au revoir.

Je rentrai chez moi; je pris du papier, une plume, de l'encre, et j'écrivis la démission suivante :

« Sire,

» Mes opinions politiques n'étant point en harmonie avec celles que Votre Majesté a le droit d'exiger des personnes qui composent sa maison, je prie Votre Majesté d'accepter ma démission de la place de bibliothécaire.

« J'ai l'honneur d'être, avec respect, etc.

» ALEX. DUMAS. »

Je demande pardon pour le style, c'est celui de l'époque.

Puis, à l'adresse de Bixio, je jetai à la poste un petit billet contenant cette seule ligne :

Alea jacta est!

On verra plus tard comment, ma lettre n'étant point parvenue entre les mains du roi, je fus obligé de donner une seconde démission, qui fut insérée dans les journaux, et répétée dans la préface de *Napoléon*.

CLXXIV

Première représentation de *la Mère et la Fille*. — Je soupe chez Harel après le spectacle. — Harel m'emprisonne après le souper. — Je suis condamné à huit jours de *Napoléon* forcé. — Le neuvième jour, la pièce est lue aux acteurs, et je suis rendu à la liberté. — Les répétitions. — L'acteur Charlet. — Son histoire avec Nodier.

Sur la même table où je venais d'écrire ma démission était une lettre qu'à l'écriture je reconnus pour être d'Harel. Je l'ouvris, tremblant qu'il ne me reparlât de ce malheureux drame de *Napoléon*, qui était devenu mon cauchemar.

Point : il m'envoyait une loge pour la première représentation de *la Mère et la Fille*, et m'invitait à souper après le spectacle.

J'envoyai ma loge à Marie Nodier, en m'y réservant une place. Il y avait si longtemps que je négligeais mes chers amis de l'Arsenal, que j'avais grand besoin de les revoir.

A huit heures, j'étais à l'Odéon.

J'ai déjà dit mon opinion sur *la Mère et la Fille*: c'est une des meilleures pièces de Mazères ; c'est la meilleure d'Empis.

Frédérick y fut sublime de simplicité, de douleur poignante, de désespoir étouffé. Les autres rôles étaient ce que l'on appelle, en termes de théâtre, *bien tenus*.

Marie pleura, madame Nodier pleura, madame de Tracy pleura ; ce fut, pour les auteurs, un véritable triomphe de larmes.

A minuit, nous étions chez Harel, Lockroy, Janin et moi, le félicitant du succès.

Harel recevait nos compliments se frottant les mains, se fourrant du tabac dans le nez, et ne disant pas un mot du *Napoléon*. Je ne reconnaissais pas mon Harel ; je commençais à croire qu'il avait donné la pièce à faire à un autre. Ce silence me semblait d'autant plus bizarre, que M. Crosnier faisait des recettes fabuleuses avec son *Napoléon à Schœnbrünn.*

Le souper fut un de ces bons et charmants soupers comme nous en donnait Georges, splendide reine de ces sortes de fêtes, où, avec ses mains de déesse, elle servait les plus beaux fruits de Chevet.

Quant à l'esprit, on ne pouvait rien avoir de mieux : Harel, Janin, Lockroy.

Nous étions encore à table à trois heures du matin.

Cependant, une chose m'inquiétait : il y avait dans l'atmosphère de ces signes qui indiquent une conspiration ; des coups d'œil se croisaient, des sourires se répondaient, des demi-mots s'échangeaient.

Quand je demandais des explications, tout le monde se regardait d'un air étonné ; on riait à ma barbe ; j'avais l'air d'arriver de Carpentras.

Il est vrai que j'arrivais de Quimper, ce qui était à peu près la même chose.

On se leva de table. Georges m'emmena dans sa chambre sous prétexte de me montrer quelque chose de très-beau. Que me montra-t-elle? Je ne saurais trop le dire ; seulement, ce qu'elle me montra était si beau, que je fus plus d'un quart d'heure à revenir dans le salon.

Quand j'y revins, Lockroy et Janin avaient disparu. Harel seul restait.

Trois heures et demie venaient de sonner ; je pensai qu'il était temps de me retirer, je pris mon chapeau, et voulus sortir par où j'étais entré.

— Non, non, me dit Harel, tout le monde est couché... Suivez-moi par ici.

Je le suivis sans défiance.

Nous traversâmes de nouveau la chambre de Georges, puis un cabinet de toilette ; puis, enfin, nous entrâmes dans une chambre que je ne connaissais pas.

Deux bougies brûlaient sur une table chargée de livres de toutes les dimensions, de plumes de toute sorte. Un excellent lit dont la couverture était faite resplendissait dans l'ombre, sous le contraste de ses draps blancs et de son édredon pourpre. Il y avait sur la descente du lit en peau d'ours, des pantoufles toutes préparées. D'un côté de la cheminée était une causeuse de velours; de l'autre côté, un grand fauteuil en tapisserie.

— Tiens, dis-je, voici une bonne chambre, bien confortable; on doit bien y dormir et bien y travailler.

— Ah! dit Harel, ma foi! je suis enchanté qu'elle vous plaise.

— Pourquoi cela?

— Parce que c'est la vôtre.

— Comment, la mienne?

— Oui... Et, comme vous n'en sortirez pas que vous n'ayez fait mon *Napoléon*, il faut que vous vous trouviez bien, pour ne pas être de trop mauvaise humeur pendant votre emprisonnement.

Un frisson me courut par tout le corps.

— Harel! m'écriai-je, pas de bêtises, mon ami!

— Justement, pas de bêtises!... Vous en avez fait une grande de ne pas vous être mis à l'ouvrage quand je vous l'ai demandé... J'en ai fait une grande en ne commandant pas la pièce à un autre... mais je vous en avais parlé, et je n'ai qu'une parole. Je trouve donc que nous avons été suffisamment bêtes tous les deux, pour des gens d'esprit, et qu'il est bien temps que nous redevenions spirituels.

— Allons donc! vous n'y pensez pas! Je n'ai pas le moindre plan arrêté pour votre *Napoléon*.

— Vous m'avez dit que vous aviez refait *Christine* dans une nuit.

— Il me faut des livres... Bourrienne, Norvins, *Victoires et Conquêtes*...

— Voici *Victoires et Conquêtes* dans un coin; voici Bourrienne dans l'autre; voici Norvins sur la table.

— Il me faut le *Mémorial de Sainte-Hélène*.

— Le voici sur la cheminée.

— Mon fils...

— Il viendra demain dîner avec nous.

— Ma maîtresse.

— Ah! me dit Georges en entrant, vous venez de vous en passer pendant six semaines; vous vous en passerez bien pendant quinze jours, de votre maîtresse.

Je me mis à rire.

— La préviendra-t-on, au moins?

— Elle est prévenue.

— Par qui?

— Par moi, dit Harel, et elle a déjà reçu sa prime.

— Laquelle?

— Un bracelet.

Je pris les deux belles mains de Georges, et, m'adressant à Harel :

— Ma foi! mon cher ami, lui dis-je, vous faites les choses de façon qu'il n'y a pas moyen de vous refuser... Demain, je me mets à votre *Napoléon*, et, dans huit jours, vous l'aurez.

— Vous êtes bien pressé de nous quitter, mon cher! dit Georges en relevant sa lèvre d'impératrice.

— Bon! dis-je, la pièce sera finie quand elle sera finie... Ce n'est pas moi qui suis pressé, c'est Harel...

— Harel attendra, dit Georges avec ses airs de Cléopâtre et de Médée.

Je m'inclinai; je n'avais plus rien à dire. Harel me montra un cabinet de toilette et ses dépendances, me fit observer que ma chambre n'avait d'autre issue que celle de Georges, sortit avec elle, et m'enferma.

On avait poussé l'attention jusqu'à envoyer chercher chez moi mon pantalon à pieds.

Le même soir, ou plutôt le même matin, je me mis au travail et je trouvai le rôle de l'espion et la division du drame. Le rôle de l'espion trouvé, tout l'était. Quant à la division du drame, elle était donnée par l'histoire elle-même.

— De Toulon à Sainte-Hélène! m'avait dit Harel. Je dépenserai cent mille francs, s'il le faut!

Il était difficile de me laisser plus de marge.

Dès le lendemain matin, je me mis à écrire.

Au fur et à mesure que les tableaux étaient faits, je les passais à Georges, qui les passait à Harel, lequel les donnait à copier à un charmant garçon nommé Verteuil, qui est aujourd'hui secrétaire du Théâtre-Français.

Au bout de huit jours, le drame était fait; il se composait de vingt-quatre tableaux, et comportait neuf mille lignes. C'était trois fois la corpulence d'un drame ordinaire, cinq fois la longueur d'*Iphigénie*, six fois celle de *Mérope*.

Frédérick devait jouer le rôle de Napoléon. J'avais discuté ce choix d'abord; le physique me semblait beaucoup dans une pareille création. Le succès du *Napoléon* de la Porte-Saint-Martin avait été dû surtout à la ressemblance de Gobert avec l'empereur; et rien ne ressemblait moins à Napoléon, et surtout à Bonaparte, que Frédérick.

— Mon cher, me dit Georges, rappelez-vous ceci: c'est qu'un homme du talent de Frédérick peut tout jouer.

La raison me parut si bonne, que je m'y rendis. Le rôle fut donné à Frédérick.

Le neuvième jour, la pièce était copiée; Verteuil, en se faisant aider de deux personnes, avait mis à la copier un jour de plus que moi à l'écrire.

Elle n'était pas bonne, il s'en faut; mais le titre de l'ouvrage assurait le succès de circonstance, tandis que le rôle de l'espion suffisait au succès littéraire.

On se réunit le neuvième jour pour la lecture. Ce jour-là, je lus jusqu'à Moscou; le lendemain, je repris et lus la fin.

Le seul rôle de Frédérick avait quatre mille lignes, c'est-à-dire était aussi long à lui seul que tous les rôles ensemble du *Mariage de Figaro*.

Mais de rien couper, en collationnant, cela paraissait impossible; il fut convenu, en conséquence, qu'on ferait les coupures aux répétitions.

Chacun se mit au travail avec une ardeur que j'ai rarement vue, apprenant même les passages que l'on supposait devoir être coupés, ce qui est la chose la plus difficile à obtenir d'un artiste

Frédérick, Lockroy et Stockleit étaient enchantés de leurs rôles.

Le soir de la lecture, ma liberté me fut rendue.

Il y eut souper pour mon élargissement, comme il y avait eu souper pour mon incarcération.

Ces soupers chez Georges étaient charmants, je le répète, et font quelques-uns de mes bons souvenirs; il était impossible d'être plus belle, plus reine, plus dédaigneuse, plus caustique, plus courtisane grecque, plus matrone romaine, plus nièce de pape que ne l'était Georges.

C'était un contraste incroyable avec Mars, toujours pincée, retenue, sanglée, boutonnée comme la femme d'un sénateur de l'Empire.

Sans compter Harel, si spirituel, qu'il semblait toujours, comme un homme assis sur un tabouret de verre et mis en contact avec une machine électrique, avoir une étincelle au bout de chaque doigt, au bout de chaque cheveu.

Quand *on arriva au théâtre*, on s'aperçut qu'il y avait cent et quelques rôles. Pendant cinq ou six jours, ce fut comme un chaos à débrouiller; je crois que j'eusse autant aimé mettre en scène le monde de la Genèse que ce monde de *Napoléon*. Tous les rôles fondus, pressés, réunis, nous donnèrent — non compris les comparses — quatre-vingts ou quatre-vingt-dix personnages parlants. Jouslin de la Salle, metteur en scène du théâtre, y perdait la tête; quant à Harel, il vidait trois tabatières par répétition.

Harel, comme nous l'avons dit, dépensa cent mille francs pour la mise en scène; mais ce qu'il dépensa de mots étincelants de verve, d'esprit, de comique, le caissier de M. de Rothschild n'est pas capable de l'additionner.

Moi, au milieu de tout ce tohu-bohu, je suivais cette éternelle étude du drame et des caractères que je cherche toujours et partout, même parfois là où ils ne sont pas.

En veut-on un exemple, le voici:

Parmi mes chefs de peloton, jouant un de ces bouts de rôle que l'on appelle des accessoires, — lequel? je ne me le rappelle plus. — j'avais remarqué un beau garçon de vingt-cinq à vingt-six ans, maniant le fusil comme s'il n'eût jamais fait autre chose de sa vie, et, ce qui était extraordinaire et surtout plus important, *disant* assez juste.

Je demande pardon à mes lecteurs d'être obligé quelquefois d'employer l'argot du théâtre ; mais, comme tous les argots, il exprime mieux la pensée que la langue à laquelle on le substitue.

Il me semblait, en outre, que le visage de mon *accessoire* ne m'était point inconnu, et lui, sans trop s'aventurer cependant, me saluait en souriant, de son côté, d'un air qui voulait dire : « Ce n'est pas au théâtre seulement que je vous ai vu. »

Où m'avait-il vu? où l'avais-je vu moi-même ? Voilà ce qui me restait à savoir. J'avais demandé son nom : il s'appelait Charlet, comme notre illustre lithographe. Ce nom n'éveillait en moi aucun souvenir.

Un jour, cependant, au beau milieu d'une évolution de la vieille garde, je m'arrêtai devant lui.

— Pardon, monsieur Charlet, lui dis-je, il me semble vous avoir vu quelque part... Où ? Je n'en sais rien; seulement, je parierais ma tête que vous ne m'êtes pas inconnu... Pouvez-vous aider mes souvenirs ?

— C'est vrai, monsieur, me dit-il ; nous nous sommes vus trois fois, comme on se voyait dans ces moments-là : une fois rue Saint-Honoré, une fois au pont de la Grève, une fois au Louvre.

— Ah ! oui, je me rappelle... au pont de la Grève... vous commandiez l'attaque où le porte-drapeau fut tué ?

— C'est cela, me répondit-il.

— Et vous êtes acteur ?

— C'est-à-dire, vous voyez, j'essaye de le devenir.

— Pourquoi avez-vous attendu que je vous parlasse ?

— Je suis timide.

— Pas en face des balles, au moins !

— Oh ! les balles, cela tue, voilà tout.

Il se mit à rire.

— C'est-à-dire, reprit-il, que je suis timide, comme je vous le disais, à un point que vous ne sauriez imaginer... Par exemple, tenez, je connais M. Charles Nodier...

— Vous connaissez Charles Nodier?

— Oui, et certes assez pour lui demander une recommandation près de vous, près de M. Hugo ou près de tout autre; eh bien, je n'ai jamais osé lui demander cela.

— Vous avez eu tort : Nodier est un excellent homme, et bien certainement, cette recommandation, il vous l'eût donnée.

— Je le sais bien... quoique j'aie commencé par vouloir le tuer; mais comme, depuis, j'ai empêché qu'on ne le tuât, nous sommes quittes.

— Que diable me contez-vous là?

— La vérité du bon Dieu.

— Comment la chose s'est-elle faite?

— Ah bah! il y en a trop long, et puis ce n'est pas bien intéressant...

— Vous vous trompez, mon ami, lui dis-je; je ne suis pas fait comme les autres, et tout est intéressant pour moi. Quant à ce que vous me dites de la longueur du récit, eh bien, s'il traîne, je vous prierai de l'abréger.

— Nous sommes bien mal ici.

— En effet, voilà déjà deux fois que Jouslin de la Salle nous impose silence.

— On croira que je vous demande un rôle.

Et il se mit à rire d'un bon rire franc et en montrant de belles dents blanches.

J'aime les gens qui rient, quoique pauvres; c'est qu'ils ont bon cœur et bon estomac.

— Écoutez, lui dis-je, vous n'êtes pas de l'acte qui va venir.

— Non, ni de l'autre non plus... Je ne reparais qu'à l'incendie de Moscou.

— Alors, montons au foyer, et vous me conterez votre histoire.

— Ah! je ne demande pas mieux.

Nous passâmes du théâtre au foyer, et nous nous assîmes dans cette magnifique galerie, qui, le soir surtout, a l'air, grâce aux rares ombres qui la traversent, d'un portique d'Herculanum ou d'un atrium de Pompéi.

— Eh bien? demandai-je à Charlet en lui posant la main sur le genou.

— Eh bien, me dit-il, c'était le 27 juillet dernier ; — à cette époque, j'étais ouvrier ébéniste ; — j'entendis raconter au faubourg Saint-Antoine, où j'étais en train de débiter du bois, qu'il y avait eu, la veille, du bruit sur la place de la Bourse, et qu'il y avait, dans le moment même, des rassemblements autour du Palais-Royal. J'étais furieux des ordonnances, quoique je ne comprisse pas très-bien ce qu'elles nous ôtaient de liberté; mais, ce que je comprenais, c'est que c'était une espèce de défi jeté aux citoyens. Depuis longtemps, j'attendais ce moment-là; je ne me le fis pas dire deux fois, et je m'empressai de partir pour être témoin de ce qui allait se passer. Arrivé au marché des Innocents, j'entendis des feux de peloton du côté de la halle aux draps ; puis j'aperçus plusieurs blessés, les uns se traînant comme ils pouvaient, les autres portés sur des civières, tous usant le reste de leurs forces à crier : « Aux armes ! » Cette vue m'exaspéra; sans trop savoir, ainsi que je vous l'ai dit, qui avait tort ou raison du peuple ou de la royauté, je me mis de mon côté, à crier : « Aux armes! » Un blessé qui n'avait plus la force de porter son fusil me le donna; un homme — qu'était cet homme? je n'en sais rien — bourra mes poches de cartouches ; des ouvriers et des bourgeois armés, les uns de sabres, et les autres de carabines, couraient du côté de la rue aux Fers; je courus avec eux... Soit que je courusse mieux que tout le monde, soit que je fusse plus animé, je me trouvai à leur tête, ils me prirent pour chef. En entrant dans la rue aux Fers, nous nous trouvâmes en face d'un régiment de la garde; le premier rang fit feu : nous étions si près des soldats, que nous fûmes enveloppés de la fumée de leurs fusils comme d'un nuage ; au milieu de ce nuage, je distinguai un jeune homme qui tournait sur lui-même, et s'abattait à quelques pas de moi. Je courus à lui, il était frappé à la poitrine d'une balle qui lui sortait par le dos, et devait avoir traversé le cœur;

je le pris dans mes bras, et l'emportai... J'étais à cinquante pas à peine de la troupe ; mais la troupe avait cessé le feu. En effet, il n'y avait plus dans la rue que moi, le mort que je tenais dans mes bras et un homme de haute taille, pâle de visage, ayant un ruban rouge à sa redingote bleue : ce n'était pas la peine d'user de la poudre pour nous trois. Je ne savais pas trop ce que je faisais ; j'emportai mon mort du côté de la rue de la Ferronnerie ; l'homme à la redingote bleue et au ruban rouge me suivit. Cette persistance à ne pas me perdre de vue me le rendit suspect ; je m'arrêtai, et, voyant qu'il s'approchait de moi, je lui épargnai la moitié du chemin en allant au-devant de lui. Enfin, nous nous joignîmes. A sa figure douce et triste, je crus voir qu'il ne me voulait point de mal ; cependant, après avoir déposé mon mort à terre, je préparai mon fusil à tout hasard ; mais lui, sans s'occuper le moins du monde de la précaution hostile, me posa la main sur l'épaule, et, l'y laissant appuyée, tandis que je le regardais avec étonnement : « Mon ami, me dit-il, il y a une heure que je suis tous vos mouvements. — Je m'en aperçois bien, lui dis-je, et voilà pourquoi, au lieu de vous attendre, je suis venu à vous. — Vous êtes le chef de ces hommes ? — Oui... Que vous importe ? — Il m'importe beaucoup, mon ami ; car, moi aussi, je suis un homme. » Il y avait une telle douceur dans la voix de l'inconnu, que, moi qui avais commencé, en le voyant me suivre, par me demander si je ne devais pas lui envoyer un coup de fusil, je me sentis fasciné, et le regardai avec un certain respect. « Alors, lui dis-je, si vous êtes homme, vous devez voir que l'on tue nos frères, et nous aider à massacrer tous ces brigands de soldats. » Il sourit tristement. « Mais ces soldats, dit-il, sont des hommes aussi ; ces soldats sont vos frères aussi ; seulement, vous agissez d'après votre libre arbitre, tandis qu'eux reçoivent des ordres auxquels ils sont forcés d'obéir. Savez-vous comment s'appelle ce que vous êtes en train de faire ? Cela s'appelle une révolution ; et savez-vous ce que c'est qu'une révolution, mon Dieu ? — Je ne sais pas si je fais, oui ou non, une révolution ; je ne sais pas si une révolution est une bonne ou une mauvaise chose ; mais je sais ce que je veux. — Et que voulez-vous ? — Je veux la Charte... Vive la Charte ! Et puis, au bout du compte, ajoutai-je essayant de lutter contre l'influence morale que cet inconnu prenait sur moi malgré moi, qui êtes-vous ? que me demandez-vous ? pourquoi me suivez-vous ? — Je vous suis parce que vous m'intéressez. — Eh bien, moi aussi, vous m'intéressez, et cet intérêt me fait vous donner un conseil : croyez-moi, prenez une autre route... Vous ne voulez pas ? — Mon ami, écoutez... — Alors, c'est moi qui vous quitte. Bonsoir ! » Une douzaine d'hommes s'étaient ralliés autour de moi ; je repris mon mort, et m'acheminai, avec ma petite troupe, du côté de l'École de médecine, que je comptais joindre en traversant la Seine au pont au Change ; mais mon étonnement fut grand, au coin de la rue de la Vannerie, de retrouver mon homme, qui, cette fois, ne se contenta pas de me donner des conseils, mais me prit par le bras, et voulut m'entraîner d'un autre côté. « Ah çà ! que diable me voulez-vous ? Voyons ! m'écriai-je en frappant du pied, et en donnant le cadavre à porter aux autres. — Je veux vous empêcher d'aller à une mort certaine, vous et vos compagnons, me dit-il. Il y a un régiment tout entier sur le quai aux Fleurs ; vous êtes quinze ou vingt au plus : que feriez-vous contre un régiment ? — Mais, sacrebleu ! m'écriai-je, vous m'agacez à la fin ! Que vous importe que je sois tué ? — Mon ami, me dit-il, il est impossible que vous n'ayez pas un père, une mère, une sœur ou une femme... Eh bien, je veux épargner des larmes à votre femme, à votre sœur, à votre mère ou à votre père. » Je me sentais touché malgré moi ; mais j'étais au milieu d'hommes qui m'avaient pris pour leur chef, et je ne voulais pas reculer... « Vous vous trompez, répondis-je, je n'ai rien de tout cela. Allez donc de votre côté et laissez-moi aller du mien. » Et, me détachant violemment de lui : « A l'École de médecine ! criai-je à mes compagnons. — A l'École de médecine ! » répétèrent-ils. Et nous nous élançâmes sur la place du Châtelet. En effet, de l'autre côté de la Seine, un régiment stationnait sur le quai aux Fleurs ! « Vive la ligne ! » criâmes-nous en nous engageant sur le pont au

Change, et en secouant nos fusils. Mais, au lieu de fraterniser avec nous, le colonel nous somma de nous retirer; nous ne nous rendîmes point à l'invitation, et, au contraire, nous continuâmes notre chemin. Nous n'étions pas au quart du pont, que le régiment fit feu. Ce fut un carnage! deux ou trois hommes tombèrent autour de moi; les autres prirent la fuite, abandonnant notre mort. Je ne sais pourquoi j'étais acharné après ce cadavre, il me semblait que c'était à la fois un étendard et une sauvegarde... Je le ramassai et battis en retraite avec lui sur la place du Châtelet. Ce qui restait de ma troupe m'attendait là, et, au premier rang, mon diable d'homme au ruban rouge et à la redingote bleue. « Eh bien, mon pauvre garçon, me dit-il, que vous avais-je prédit?... Trois ou quatre de vos hommes tués, autant de blessés! C'est un miracle que vous soyez vivant; on a peut-être tiré cinquante coups de fusil sur vous! Au nom du ciel, ne vous entêtez pas davantage à une pareille folie... Voyons, suivez-moi! — Ah çà! lui dis-je, l'homme au ruban rouge, savez-vous que vous commencez à m'embêter fièrement, et que, si vous me poussez à bout, je finirai par dire tout haut ce que je pense tout bas? — Et que pensez-vous? — Mais que vous êtes un mouchard peut-être! » Deux ou trois de mes hommes entendirent le mot *mouchard*. « Hein! que dis-tu? un mouchard? » Et, mettant en joue mon inconnu: « Si c'est un mouchard, il faut le fusiller! crièrent-ils. Je fus épouvanté du mouvement, car quelque chose me disait que cet homme me voulait véritablement du bien. « Mais non! mais non! m'écriai-je, que faites-vous? Bas les armes, sacrebleu! — Puisque tu dis que c'est un mouchard! répétèrent plusieurs voix. — Je ne dis pas cela... au contraire, monsieur est un de mes voisins; il me connaît; il me parle de ma mère; il me dit que, si je me fais tuer, elle n'aura plus de ressources... Un mouchard? Allons donc! » J'allai à mon inconnu et lui tendis la main; il la prit dans la sienne, et la serra cordialement. Il était aussi calme que si sa vie n'eût pas couru le moindre danger. « Merci, mon ami, me dit-il, je n'oublierai jamais ce que vous venez de faire. Vous avez raison, je ne suis pas un mouchard; je dirai plus : je pense comme vous ; mais j'ai vu la première révolution et cela m'en a fait passer le goût... Maintenant, comme je ne veux pas vous voir tuer, adieu ! » Et il nous quitta et alla frapper à la porte du café du pont au Change, qui, après quelques difficultés, s'ouvrit pour lui. Quant à nous, nous suivîmes le quai de la Mégisserie, afin de gagner le pont Neuf; mais à peine avions-nous fait quarante pas sur le quai, que nous reçûmes, par la rue Bertin-Poirée, une décharge qui nous tua quatre hommes; en même temps, un escadron de gendarmerie débouchant par la place des Trois-Marie, s'avança, tenant toute la largeur du quai. Je regardai autour de moi : j'étais seul. Je tirai mon coup de fusil au milieu des gendarmes, et j'en vis tomber un. Eux avaient leurs mousquetons à la main, et firent feu. J'entendis les balles siffler autour de moi; mais pas une ne m'atteignit. Au reste, je ne pensai pas un instant à la mort; j'étais comme un enragé ! je reculai du même pas qu'ils avançaient, et déchargeai une seconde fois mon fusil ; puis j'allai m'embusquer derrière la fontaine du Châtelet; j'étais résolu à me faire tuer là plutôt que de fuir. J'avais rechargé mon fusil, et je mettais en joue pour la troisième fois, quand je sentis qu'on me prenait par le collet de mon habit, et qu'on me tirait en arrière. Je me retournai vivement; c'était encore mon homme à la redingote bleue et au ruban rouge! « Mon ami, me dit-il, décidément vous êtes fou... Venez prendre un verre d'eau sucrée avec moi, cela vous calmera. » Je tâtai mes poches pour savoir si j'étais en mesure de payer mon écot; j'avais dix sous: c'était tout ce qu'il me fallait. « Eh bien, soit, répondis-je, j'ai la bouche sèche; je prendrai volontiers quelque chose. » J'avais mâché sept ou huit cartouches, et, vous savez, la poudre, cela altère. Je suivis mon homme ; la porte du café se referma sur nous. « Deux verres d'eau sucrée ! demanda-t-il. — Oh! pas d'eau sucrée pour moi, lui dis-je, c'est trop fade ! — Que voulez-vous?— Un petit verre d'eau-de-vie. — Du kirsch, plutôt. — Soit, du kirsch. » On me servit un verre de kirsch, et on lui apporta de l'eau sucrée. « Eh bien, me dit-il, vous voilà seul; ceux qui vous entouraient sont tués, blessés ou en fuite. — C'est vrai, répondis-je; mais il en viendra d'autres... — Qui se feront tuer à leur tour, blesser à leur tour, et qui fuiront à leur tour. Pauvres enfants que vous êtes ! S'il vous revenait quelque chose, au moins, des révolutions ! mais, après chaque révolution, j'ai vu le peuple plus malheureux qu'auparavant. — Bah ! dis-je, il faudra pourtant bien qu'on en fasse une bonne ! — Qu'êtes-vous de votre état? me demanda l'inconnu. — Ouvrier ébéniste dans le quartier de l'Arsenal. — Comment l'ouvrage allait-il au faubourg Saint-Antoine? — Mais l'ouvrage allait bien. — Réussissez à faire votre révolution, et vous verrez, dans six semaines, comment ira l'ouvrage. — Eh bien, on se serrera le ventre, mais, au moins, on sera libre ! — On se serrera le ventre, et on sera peut-être moins libre qu'on ne l'était. » Il se leva. « Écoutez, mon ami, vous m'avez dit, je crois, que vous demeuriez au quartier de l'Arsenal? — Oui. — Eh bien, si, comme j'en ai peur, l'ouvrage manque, souvenez-vous de moi... Venez à la bibliothèque de l'Arsenal ; demandez-en le bibliothécaire, et, si je puis vous être bon à quelque chose, disposez de moi. » Et, s'approchant du comptoir, il paya et partit. J'avais surpris des signes d'intelligence entre le maître du café et mon inconnu ; je restai derrière lui dans l'intention de savoir à qui j'avais affaire. J'allais, en conséquence, interroger le maître du café, quand celui-ci, s'approchant de moi le premier : « Vous connaissez la personne qui vient de sortir? me dit-il. — Ma foi ! non ; mais je vous avoue que j'ai envie de la connaître. — Et vous avez raison, car c'est un brave homme s'il en fut jamais ! — Diable ! dis-je, tant pis ! — Comment, tant pis? — Si vous saviez de quel nom je l'ai apostrophé ! — Lui? — Oui, lui... Je l'ai appelé mouchard ! — Mouchard? M. Charles Nodier? — Comment! cet homme qui sort d'ici, avec lequel je viens de trinquer, c'est M. Charles Nodier? — Lui-même. — Ah ! mon Dieu ! — Eh bien, que faites-vous ? — Mais je cours après lui... je le rejoins... je lui demande pardon... Mouchard ! M. Charles Nodier ! » Et je secouais de toutes mes forces la porte que le maître du café avait refermée au verrou. En ce moment, la fusillade recommença ; cinq ou six balles trouèrent les contrevents, et allèrent briser les glaces. « Mon fusil? m'écriai-je, mon fusil? — Ah! me dit le maître du café, il est en haut, votre fusil... — Comment, il est en haut? — Peste! je n'ai pas envie que l'on vous voie sortir d'ici avec votre fusil, et qu'on casse et brise tout dans mon café... Quand il fera nuit, bien, je vous rendrai votre fusil, et vous sortirez... Morbleu! d'après ce que m'a dit M. Charles Nodier, vous en avez assez fait pour aujourd'hui! » Une seconde décharge se fit entendre, et trois ou quatre balles percèrent de nouveau les contrevents. « Allons, allons, dit le maître du café, il ne fait pas bon ici... Montons au premier! » Et, me prenant par le bras, il m'entraîna vers l'escalier. « M. Charles Nodier! répétais-je en le suivant à moitié abruti; et, moi, je l'ai appelé mouchard! » Je n'eus pas une autre idée dans la tête tant que je restai au café du pont au Change, et j'y restai jusqu'à neuf heures. A neuf heures, je rentrai chez moi, et pensai toute la nuit à mon aventure de la journée.

En ce moment, le régisseur entra dans le foyer.

— Eh! monsieur Dumas, me dit-il, on vous cherche de tous les côtés... Bon! Charlet, vous voici; vous êtes à l'amende, mon ami!

— A l'amende! et pourquoi? dit Charlet.

— Mais parce qu'on a recommencé le tableau, et que vous n'étiez pas là.

— Bien! je fais de belles affaires! dit Charlet.

— Soyez tranquille, je vais arranger cela avec Jouslin de la Salle... Et avez-vous revu Nodier?

— Ah bien, oui! après l'avoir appelé mouchard! Dans le moment où j'étais encore échauffé, j'aurais trouvé quelque chose à lui dire, mais de sang-froid, me représenter à lui? Jamais!

Nous revînmes au théâtre, et, comme je lui avais promis, je fis lever l'amende qu'il avait, au reste, encourue par ma faute.

C'est ce même Charlet qu'Arago avait rencontré, le 29 juillet, au marché des Innocents, et qui commandait l'escorte du général Dubourg.

Nous nous sommes retrouvés depuis; je dirai à quelle occasion, et je raconterai ce que Nodier a fait pour lui.

CLXXV

Je suis officiellement admis dans l'artillerie de la garde nationale. — *Antony* est mis en répétition au Théâtre-Français. — Mauvais vouloir des comédiens. — Traité entre Hugo et le directeur de la Porte-Saint-Martin. — Confidence et proposition de Firmin. — Les robes de mademoiselle Mars et le lustre neuf. — Je retire *Antony* du Théâtre-Français. — Je vais proposer le rôle d'Adèle à Dorval.

Après que la liberté m'eût été rendue par mon implacable geôlier et par ma belle geôlière, je rentrai chez moi, où je trouvai plusieurs lettres dont deux seulement avaient de l'importance.

L'une venait de Bixio; il avait trois ou quatre fois frappé à ma porte, et, l'ayant trouvée obstinément close, il m'écrivait pour me dire que mon admission, proposée aux chefs de l'artillerie, avait été adoptée à une forte majorité; il me faisait demander, en leur nom, si je tenais à entrer dans la même batterie que M. le duc d'Orléans; — si tel était mon désir, on trouverait moyen de le satisfaire.

En effet, le roi avait décidé que M. le duc d'Orléans ferait partie de la première batterie de l'artillerie de la garde nationale; il comptait sur le caractère bon et conciliant du prince pour ramener à lui un corps qui se présentait hautement comme un foyer actif d'opposition, et comme le représentant des opinions, des principes et des intérêts démocratiques, complétement sacrifiés à la bourgeoisie.

Après ma rupture avec le roi, il était impossible que je désirasse me rencontrer avec son fils. Je répondis donc à Bixio que je remerciais les chefs de l'artillerie de mon admission dans le corps, et que, excepté la première batterie, ils pouvaient me placer où bon leur semblerait.

La seconde lettre venait du Théâtre-Français. La censure ayant momentanément disparu, *Antony* se trouvait hors de page; il s'agissait de le mettre en répétition.

Je courus au Théâtre-Français; j'y trouvai mademoiselle

Mars et Firmin. On sait que mademoiselle Mars avait accepté le rôle d'Adèle, et Firmin celui d'Antony ; le reste de la distribution fut fait séance tenante.

La pièce, dans les rôles secondaires surtout, était admirablement montée : Rose Dupuis jouait la comtesse de Lacy ; Menjaud, le jeune poëte ; Monrose, l'abonné du *Constitutionnel;* madame Hervey, madame de Camps.

Je dis que la pièce était admirablement montée quant aux rôles secondaires, non pas que je veuille le moins du monde porter atteinte au talent de mademoiselle Mars ni à celui de Firmin ; mais, si grand que soit le talent des artistes, — à moins qu'on n'arrive à cette universalité de puissance dont était doué Talma, — il y a des rôles qui vont plus ou moins au caractère personnel des individus.

Or, nulle femme n'était moins capable que mademoiselle Mars de comprendre le caractère tout moderne d'Adèle, avec ses nuances de résistance et de faiblesse, ses exagérations de passion et de repentir.

D'un autre côté, nul homme n'était moins capable que Firmin de reproduire la mélancolie sombre, l'ironie amère, la passion ardente et la divagation philosophique du personnage d'Antony.

Mademoiselle Mars avait au plus haut degré la grâce, l'esprit, le charme, la diction, la coquetterie ; mais il lui manquait la poésie, qui recouvre toutes les autres qualités de ce vague mystérieux d'où vient la séduction des femmes de Shakspeare.

Firmin avait, à un degré inférieur, les mêmes qualités que mademoiselle Mars ; mais il lui manquait la fatalité qui fait les Orestes de tous les temps.

La pâleur est pour ces personnages un des premiers besoins du drame moderne : mademoiselle Mars n'osait pas, et Firmin ne pouvait pas être pâle.

Disons mieux : le Théâtre-Français lui-même était un mauvais cadre pour le tableau.

Il y a des atmosphères dans lesquelles certaines créations ne sauraient vivre.

Les répétitions d'*Antony* marchèrent donc concurremment avec celles de *Napoléon*. Mais il y avait cette différence entre les deux pièces et les deux théâtres, qu'à l'Odéon tout le monde était content de son rôle, et que, depuis le directeur jusqu'au souffleur, chacun me secondait de son mieux, tandis qu'au Théâtre-Français tout le monde était mécontent de son rôle, et, depuis le directeur jusqu'au souffleur, chacun entravait l'auteur et l'ouvrage.

On connaît mademoiselle Mars ; je l'ai montrée à une répétition d'*Hernani*, épluchant le rôle de doña Sol ; je regrette de m'être tant pressé, je l'eusse montrée aux répétitions d'*Antony*, épluchant le rôle d'Adèle.

De son côté, Firmin plumait tant qu'il pouvait celui d'Antony ; toute plume d'une nuance un peu tranchée faisait tache sur l'espèce de ton grisaille qu'on voulait donner à un ouvrage dont le cachet dominant avait d'abord été la couleur, et, à force de tirer délicatement chaque plume, le rôle tournait tout doucement à l'amoureux du Gymnase.

Au bout d'un mois de répétitions, la pièce, privée de tous ses points saillants, pouvait être réduite à trois actes, et même à un seul acte.

Un beau matin, la proposition me fut faite de supprimer le second et le quatrième acte, qui faisaient longueur.

J'avais pris un tel dégoût de l'ouvrage, que j'étais prêt à le supprimer tout entier ; j'en étais arrivé à trouver que c'était *Napoléon* qui était l'œuvre d'art, et *Antony* qui était l'œuvre vulgaire.

On fixa le jour de la représentation : *il fallait se débarrasser de la pièce, qui tenait le théâtre*, et qui empêchait de passer *Don Carlos, ou l'Inquisition,* drame sur lequel on comptait beaucoup, mais dont, le jour de la première représentation, l'auteur désira garder l'anonyme, et pour cause.

Sur ces entrefaites, Hugo était venu me trouver ; il avait compris qu'au Théâtre-Français nous ne serions jamais pour les comédiens, pour les habitués, pour le public même, que des usurpateurs ; les stupidités qu'on nous avait prêtées sur Molière, Corneille et Racine, avaient germé à l'orchestre ; et tout ce qui avait plus de cinquante ans venait, chaque soir, s'étendre voluptueusement à l'ombre de notre outrecuidance !

En conséquence, Hugo avait cherché et trouvé un théâtre qui ne fût pas un Olympe, où nos succès ne fussent point des sacriléges, et où ceux que nous remplacerions fussent de simples mortels, et non pas des dieux.

Ce théâtre était celui de la Porte-Saint-Martin.

Il avait traité avec M. Crosnier, son directeur, pour *Marion Delorme*. Ainsi se réalisait la prédiction faite par Crosnier à Hugo, lorsque, le 16 juillet 1829, celui-ci lui avait dit: « Monsieur, vous arrivez trop tard; il y a deux réceptions qui priment la vôtre, » et que Crosnier lui avait répondu : « Mon Dieu ! qui sait ? malgré ces deux réceptions, il se peut que ce soit moi qui joue l'ouvrage ! »

En traitant avec Crosnier, Hugo avait, sauf ma ratification, traité en son nom et au mien.

J'avais remercié Hugo de cette fraternelle attention; mais les deux seules pièces que je possédasse étaient en répétition, l'une à l'Odéon, l'autre au Théâtre-Français.

Il fallait donc attendre que j'eusse mis au monde une nouvelle pièce.

Je n'eus pas besoin d'attendre cela.

Plus approchait le jour de la première représentation d'*Antony*, plus je sentais de mauvais vouloir dans le théâtre.

D'un autre côté, ceux de mes amis qui avaient assisté aux répétitions s'en étaient allés en hochant la tête, et, pressés par moi de me dire leur avis, avaient avoué franchement qu'*ils ne voyaient pas de pièce là dedans*.

J'étais complétement démoralisé; plus j'avançais dans la carrière dramatique, plus je perdais cette première confiance en moi-même qui m'avait soutenu au milieu des tribulations d'*Henri III*. Je commençais à croire que je m'étais trompé, et qu'il n'y avait absolument rien dans *Antony*.

Deux choses m'arrivèrent à la fois qui eussent dû me pousser à un découragement complet, et qui, au contraire, me rendirent toute ma volonté.

Comme le jour de la première représentation était fixé au

samedi suivant, et que nous étions au mardi ou au mercredi, Firmin me prit à part.

— Mon cher ami, me dit-il, je n'ai pas voulu te refuser le rôle d'Antony, d'abord parce que je jouerai tous les rôles que tu me distribueras, ensuite parce que, m'ayant donné le rôle de Saint-Mégrin, qui est un bon rôle, tu as acquis le droit de m'en donner un mauvais...

Il s'attendait à ce que je l'arrêtasse; mais, au contraire, je le laissai dire. Il continua :

— Mais, tu comprends, je représente le principal personnage, et je ne veux pas prendre sur moi la responsabilité de la chute de la pièce.

— Tu crois donc qu'elle tombera?

— C'est ma conviction... Je ne sais pas comment il se fait que, toi qui connais si bien ton théâtre, tu aies hasardé un rôle si monotone... Antony est un rabâcheur qui, depuis le premier acte jusqu'au cinquième, répète toujours la même chose; qui se fâche on ne sait pourquoi; une espèce de monomane sans cesse en rage, en fureur, en hostilité contre les autres hommes.

— Ainsi, voilà l'effet que te produit Antony?

— Oui.

— Ça ne m'étonne pas: c'est justement ce que j'ai voulu faire.

— Eh bien, n'importe... Te voilà prévenu, n'est-ce pas?

— Oui, mais ce n'est pas le tout que de prévenir un homme qu'il va tomber, il faut encore lui donner un moyen d'éviter la chute.

— Ah! moi, dit Firmin, tu comprends, je suis acteur, et non auteur; je joue des pièces, mais je n'en fais pas.

— Enfin, tu as bien une idée?

— Oui, j'en ai une... mais je n'ose pas te la dire.

— Dis toujours.

— Tu sauteras aux frises!

— Pourvu que je ne te retombe pas sur les pieds, peu t'importe!

— Eh bien!...

— Eh bien, quoi?

— Eh bien, à ta place, je porterais la pièce à Scribe.

— Non, répondis-je, mais je la porterai à Crosnier.

Et, m'approchant du souffleur :

— Garnier, lui dis-je, voulez-vous me donner le manuscrit, mon ami?

Le souffleur me donna le manuscrit; Firmin, tout ébouriffé, me regardait faire.

De son côté, mademoiselle Mars attendait que je fusse libre.

— Eh bien, mon petit, me dit-elle de ce ton sec qui lui était habituel quand elle préparait à un auteur quelque chose de désagréable, avez-vous fini de causer avec Firmin? y en aura-t-il un peu pour les autres?

— Oh! mon Dieu, madame, dit Firmin, vous n'aviez qu'à parler : on n'a pas l'habitude de vous les prendre, vos auteurs!

— Ma foi! pour les rôles que me fait celui-là, vous pouvez bien me le prendre!

— Bon! dis-je, cela promet!

Puis, m'avançant vers mademoiselle Mars :

— Madame, lui dis-je, je suis à vos ordres.

— Ah! c'est bien heureux!... Vous savez une chose?

— Non, madame, je ne la sais pas; mais, si vous voulez bien me la dire, je la saurai.

— C'est que je ne joue pas votre pièce samedi.

— Ah!... Et pourquoi, s'il vous plaît?

— Parce que je fais faire pour quinze cents francs de robes, et que je désire qu'on les voie.

— Et pourquoi ne les verrait-on pas samedi aussi bien qu'un autre jour?

— Parce qu'on nous avait promis un nouveau lustre pour samedi, et que l'éclaireur vient de nous remettre à trois mois. Quand il y aura un autre lustre, je jouerai votre pièce.

— Ah! madame, lui dis-je, il n'y a qu'une chose qui mette obstacle à cette bonne volonté de votre part...

— Laquelle?

— Dans trois mois, ma pièce sera jouée.

— Comment, elle sera jouée?

— Oui.

— Et où cela ?

— Au théâtre de la Porte-Saint-Martin... Adieu, madame ! Au revoir, Firmin !

Et je sortis, emportant mon manuscrit.

En descendant l'escalier qui conduit du théâtre dans l'orchestre, je tournai la tête, et je vis mademoiselle Mars et Firmin qui se rapprochaient l'un de l'autre en s'interrogeant des yeux et en faisant de grands bras.

Je regrette de ne pouvoir transmettre à la postérité la conversation qui s'ensuivit.

Je courus du même pas chez Dorval ; elle demeurait alors boulevard Saint-Martin, dans une maison ayant une sortie sur la rue Meslay.

Par chance, elle était toute seule.

On m'annonça ; elle fit répéter deux fois mon nom.

— Eh bien, oui, criai-je de la salle à manger, c'est moi ! Après ?... Est-ce que je suis consigné à la porte, par hasard ?

— Ah ! tu es gentil ! me dit-elle avec cet accent traînard qui avait quelquefois dans sa bouche un si grand charme ; il y a six mois qu'on ne t'a vu !

— Que veux-tu, ma chère ! dis-je en entrant et en lui jetant les bras autour du cou, j'ai fait, depuis ce temps-là, un enfant et une révolution, sans compter que j'ai manqué deux fois d'être fusillé... Eh bien, voilà comme tu embrasses les revenants, toi ?

— Je ne peux pas t'embrasser autrement, mon *bon chien*.

C'était le nom d'amitié, je dirai même d'amour, que Dorval m'avait donné. Et son *bon chien* lui a été fidèle jusqu'à la fin, pauvre Dorval !

— Et pourquoi ne peux-tu m'embrasser ? lui demandai-je.

— Je suis comme Marion Delorme : je me refais une virginité.

— Impossible ?

— Parole d'honneur ! je redeviens sage.

— Ah ! ma chère, je parlais d'une révolution que j'avais faite : en voilà une seconde. Qui diable a fait celle-là ?

— Alfred de Vigny.

— Tu l'aimes?

— Ne m'en parle pas, j'en suis folle!

— Et que fait-il pour te maintenir dans ces bons sentiments?

— Il me fait de petites *élévations* (1).

— En ce cas, ma chère, reçois mes sincères compliments : d'abord, de Vigny est un poëte d'un immense talent; ensuite, c'est un vrai gentilhomme : cela vaut mieux que moi, qui suis un mulâtre.

— Tu crois? me dit Dorval avec une de ces intonations comme elle seule savait en donner.

— A mon tour, parole d'honneur!

— Alors, ce n'est pas pour cela que tu venais?

Je me mis à rire.

— Dame!... répondis-je.

— Non... décidément, cela ne se peut pas; imagine-toi qu'il me traite comme une duchesse.

— Il a parfaitement raison.

— Il m'appelle son ange.

— Bravo!

— L'autre jour, j'avais un petit bouton à l'épaule, il m'a dit que c'étaient des ailes qui poussaient.

— Mais cela doit énormément t'amuser, ma chère?

— Je crois bien! Piccini ne m'avait pas habituée à cela.

— Et Merle?

— Encore moins... A propos, nous nous sommes mariés, avec Merle, tu sais?

— Tout de bon?

— Oui, c'était un moyen de nous séparer.

— Mais il doit être l'homme le plus heureux de la terre?

— Tu penses!... Il a son café au lait le matin, et ses pantoufles devant son lit le soir... Veux-tu lui dire bonjour?

— Merci! je viens pour toi.

---

(1) Alfred de Vigny publiait, à cette époque, d'adorables poésies intitulées *Élévations*.

— Ah! tu es bien gentil, mon grand chien... Et puis j'oubliais : il n'est pas ici, il est à la campagne.

— J'ai à t'annoncer une nouvelle.

— Laquelle?

— C'est que j'ai retiré *Antony* du Théâtre-Français.

— Ah! que tu as bien fait! C'est comme Hugo, tu sais, leur a repris *Marion Delorme* et nous l'a apportée; c'est moi qui joue Marion.

— Eh bien, que dis-tu de la pièce?

— Tiens, je trouve cela très-beau, moi... Je ne sais pas comment je m'en tirerai, par exemple! Dis donc, des vers! me vois-tu devenue tragédienne?

— Mais il me semble que ce ne sera pas ton coup d'essai.

— Ah! oui, dans *Marino Faliero*. Dieu merci, le rôle d'Helena m'a-t-il assez embêtée! Tu m'as vue là dedans, n'est-ce pas?

— Oui.

— J'étais bien mauvaise, hein?

— Le fait est que tu n'étais pas bonne; mais j'espère que tu seras meilleure dans Adèle?

— Qu'est-ce que c'est que cela, Adèle?

— C'est la maîtresse d'Antony, ma chère.

— Tu nous apportes donc *Antony*?

— Mais oui!

— Et c'est moi qui jouerai Adèle, mon bon chien?

— Parbleu!

— Fanfare alors!... Ma foi, tant pis, je vais t'embrasser... Oh! que tu es bête! quand je te dis que non!... Tiens! qu'as-tu donc dans ta poche?

— Le manuscrit.

— Oh! donne, que je le regarde.

— Je vais te le lire.

— Comment, tu vas me le lire, à moi?

— Sans doute.

— Comme cela, pour moi toute seule?

— Certainement.

— Ah çà! mais tu me prends donc pour une grande actrice?

— De Vigny ne te traite que comme une duchesse; moi, je veux te traiter comme une reine.

Elle se leva et me fit une révérence.

— La reine sera toujours votre servante, monsieur, et la preuve, c'est que je vais vous donner une table, et vous offrir... quoi? Qu'aimes-tu mieux quand tu lis? de l'eau-de-vie, du rhum ou du kirsch?

— J'aime mieux de l'eau.

— Eh bien, attends.

Elle entra dans sa chambre à coucher, je l'y suivis.

— Ah! bon! voilà que tu viens ici, toi?

— Pourquoi pas?

— C'est défendu.

— Même pour moi?

— Pour tout le monde... Alexandre! je te donne ma parole que je vais sonner.

— Ah! par exemple!

— Alexandre!...

— Je veux en avoir le cœur net. Je parie que tu ne sonnes pas, moi.

— Alexandre!...

Elle se pendit à la sonnette, et fit bruyamment résonner le timbre.

Je me jetai sur un fauteuil, et me mis à rire comme un fou.

La femme de chambre entra.

— Louise! dit Dorval avec une parfaite dignité, un verre d'eau pour M. Dumas.

— Louise!... dans une cuvette, ajoutai-je.

— Insolent! dit Dorval.

Elle se jeta sur moi et me battit de toute sa force.

Au moment où elle frappait avec le plus d'acharnement, on sonna du dehors.

Elle s'arrêta court.

— Ah! dit-elle, viens vite dans le salon, mon bon chien, que l'on ne te voie pas ici.

— Si l'on ne me voyait pas du tout?

— Comment cela?

— Si nous remettions la lecture à ce soir?

— Ce serait encore mieux.

— Si je m'en allais par où tu sais?

— Oui, oui... A ce soir! Veux-tu que je prévienne Bocage?

— Non, je veux d'abord te lire cela, à toi.

— Comme tu voudras... Voyons, va-t'en! va-t'en! Oh! qu'il est ennuyeux, ce de Vigny, d'arriver juste à ce moment-ci!

— Que veux-tu, ma pauvre amie! nous ne sommes pas dans ce monde pour avoir toutes nos aises... A ce soir.

— A ce soir, oui.

Elle poussa vivement la porte de la chambre à coucher; juste au même moment, la porte du salon s'ouvrait.

— Ah! bonjour, mon cher comte, dit-elle; venez donc vous asseoir près de moi... Je vous attendais avec impatience...

Pendant ce temps-là, Louise levait la portière de perse, et me faisait signe de la suivre.

Je lui mis un louis dans la main. Elle me regarda avec étonnement.

— Eh bien, quoi? lui demandai-je.

— C'est donc comme si madame n'avait pas sonné.

— Exactement.

— Est-ce qu'on ne vous reverra pas?

— Si fait, je reviens ce soir.

— Ah! je comprends, alors.

— Eh bien, non, tu ne comprends pas.

— C'est possible, encore; que voulez-vous! depuis six mois, ici, c'est le monde renversé. Ah! monsieur, vous que madame aime tant, que vous devriez bien lui dire qu'elle se perd!

Elle avait raison, pauvre Louise!...

Nous dirons plus tard comment elle avait raison.

CLXXVI

Mes conventions avec Dorval. — Je lui lis *Antony*. — Ses impressions. — Elle me fait refaire le dernier acte séance tenante. — La chambre de Merle. — Bocage artiste. — Bocage négociateur. — Lecture à M. Crosnier. — Il s'endort d'un profond sommeil. — La pièce est néanmoins reçue.

Je revins le soir. Dorval était seule : elle m'attendait.
— Ah! ma foi! m'écriai-je, je n'espérais pas un tête-à-tête.
— J'ai dit que j'avais une lecture.
— Et as-tu dit qui lisait?
— Oh! non; mais, d'abord, viens t'asseoir ici, et écoute-moi, mon bon chien.
Je me laissai conduire à un fauteuil. Je m'assis.
Elle resta debout devant moi, avec ses deux mains dans les miennes; elle me regarda de son bon et doux regard.
— Tu m'aimes, toi, n'est-ce pas? me dit-elle.
— De tout mon cœur!
— Tu m'aimes véritablement?
— Puisque je te le dis.
— Pour moi?
— Pour toi.
— Tu ne voudrais donc pas me faire de la peine?
— Ah! grand Dieu!
— Tu désires que je joue ton rôle?
— Puisque je te l'apporte.
— Tu ne veux pas entraver ma carrière?
— Ah çà! mais tu es folle!
— Eh bien, ne me tourmente plus comme tu as fait ce matin. Je n'aurais pas la force de me défendre, moi, et... et je suis heureuse comme je suis; j'aime de Vigny, il m'adore. Tu sais, il y a des hommes que l'on ne trompe pas, ce sont les hommes de génie, ou, si on les trompe, ma foi, tant pis pour celles qui les trompent!

— Ma chère Marie, lui dis-je, tu es à la fois l'esprit le plus élevé et le meilleur cœur que je connaisse. Touche là, je ne suis plus que ton ami.

— Ah! entendons-nous, je ne dis pas que cela durera toujours.

— Cela durera, du moins, tant que tu ne me rendras pas la parole que je te donne.

— C'est dit. Si, un jour, cela m'ennuie, je t'écrirai.

— A moi?

— A toi.

— Avant tout autre?

— Avant tout autre, tu sais bien comme je t'aime, mon bon chien... Ah! nous allons donc lire cela; on dit que c'est superbe. Pourquoi donc cette mijaurée de mademoiselle Mars n'a-t-elle pas joué le rôle?

— Ah! parce qu'elle avait fait faire pour quinze cents francs de robes, et que le lustre n'éclairait pas assez.

— Tu sais que je n'en ferai pas faire pour quinze cents francs, de robes, moi; mais sois tranquille, on trouvera moyen de s'attifer! C'est donc une femme du monde, hein? Quel bonheur de jouer une femme du monde, mais une vraie, comme tu dois savoir les faire! moi qui n'ai jamais joué que des poissardes... Allons, vite, mets-toi là, et lis.

Je commençai à lire, mais elle n'eut pas la patience de rester sur sa chaise; elle se leva, et vint s'appuyer sur mon dos, lisant en même temps que moi par-dessus mon épaule.

Après le premier acte, je relevai la tête : elle m'embrassa au front.

— Eh bien? lui demandai-je.

— Eh bien, mais il me semble que cela s'engrène drôlement! Ils vont aller loin, s'ils marchent toujours du même pas.

— Attends, et tu vas voir.

Je commençai le second acte.

A mesure que j'avançais dans ma lecture, je sentais la poitrine de l'admirable actrice palpiter contre mon épaule; à la scène entre Adèle et Antony, une larme tomba sur mon manuscrit, puis une seconde, puis une troisième.

Je relevai la tête pour l'embrasser.

— Oh! que tu es ennuyeux! dit-elle; va donc, tu me laisses au milieu de mon plaisir.

Je me remis à lire, et elle se remit à pleurer.

A la fin de l'acte, on se le rappelle, Adèle s'enfuit.

— Ah! dit Dorval en sanglotant, en voilà une femme honnête! Moi, je ne m'en irais pas, va!

— Toi, lui dis-je, tu es un amour!

— Non, monsieur, je suis un ange! Voyons le troisième; ah! mon Dieu, pourvu qu'il la rejoigne!

Je lus le troisième acte; elle l'écouta toute frissonnante.

Le troisième acte se termine, on le sait, par la vitre cassée, par le mouchoir appliqué sur la bouche d'Adèle, par Adèle repoussée dans sa chambre; après quoi, la toile tombe.

— Eh bien, me dit Dorval, maintenant?

— Tu ne te doutes pas de ce que lui fait Antony?

— Comment, il la viole?

— Un peu! seulement, elle ne sonne pas, elle.

— Ah!...

— Quoi?

— Bon! en voilà une fin de troisième acte! Oh! tu n'y vas pas de main morte, toi! C'est égal, il est un peu joli à jouer, cet acte-là. Tu verras comme je dirai: « Mais elle ne ferme pas, cette porte! » et : « Il n'est jamais arrivé d'accident dans cette auberge? » Il n'y a que le cri, quand je l'apercevrai; il me semble que cela doit faire tant de plaisir à Adèle de revoir Antony, qu'elle ne peut pas crier.

— Il faut pourtant qu'elle crie.

— Oui, je sais bien, c'est plus moral... Allons, va, va, mon bon chien!

J'entamai le quatrième acte.

— A la scène de l'insulte, elle me prit le cou entre ses deux mains : ce n'était plus seulement son sein qui s'élevait et s'abaissait, c'était son cœur qui battait contre mon épaule; je le sentais bondir à travers ses vêtements. A la scène entre la vicomtesse et Adèle, scène dans laquelle Adèle répète trois fois : « Mais je ne lui ai rien fait, à cette femme! » je m'arrêtai.

— Sacré nom d'un chien! me dit-elle, pourquoi t'arrêtes-tu donc?

— Je m'arrête, répondis-je, parce que tu m'étrangles.

— Tiens, c'est vrai, dit-elle; mais c'est qu'aussi on n'a jamais fait de ces choses-là au théâtre. Ah! c'est trop nature, c'est bête, ça étouffe, ah!...

— Il faut pourtant bien que tu écoutes jusqu'à la fin.

— Je ne demande pas mieux.

J'achevai de lire l'acte.

— Ah! me dit-elle, tu peux être tranquille sur celui-là, j'en réponds. Ah! je dirai drôlement cela: « C'est sa maîtresse! » Ce n'est pas difficile à jouer, tes pièces; seulement, ça vous broie le cœur... Oh! la la, laisse-moi pleurer un peu, hein?... Ah! grand chien, va! où as-tu donc appris les femmes, toi? Tu les sais un peu bien par cœur!

— Voyons, lui dis-je, un peu de courage et finissons-en.

— Allons, va!

Je commençai le cinquième acte. A mon grand étonnement, quoiqu'elle pleurât beaucoup, il me parut lui faire moins d'effet que les autres.

— Eh donc? lui demandai-je.

— Ah! dit-elle, je trouve cela bien, moi! très-bien!

— Ce n'est pas vrai, tu ne le trouves pas bien.

— Mais si.

— Mais non!

— Eh bien, veux-tu que je te dise franchement mon avis?

— Oui.

— Je le trouve un peu mou, le dernier acte.

— Regarde, et vois ce que c'est que les goûts: mademoiselle Mars le trouvait trop dur, elle.

— Je parie qu'il n'était pas comme cela, d'abord?

— Non, je dois te l'avouer.

— Et qu'elle te l'a fait changer?

— D'un bout à l'autre!

— Allons donc!

— Mais, si tu veux, je te le referai.

— Je crois bien, que je le veux!

— Oh! c'est facile.

— Et quand le referas-tu?

— Demain, après-demain, un de ces jours enfin.

Elle me regarda, fit tourner ma chaise sur un de ses pieds, et se mit à genoux entre mes jambes.

— Sais-tu ce que tu devrais faire, mon bon chien? me dit-elle.

— Que devrais-je faire? Voyons.

Elle ôta un de ses petits peignes, et se mit à peigner ses cheveux, tout en me parlant.

— Ce que tu devrais faire, je vais te le dire : tu devrais m'arranger cet acte-là cette nuit.

— Je veux bien; je vais rentrer chez moi, et m'y mettre.

— Non, sans rentrer chez toi.

— Comment cela?

— Écoute : Merle est à la campagne; prends sa chambre; on te fera du thé; de temps en temps, je t'irai voir pendant que tu travailleras. Demain matin, tu auras fini, et tu viendras me lire cela près de mon dodo; ah! ce sera bien gentil.

— Et, si Merle revient?...

— Bah! nous ne lui ouvrirons pas, à lui.

— Eh bien, soit; tu auras ton acte demain avant ton déjeuner.

— Oh! bon chien, que tu es aimable, va! Mais tu sais?...

Elle leva le doigt.

— Puisque c'est convenu!

— A la bonne heure! Que veux-tu faire, ce soir? Veux-tu souper? veux-tu travailler?

— Je veux travailler.

Elle sonna.

— Louise! Louise!

Louise entra.

— Eh bien, madame, encore? demanda-t-elle.

— Non... Fais du feu dans la chambre de Merle.

— Mais monsieur a dit qu'il ne reviendrait pas.

— Ce n'est pas pour monsieur, c'est pour Alexandre.

La femme de chambre me regarda.

— Eh bien, oui, dis-je, pour moi.

— Oh! que c'est drôle! dit-elle. — Enfin...

— Tu vois, dis-je à Dorval, c'est un scandale.

— Quoi! ça t'étonne, Louise? Il a une lettre de change, il craint d'être arrêté chez lui demain matin, et il couche ici, voilà tout; seulement, il ne faut pas le dire.

Cette bonne Dorval, elle ne connaissait que deux motifs pour lesquels on pût ne pas coucher chez soi : une maîtresse ou une lettre de change.

— Ah! fit Louise, bon, bon, bon! Je crois bien qu'il ne faut pas le dire!

— Surtout à M. le comte, tu comprends... d'autant plus qu'il n'y a pas de mal.

Louise sourit.

— Oh! madame me prend pour une autre, par exemple... Madame n'a pas autre chose à m'ordonner?

— Non.

Louise sortit.

Nous restâmes seuls : moi, comme toujours, en admiration devant cette nature naïve, prime-sautière, obéissant sans cesse au premier mouvement de son cœur, ou au premier conseil de son imagination ; elle, joyeuse comme un enfant qui se donne des vacances ignorées et savoure un plaisir inconnu.

Alors, debout devant moi, sans prétention, avec des poses d'un abandon admirable, des cris d'une justesse douloureuse, elle repassa tout son rôle, n'en oubliant pas un point saillant, me disant chaque mot comme elle le sentait, c'est-à-dire avec une poignante vérité, faisant éclore du milieu de mes scènes, même de ces scènes banales qui servent de liaison les unes aux autres, des effets dont je ne m'étais pas douté moi-même, et, de temps en temps, s'écriant en battant des mains, et en sautant de joie :

— Oh! tu verras, mon bon chien, tu verras, quel beau succès nous aurons!

O splendide organisation que la mort a cru détruire en la frappant entre mes bras, et que j'ai juré, moi, de ne pas laisser détruire par la mort; oh! je te ferai revivre, je te l'ai dit, et, puisque ceux qui avaient le droit d'exiger de moi le mensonge m'ont autorisé à dire la vérité, sois tranquille : à chaque évocation de ma plume, tu sortiras de la tombe, palpitante de réalisme, avec les faiblesses qui te faisaient femme, avec les qualités qui te faisaient artiste; telle, enfin, que Dieu t'avait créée. Pour toi pas de voile, pour toi pas de masque; te traiter comme une femme vulgaire serait insulter à ton génie!

Au bout d'un quart d'heure, Louise rentra : tout était prêt dans la chambre de Merle. Il était décidé que je ferais désormais mes pièces chez ceux à qui elles étaient destinées.

Je me mis à mon cinquième acte à onze heures et demie du soir; à trois heures du matin, il était refait; à neuf heures, Dorval battait joyeusement des mains, et s'écriait :

— Comme je dirai : « Mais, je suis perdue, moi! » Attends donc, et puis : « Ma fille! il faut que j'embrasse ma fille! » et puis : « Tue-moi! » et puis tout enfin!

— Alors, tu es contente?

— Je crois bien!... Maintenant, il faut envoyer chercher Bocage pour déjeuner et pour entendre cela.

Je connaissais peu Bocage, comme talent. Je lui avais vu jouer seulement le curé de *l'Incendiaire*, et le sergent de *Napoléon à Schœnbrünn*, deux rôles qui ne m'aidaient aucunement à me le figurer dans Antony. J'avais donc quelque répugnance contre lui; je parlais de Lockroy, de Frédérick; de la facilité de les avoir l'un ou l'autre au renouvellement de l'année théâtrale; mais Dorval tint bon : elle soutint que Bocage seul pouvait donner à Antony la physionomie qui lui convenait; — et l'on envoya chercher Bocage.

Bocage était, alors, un beau garçon de trente-quatre à trente-cinq ans, avec de beaux cheveux noirs, de belles dents blanches, et de beaux yeux voilés pouvant exprimer trois choses essentielles au théâtre : la rudesse, la volonté, la mélancolie; comme défauts physiques, il avait les genoux un peu cagneux, les pieds grands, traînait les jambes et parlait du nez.

Il accourut; — la lettre de Dorval était pressante. Nous déjeunâmes, et, après le déjeuner, je relus *Antony*.

— Eh bien, que dites-vous de cela, Bocage? demanda Dorval quand j'eus prononcé ces derniers mots : « Elle me résistait : je l'ai assassinée! »

— Ma foi, répondit Bocage, je dis que je ne sais pas trop ce que je viens d'entendre... Ce n'est ni une pièce, ni un drame, ni une tragédie, ni un roman; c'est quelque chose qui tient de tout cela, fort saisissant, à coup sûr!... Seulement, est-ce que vous me voyez dans Antony, moi?

— Vous serez superbe! répondit Dorval.

— Et vous, Dumas?

— Moi, je vous connais trop peu; mais Dorval vous connaît, et elle répond de vous.

— Bon !... Il va me falloir une mise particulière pour cela : je ne peux pas le jouer avec les redingotes et les habits de tout le monde.

— Oh! soyez tranquille, répondis-je, à nous deux, nous trouverons bien un costume.

— Qu'y a-t-il à faire, maintenant?

— Il y a à prévenir Crosnier que vous venez d'entendre un drame qui vous convient, à vous et à Dorval; que ce drame est de moi, et que je suis prêt à signer avec lui le même traité qu'il a signé avec Hugo.

— Bon !

— Seulement, vous comprenez, Bocage? pas de lecture officielle avant réception : la pièce reçue en tout cas; puis lecture officieuse au directeur, après réception.

— Parbleu! c'est entendu!... Est-ce que vous lisez, vous autres? Vous apportez vos pièces, et on les joue, voilà tout. Les conditions?

— Les mêmes qu'Hugo.

— Cela sera fait ce soir.

Je pris un cabriolet, et j'allai prévenir Hugo de ce qui venait de se passer.

Le soir même, je reçus un petit billet de Bocage; il contenait ces deux lignes seulement :

« J'ai vu Crosnier. Tout est arrangé ; vous lisez demain, à onze heures du matin, dans son cabinet, *officieusement*, bien entendu.

» Tout à vous.

» BOCAGE. »

Le lendemain, à l'heure dite, j'étais chez M. Crosnier.

A peine si je le connaissais ; à peine l'avais-je vu une ou deux fois. Il avait participé pour un tiers ou pour un quart à cinq ou six pièces, et, entre autres, à une imitation d'*Intrigue et Amour*, de Schiller, jouée sous le titre de *la Fille du Musicien*. Je ne sais même pas trop si cette dernière pièce, qui eut, d'ailleurs, un grand succès, n'a pas été jouée postérieurement à l'époque dont je parle.

C'était un homme fin, spirituel, aux cheveux blonds et rares, aux yeux gris, à la bouche un peu démeublée, affable et de bonnes façons, qui a, depuis, amassé, je crois, une très-belle fortune à laquelle ses relations avec Cavé n'ont pas fait de tort. En somme, l'organisation la plus apte à comprendre *la Petite ville,* la moins apte à comprendre *Antony*.

Je commençai ma lecture. Au troisième acte, M. Crosnier luttait poliment contre le sommeil ; au quatrième, il dormait le plus convenablement possible ; au cinquième, il ronflait.

Je sortis, j'oserai dire, sans qu'il m'entendît sortir. — Bocage m'attendait au salon pour savoir le résultat de la lecture ; je lui montrai, à travers l'entre-bâillement de la porte, son directeur endormi, et lui laissai un reçu de mille francs.

M. Crosnier, d'après nos conventions, me devait mille francs contre la lecture.

— Diable ! fit Bocage, le traité est-il signé ?

— Non ; mais j'ai votre lettre d'hier, qui vaut traité, et je vais attendre votre réponse chez Dorval.

Bocage seul pourrait dire ce qui se passa entre lui et Crosnier. Je crois qu'il y eut du tirage. Cependant, une demi-heure ou trois quarts d'heure après, il arriva chez Dorval avec le billet de mille francs.

Seulement, Crosnier remettait la pièce à trois ou quatre

mois ; il ne voulait pas risquer son hiver sur un ouvrage qui lui paraissait *si peu sûr*.

— Eh bien, *sûr ou non*, cela n'empêche pas, mon bon chien, que je réponds, moi, qu'il fera de l'argent! dit Dorval.

Voilà l'histoire d'*Antony*, comment il sortit du Théâtre-Français et fit son entrée au théâtre de la Porte-Saint-Martin, ayant pour père votre serviteur, et pour parrain et marraine Bocage et Dorval.

CLXXVII

Organisation de l'artillerie parisienne. — Métamorphose de mon uniforme de garde national à cheval. — Bastide. — Godefroy Cavaignac. — Guinard. — Thomas. — Noms des batteries et de leurs principaux servants. — Je suis convoqué pour enlever la Chambre. — Combien nous nous trouvons au rendez-vous.

Je suis obligé de revenir sur mes pas, la mise en nourrice d'*Antony* à la Porte-Saint-Martin m'ayant conduit plus loin que je ne voulais.

Bixio m'avait rendu une réponse définitive à l'endroit de l'artillerie : j'étais incorporé dans la quatrième batterie, capitaine Olivier.

Quelques mots sur l'organisation de l'artillerie.

L'ordonnance constitutive de la garde nationale portait qu'il y aurait une légion d'artillerie.

Le général la Fayette nomma provisoirement Joubert colonel de cette légion, composée de quatre batteries. C'était ce même Joubert chez lequel, passage Dauphine, il s'était distribué tant de poudre, et fondu tant de balles pendant les journées de juillet.

La Fayette avait également nommé quatre capitaines chargés d'enrôler les hommes. Une fois les hommes enrôlés, ces capitaines furent remplacés par des officiers élus.

Arnoux fut nommé capitaine en premier de la première batterie. — J'ai déjà dit que c'était dans cette première batterie que s'était fait inscrire le duc d'Orléans.

Guinard fut nommé capitaine en premier, et Godefroy Cavaignac capitaine en second de la deuxième batterie.

Bastide fut nommé capitaine en premier, et Thomas capitaine en second de la troisième batterie.

Enfin, Olivier capitaine en premier, et Saint-Èvre capitaine en second de la quatrième.

La première et la deuxième batterie formaient un escadron ; la troisième et la quatrième, un second escadron.

Le premier escadron était commandé par Thierry, depuis conseiller municipal, et aujourd'hui encore médecin des prisons, à ce que je crois.

Le second escadron était commandé par un nommé Barré ; je l'ai perdu de vue après 1830, et j'ignore ce qu'il est devenu.

Enfin, le tout était commandé par le comte Pernetti, que le roi avait nommé notre colonel.

J'étais donc arrivé au comble de mes vœux : j'étais artilleur!

Il ne s'agissait plus que de troquer mon costume de garde national à cheval contre un costume d'artilleur, et de me faire reconnaître de mes chefs.

L'échange du costume ne devait pas amener de longs retards. Ma veste et mon pantalon de garde national à cheval avaient la même coupe, et étaient de la même couleur que les vestes et les pantalons de l'artillerie ; il s'agissait purement et simplement de coudre au pantalon une bande de drap rouge, au lieu et place de la bande d'argent ; puis d'échanger, chez un passementier, mes épaulettes et mon baudrier d'argent contre des épaulettes et une corde à fourrage de laine rouge.

De même pour mon schako, dont le galon d'argent et l'aigrette en plumes de coq devaient être remplacés par un galon de laine et une flamme de crin.

Nous n'avions pas à nous inquiéter du mousqueton : c'était le gouvernement qui nous le prêtait, — *qui nous le prêtait* est bien le mot : deux fois il nous le reprit !

J'eus affaire à un passementier bien honnête : il garda toute mon argenture, me donna de la laine en place, et ne me demanda que vingt francs de retour. Il est vrai que je payai le sabre à part.

Le lendemain du jour où j'eus le costume complet, je fis, à huit heures du matin, mon entrée au Louvre, venant prendre ma part des manœuvres. Nous avions là vingt-quatre pièces de huit, et vingt mille coups à tirer.

Le gouverneur du Louvre se nommait Carrel, mais n'avait rien de commun avec Armand Carrel; je ne crois même pas qu'il fût son parent.

L'artillerie était généralement républicaine: toutefois, la deuxième et la troisième batterie affichaient particulièrement cette opinion. La première et la quatrième étaient plus réactionnaires; cependant elles comptaient bien une cinquantaine d'hommes qui, au moment du danger, se fussent réunis aux autres.

Comme mes opinions me rapprochaient de Bastide, de Guinard, de Cavaignac et de Thomas, c'est deux que je m'occuperai surtout; quant aux capitaines Arnoux et Olivier, je les ai peu connus alors, et je n'ai point eu l'occasion de les revoir plus tard.

Qu'on me permette donc de dire quelques mots de ces hommes dont les noms se retrouvent, depuis 1830, dans presque toutes les conspirations. Ces noms sont devenus historiques; il est bon, par conséquent, que les hommes qui les ont portés ou les portent encore soient envisagés sous leur véritable jour.

Commençons par Bastide, c'est-à-dire par celui qui a joué le rôle le plus considérable, ayant été ministre des affaires étrangères en 1848.

Bastide, à cette époque, était déjà un homme de trente ans, à la figure douce et ferme à la fois; il avait le visage long et pâle, les cheveux noirs coupés court, la moustache noire et bien fournie, les yeux bleus, empreints habituellement d'une grande expression de mélancolie. Il était grand et maigre, admirablement adroit de ses mains, sous un air un peu gauche qui tenait à la longueur exagérée de son cou; du reste, tirant avec une grande supériorité l'épée et le pistolet, le pistolet surtout, et ayant ce que l'on appelle en termes de duel la main malheureuse.

Voilà pour le physique.

Au moral, Bastide était un véritable Parisien, l'homme de la rue Montmartre par excellence, acoquiné à son ruisseau, qu'il préférait, comme madame de Staël, au lac Léman; ne sachant point se passer de ce Paris, si boueux qu'il soit, physiquement, moralement ou politiquement; aimant mieux la prison dans Paris que l'exil dans le plus beau pays du monde; — il a été deux ou trois ans exilé; il a passé ces deux ou trois ans à Londres, et je lui ai entendu dire, depuis, que plutôt que d'y retourner, ne fût-ce que pour deux ou trois mois, il se laisserait parfaitement fusiller. — Il a, dans les environs de Paris, une charmante maison de campagne où il ne va jamais.

Sous un extérieur extrêmement simple, Bastide cachait un instruction réelle, mais qu'il fallait aller chercher en lui; son esprit, quand il voulait se donner la peine d'en avoir, était plein de saillies; seulement, comme habituellement il parlait bas, il avait de l'esprit pour son voisin, voilà tout. Mais il faut dire que cela suffisait à Bastide : je n'ai jamais vu d'homme moins ambitieux que lui sous ce rapport-là.

C'était un composé de contrastes : il paraissait presque toujours oisif, et presque toujours il était occupé, souvent de bagatelles, comme Horace dans le forum romain, et, comme Horace, tout entier à elles; plus souvent encore de solutions sérieuses, de problèmes difficiles de mathématiques ou de mécanique.

Il était brave à ne pas lui en savoir gré, tant la bravoure était simple et naturelle en lui, tant elle semblait une condition de son tempérament et de son caractère. J'aurai occasion de citer plus tard, de 1830 à 1852, des miracles de courage de sa part et des mots ravissants de sang-froid au milieu du feu.

Dans les délibérations, Bastide restait ordinairement silencieux; si on lui demandait son avis, et qu'il le donnât, c'était toujours pour que la chose en délibération s'exécutât le plus promptement, le plus ouvertement et même le plus brutalement possible. J'ai parlé de cette entrevue des républicains et du roi le 30 juillet 1830 ; Bastide en était, et, comme les autres, attendait dans le salon l'arrivée du roi.

Ce moment d'attente était mis à profit par les représentants de l'opinion républicaine. Peu habitués aux têtes couronnées ou tout près de l'être, ils se demandaient entre eux ce qu'il fallait faire quand le lieutenant général serait là. Chacun donnait son avis ; on invita Bastide à donner le sien.

— Ce qu'il faut faire? dit-il. Il faut ouvrir la fenêtre, et le f..... dans la rue !

Et, si c'eût été aussi franchement l'avis des autres que c'était le sien, il l'eût mis à exécution.

Il avait la plume facile et même élégante. Au *National*, c'était lui que l'on chargeait des articles impossibles ; il s'en irait comme Méry se tire des bouts-rimés, avec une adresse qui ressemblait à du miracle. Ministre des affaires étrangères, l avait accaparé la besogne de tout le monde, et faisait, lui ministre, non-seulement son travail, mais encore celui de ses secrétaires. C'est à l'Europe diplomatique à nous dire si ce travail était bon.

Godefroy Cavaignac, comme il l'avait rappelé lui-même au duc d'Orléans, était fils du conventionnel Jean-Baptiste Cavaignac, — et nous ajouterons : frère d'Eugène Cavaignac, alors officier du génie à Metz, plus tard général en Algérie, puis dictateur en France, de juin à décembre 1848.

Godefroy Cavaignac était alors un homme de trente-cinq ans, avec des cheveux blonds, de longues moustaches rousses ; se tenant un peu courbé, ayant l'aspect militaire, fumant sans cesse, jetant, entre deux nuages de fumée, des mots spirituels et mordants ; très-net dans la discussion, disant toujours ce qu'il pensait, et le disant en bon langage ; plus instruit que Bastide en apparence, moins instruit que lui en réalité ; prenant la plume par fantaisie, et écrivant alors des espèces de petits poëmes, de petites nouvelles, de petits drames — je ne sais comment appeler cela — d'une originalité parfaite et d'une vigueur peu commune. Je citerai deux de ces opuscules : un que tout le monde connaît : *une Tuerie de Cosaques;* un autre que tout le monde ignore, que j'ai lu une fois, que je n'ai jamais pu retrouver depuis, ayant pour titre : *Est-ce vous?* On chantait en 1832, une chanson de lui intitulée *A la chie-en-lit!* et qui était bien la plus drôle de chose du monde.

Comme Bastide, il était très-brave, mais peut-être plus indécis ; il m'a toujours semblé, au reste, qu'il y avait un grand fonds d'insouciance et de philosophie épicurienne dans son caractère. Après avoir été extrêmement liés, nous fûmes dix ans sans nous voir ; puis, tout à coup, un jour, sans nous en douter, nous nous trouvâmes côte à côte à la même table ; tout le dîner fut entre nous un babillage de joyeux souvenirs ; puis nous nous quittâmes en serrant nos mains l'une dans l'autre, nos cœurs l'un contre l'autre, et en promettant de n'être plus si longtemps sans nous revoir... Un mois ou deux après, comme je parlais de lui, on me dit : « Mais Godefroy Cavaignac est mort! » J'avais ignoré sa maladie, sa mort, son enterrement.

Étrange chose que notre passage en ce monde, si ce n'est pas tout simplement un acheminement vers un autre !

Quant à Guinard, c'était surtout l'homme de la loyauté et des qualités du cœur ; il avait, pour un beau trait ou une grande misère, des larmes comme un enfant. Homme d'exécution merveilleux, on eût pu lui dire, comme Kléber à Schewardin : « Faites-vous tuer là, et sauvez l'armée ! » Je ne sais pas même s'il eût cru, comme Schewardin, qu'il fût nécessaire de répondre : « Oui, mon général ; » il n'eût rien dit et se fût fait tuer. Sa vie, au reste, n'a été qu'un long sacrifice à ses convictions ; elles lui ont coûté tout ce qu'il leur a plu de lui prendre de sa liberté, de sa fortune et de sa santé..

Par le seul mot que nous avons cité de Thomas, lorsque, le 30 juillet, il fut accosté par M. Thiers, on peut se faire à la fois une idée de son caractère et de son esprit. Bastide et lui étaient associés, et tenaient un chantier de bois. C'était un cœur droit et ferme, une tête inventive en affaires, que Thomas ; à lui seul, et par des miracles d'industrie honnête, il a soutenu *le National*, blessé et chancelant de la blessure et de la mort de Carrel, de 1836 à 1848, heure à laquelle ce long labeur porta ses fruits pour tout le monde, excepté pour lui.

Maintenant, passons des artilleurs aux pièces.

Chaque batterie avait un nom tiré de sa composition même.

La première s'appelait *l'Aristocrate* : elle comptait, comme on le sait déjà, dans ses rangs M. le duc d'Orléans, puis MM. de Tracy, Jal, Paravey, — qui fut, depuis, conseiller d'État, — Étienne Arago, Schœlcher, Loëve-Weymars, Alexandre Basset, Duvert.

La deuxième s'appelait *la Républicaine;* on connaît ses deux capitaines, Guinard et Cavaignac ; les principaux artilleurs étaient Guiaud, Gervais, Blaize, Darcet fils, Ferdinand Flocon.

La troisième s'appelait *la Puritaine;* c'était son capitaine Bastide qui lui avait valu ce nom. Bastide, au *National,* était le défenseur des idées religieuses, que ce journal avait une certaine propension à attaquer à la manière du *Constitutionnel;* de là le bruit qui s'était répandu de sa soumission exagérée aux pratiques de la religion. *La Puritaine* comptait parmi ses servants : Carrel, Barthélemy-Saint-Hilaire, Grégoire, Séchan.

La quatrième s'appelait *la Meurtrière,* à cause de la quantité de médecins qu'elle contenait. Nous avons dit ses capitaines ; voici les principaux meurtriers qui la servaient : Bixio, étudiant en médecine ; Trélat, médecin ; Laussedat, médecin ; Jules Guyot, médecin ; Montègre, médecin ; Jourdan, médecin ; Houet, médecin ; Raspail, quasi-médecin. — Les autres étaient Prosper Mérimée, Lacave-Laplagne, depuis ministre des finances ; Ravoisié, Baltard l'architecte, Desvaux, étudiant, depuis lieutenant de juillet, et depuis encore un des plus brillants et des plus braves officiers de l'armée ; enfin, Bocage et moi.

On comprend que les batteries étaient bien autrement nombreuses, puisque l'artillerie comptait, je crois, huit cents hommes ; mais nous ne parlons ici que de ceux dont les noms ont survécu.

La discipline était très-rigide : trois fois par semaine, il y avait exercice de six à dix heures du matin, dans la cour carrée du Louvre, et deux fois par mois tir à Vincennes.

J'avais donné un spécimen de ma force en soulevant, moi sixième, moi quatrième ou moi deuxième, selon que les autres servants étaient censés tués ou hors de combat, des pièces de huit, dont le poids est de trois à quatre cents kilogrammes, — lorsque, un jour, je reçus une invitation de me trouver, à quatre heures du soir, en armes, au Palais-Bourbon.

Il s'agissait d'*enlever la Chambre*.

Nous avions fait une espèce de serment de francs-maçons et de carbonari, en vertu duquel nous nous étions engagés à obéir aux ordres des chefs sans les discuter.

Celui-là me parut un peu leste, je l'avoue : cependant, le serment était là! A trois heures et demie, je revêtis mon costume d'artilleur, je mis six cartouches dans ma giberne, une dans mon mousqueton, et je m'acheminai vers le pont de la Concorde.

Je remarquai avec autant d'étonnement que d'orgueil que j'étais le premier.

Je ne me promenai qu'avec une fierté plus grande, interrogeant les quais, les ponts, les rues, pour voir arriver mes sept cent quatre-vingt-dix-neuf compagnons, qui, quatre heures sonnant, me paraissaient quelque peu en retard.

Enfin, je vis paraître un uniforme bleu et rouge.

Cet uniforme contenait Bixio. Nous allions donc être deux pour enlever quatre cent quarante-neuf députés !

Ce n'était guère ; mais le patriotisme fait faire de si grandes choses !

Cependant, nous résolûmes d'attendre avant de tenter aucune démonstration.

Quatre heures et demie sonnèrent, cinq heures, cinq heures et demie et six heures.

Les députés sortirent et défilèrent devant nous, ne se doutant guère que ces deux artilleurs qui les regardaient passer d'un œil féroce, les reins adossés au parapet du pont, étaient venus là pour les enlever.

Derrière les députés, Cavaignac parut en habit bourgeois.

Nous allâmes à lui.

— Il n'y aura rien aujourd'hui, nous dit-il ; l'affaire est remise à la semaine prochaine.

— Bon ! répondis-je ; va pour la semaine prochaine, alors !

Il nous donna une poignée de main, et disparut.

Je me retournai du côté de Bixio.

— J'espère que cela ne nous empêchera pas de dîner, lui dis-je, que l'affaire soit remise à la semaine prochaine ?

— Au contraire. J'ai une faim de loup ! je trouve que rien ne creuse comme de conspirer.

Et nous allâmes dîner avec l'appétit et l'insouciance qui sont l'apanage des conspirateurs de vingt-huit ans.

J'ai toujours soupçonné mes nouveaux chefs d'avoir voulu ce qu'on appelle, en termes de régiment, me tâter. En ce cas, Cavaignac ne serait venu que pour s'assurer de ma fidélité à me rendre à l'appel.

Bixio était-il dans la confidence, ou n'y était-il pas ? C'est ce que je n'ai jamais su.

CLXXVIII

Odilon Barrot préfet de la Seine. — Ses soirées. — Sa proclamation au sujet des émeutes. — Dupont (de l'Eure) et Louis-Philippe. — Démission du ministère Molé et Guizot. — Affaire de la forêt de Breteuil. — Ministère Laffitte. — La discrétion de l'enregistrement.

Au reste, la séance de la Chambre avait été chaude, ce jour-là, et, si nous avions fait irruption dans la salle, nous eussions trouvé MM. les députés fort occupés d'une proclamation d'Odilon Barrot.

C'était une singulière position, pour un homme en apparence aussi droit et aussi rigide que l'était Odilon Barrot, que celle que lui faisaient à la fois son service auprès du roi comme préfet de la Seine et ses amitiés avec la plupart d'entre nous.

Il avait ses soirées, où nous allions en grand nombre, et dont sa femme, toute jeune alors, et qui paraissait plus républicaine que lui, faisait les honneurs avec une roideur de Cornélie qui n'était pas sans charme.

On ne parlait que politique, comme on le comprend bien, dans ces soirées, et surtout on poussait Odilon Barrot à se mettre, en qualité de préfet de la Seine, à la recherche de ce fameux programme de l'hôtel de ville qui avait disparu dans la journée du 5 août, et qui, plus invisible encore que ce fameux gouvernement provisoire représenté par une table ronde, des bouteilles vides et un plumitif qui écrivait sans jamais s'arrêter, excepté quand on lui prenait la plume des mains, n'avait, depuis ce jour-là, jamais pu se retrouver!

Cela le tourmentait fort.

Ce qui le tourmentait surtout, c'était ce dilemme que nous lui posions :

— Mon cher Odilon, toute la force du gouvernement est dans la Fayette, dans Dupont (de l'Eure) et dans vous; si vous vous retiriez, par exemple, nous sommes convaincus que la Fayette et Dupont (de l'Eure), ces deux aveugles dont vous êtes le toutou, se retireraient aussitôt... Eh bien, nous allons vous forcer à vous retirer.

— Comment cela?

— Oh! c'est bien simple! Nous allons faire une émeute qui aura pour but d'enlever le roi du Palais-Royal... Ou vous ferez tirer sur nous, et, alors, vous serez dépopularisé; ou vous ne ferez pas tirer sur nous, et, alors, nous enlèverons le roi, nous le conduirons à Ham, et nous proclamerons la république.

Odilon savait bien que ce dilemme n'était qu'une plaisanterie; mais il savait aussi qu'il y avait dans tous les esprits un reste de fièvre qui, par une recrudescence inattendue, était capable d'amener une heure de délire pendant laquelle les plus folles entreprises pouvaient être tentées.

Un jour, nous le poussâmes à bout, et il nous promit qu'à la première occasion, il se dessinerait à la fois en face de la cour et en face de nous.

Cette occasion, ce fut la procession dont j'ai parlé, laquelle avait traversé Paris, et s'était portée sur le Palais-Royal et sur le château de Vincennes, en criant : « Mort aux ministres ! »

On se rappelle que le roi et Odilon Barrot avaient paru sur la terrasse, et que les hommes qui menaient cette procession avaient alors crié : « Vive Odilon Barrot! » en oubliant de crier : « Vive le roi ! » Ce à quoi Louis-Philippe avait répondu, comme on sait : « Ce sont les fils de ceux que j'ai, en 1792, entendus crier : « Vive Pétion ! »

L'allusion avait fort vexé Odilon Barrot, et il avait résolu de faire, lui aussi, sa proclamation.

C'était cette proclamation catégorique qu'il nous avait promise.

La proclamation est la manie de tout homme qui veut mériter le titre d'homme d'État. On n'est véritablement homme d'État que lorsqu'on a fait une proclamation ; faire sa proclamation, c'est recevoir du peuple, qui la lit et qui y obéit ou y désobéit, la sanction d'une puissance quelconque.

Malheureusement, cette proclamation, sur laquelle Odilon comptait tant, établissait ceci : c'est que le préfet de la Seine avait, lui aussi, son juste-milieu ; de sorte que la proclamation blessait à la fois la cour et les républicains.

Nous la reproduisons ici dans son intégralité. Nos lecteurs sont libres, bien entendu, de n'en prendre que ce qui est souligné, ou même de n'en rien prendre du tout :

« Citoyens, vos magistrats sont profondément affligés des désordres qui viennent de troubler la tranquillité publique au moment où le commerce et l'industrie, qui ont tant besoin de sécurité, allaient sortir de cette crise déjà trop prolongée. *Ce n'est point vengeance que demande ce peuple de Paris, qui est toujours le peuple le plus brave et le plus généreux de la terre; c'est justice!* La justice est, en effet, le droit et le besoin des hommes forts ; la vengeance est le plaisir des faibles et des lâches. *La proposition de la Chambre*, DÉMARCHE INOPPORTUNE, *a pu faire supposer qu'il y avait concert pour interrompre le cours ordinaire de la justice à l'égard des anciens ministres;* des délais, qui ne sont rien autre chose que l'accomplissement des formes qui donnent à la justice un caractère plus solennel, sont venus accréditer, fortifier cette opinion, *que nos intraitables ennemis, toujours aux aguets pour nous désunir, exploitent avec empressement.* De là cette émotion populaire, qui, pour les hommes de bonne foi et les bons citoyens, n'a d'autre cause qu'un véritable malentendu. Je vous le déclare en toute assurance, mes concitoyens, le cours de la justice n'a été ni suspendu ni interrompu, et il ne le sera pas. L'instruction de l'accusation portée contre les anciens ministres continue : *ils appartiennent à la loi, et c'est la loi seule qui réglera leurs destinées.*

» Les bons citoyens ne peuvent désirer ni demander autre chose, et, cependant, ces cris de mort poussés dans nos rues, sur nos places publiques ; ces provocations, ces placards, que sont-ils, sinon des violences faites à la justice? Nous voulons pour autrui ce que nous voudrions pour nous-mêmes, c'est-à-dire des juges calmes et impartiaux. Eh bien, quelques hommes égarés ou malveillants menacent les juges avant que le débat soit commencé. Peuple de Paris, tu n'avoues pas ces violences : des accusés sont chose sacrée pour toi ; ils sont placés sous la sauvegarde de la loi ; les insulter, gêner leur défense, anticiper sur les arrêts de la justice, c'est violer les lois de toute société civilisée ; c'est manquer au premier devoir de toute liberté ; c'est plus qu'un crime : c'est une lâcheté ! Il n'y a pas un citoyen dans cette noble et glorieuse population qui ne sente qu'il est de son honneur et de son devoir d'empêcher un attentat qui souillerait notre révolution. Que justice se fasse ! Mais violence n'est pas justice. Tel est le cri de tous les gens de bien, tel sera le principe de la conduite de vos magistrats. Dans ces graves circonstances, ils comptent sur le concours et l'assistance de tous les vrais patriotes pour assurer force aux mesures prises et affermir l'ordre public. »

La proclamation est peut-être un peu longue, un peu diffuse, un peu filandreuse ; mais, avant d'être préfet de la Seine, ne l'oublions point, Odilon Barrot était avocat.

Néanmoins, au milieu de cet océan de mots, au milieu de

ces flots de paroles où peut-être le préfet de la Seine avait espéré qu'elle se perdrait, le roi remarqua cette phrase : *La proposition de la Chambre, démarche inopportune, a pu faire supposer qu'il y avait concert...;* et les républicains celle-ci : *Nos intraitables ennemis, toujours aux aguets pour nous désunir...*

Cette *démarche* que le préfet de la Seine blâmait, c'était la pensée intime du roi, traduite par l'adresse de la Chambre; M. le préfet de la Seine, en blâmant l'adresse de la Chambre, se permettait donc de blâmer la pensée intime du roi.

A partir de ce moment, la chute du préfet de la Seine fut décidée. Comment, avec ses projets de régner et de gouverner tout à la fois, Louis-Philippe pouvait-il garder un instant près de lui un homme qui blâmait sa pensée intime? Que M. Odilon Barrot ne s'y trompe pas, c'est de ce jour que date la répugnance du roi pour lui : c'est cette proclamation de 1830 qui a ajourné son ministère de trois heures à 1848.

D'un autre côté, Odilon Barrot rompait avec les républicains, qu'il appelait ses *intraitables ennemis*.

Le même soir ou le lendemain du jour où parut cette proclamation, Godefroy Cavaignac tira l'horoscope d'Odilon Barrot à lui-même par ces paroles :

— Mon cher ami, vous êtes f....!

En effet, voici ce qui se passait au Palais-Royal.

D'abord le roi était furieux de l'outrecuidance de ce *petit avocat*. — Le *petit avocat* devait prendre sa revanche de ce mot en faisant casser, deux ans après, le jugement du jeune peintre Geoffroy, condamné illégalement à mort par le conseil de guerre institué en vertu de l'état de siége. Belle et noble revanche, Odilon, et qui vous a refait de la popularité pour dix ans!

Donc, la chute d'Odilon Barrot avait été décidée au Palais-Royal.

Cette chute n'était pas chose qui fût bien pénible au ministère tel qu'il était composé au mois de novembre 1830 : M. Molé, transfuge du camp napoléonien; M. de Broglie, transfuge du camp royaliste; M. Guizot, l'homme du *Moniteur de*

Gand ; M. Casimir Périer, le banquier *dont la caisse fermait à quatre heures,* et qui, jusqu'au dernier moment, avait lutté contre la révolution ; M. Sébastiani, qui, le 30 au matin, déclarait que le drapeau blanc était son drapeau ; enfin, le général Gérard, le dernier ministre de Charles X, et qui, pour rester au pouvoir, n'avait eu qu'à faire signer par la branche cadette l'ordonnance que laissait en blanc la fuite de la branche aînée.

On comprend bien qu'aucun de ces hommes ne tenait le moins du monde à Odilon Barrot.

Aussi, lorsque le roi proposa la révocation de M. le préfet de la Seine, toutes les voix crièrent-elles : « Qu'il soit fait selon votre plaisir, seigneur! » Une seule voix cria : *Veto!* C'était la voix de Dupont (de l'Eure). Or, Dupont (de l'Eure) avait ce grand tort, aux yeux des hommes politiques, — et le roi était le premier homme politique de son époque, — de tenir, non-seulement à ses opinions, mais encore à ses amitiés.

— Si Odilon Barrot s'en va, dit carrément l'honnête vieillard, moi aussi, je m'en irai !

C'était grave, car, si la retraite d'Odilon Barrot entraînait celle de Dupont (de l'Eure), la retraite de Dupont (de l'Eure) entraînait à son tour celle de la Fayette. Or, la retraite de la Fayette pouvait bien, en définitive, entraîner celle du roi lui-même. En outre, cela brouillerait le roi avec Laffitte, autre ami constant d'Odilon Barrot. Il est vrai que le roi ne répugnait pas trop à une rupture avec Laffitte : — il y a des services si grands, qu'on ne peut les payer que par l'ingratitude; mais le roi voulait se brouiller avec Laffitte à son heure, à sa convenance, quand cette brouille lui serait utile et non préjudiciable.

On en appela, dans cette grave circonstance, à l'imaginative de chacun.

M. Sébastiani eut les honneurs de la séance. Il proposa de faire une démarche personnelle près de M. Odilon Barrot, et d'obtenir de lui-même sa démission. Il va sans dire que Dupont (de l'Eure) n'assistait pas à ce petit conciliabule.

On indiqua une réunion pour le soir.

Le roi se fit attendre, contre son habitude.

En entrant dans le cabinet, il n'aperçut pas Dupont (de l'Eure), qui causait dans un coin avec M. Bignon.

— Victoire, messieurs! cria-t-il d'une voix triomphante; la retraite de M. le préfet de la Seine est décidée, et, comprenant l'opportunité de cette retraite, le général la Fayette lui-même y donne la main.

— Plaît-il, sire? dit vivement Dupont (de l'Eure) sortant de l'ombre et rentrant dans le cercle de lumière qui le faisait visible aux yeux du roi.

— Ah! c'est vous, monsieur Dupont, reprit le roi un peu embarrassé. Eh bien, je dis que le général la Fayette cesse de s'opposer à ce que M. Barrot se retire.

— Sire, répondit Dupont (de l'Eure), ce que vous me faites l'honneur de me dire là me paraît tout simplement impossible.

— Je l'ai entendu de la bouche même du général, monsieur, répliqua le roi.

— Que le roi me permette de croire à une erreur de sa part, insista Dupont (de l'Eure) en s'inclinant; mais le général m'a tenu à moi-même un langage tout opposé, et je ne le crois pas capable de se contredire à ce point.

Un éclair passa sur le visage du roi; cependant il se contint.

— Au reste, continua Dupont (de l'Eure), ne parlons que pour moi-même... Puisque M. Odilon Barrot se retire, je renouvelle au roi la prière de vouloir bien accepter ma démission.

— Mais, monsieur, dit vivement le roi, ce matin, ce matin même, vous m'avez promis, quelque chose qui arrivât, de rester jusqu'au procès des ministres.

— Oui, c'est vrai, sire, mais à la condition que M. Barrot resterait.

— Sans condition, monsieur.

Ce fut au visage de Dupont (de l'Eure) de se couvrir de rouge à son tour.

— Cette fois, sire, dit-il avec la fermeté de la conviction, j'affirme que le roi est dans l'erreur.

— Comment! monsieur, s'écria le roi, vous me donnez un

démenti ? Ah ! c'est trop fort ! et tout le monde saura que vous m'avez manqué...

— Prenez garde, sire, répondit froidement le garde des sceaux ; quand le roi dira *oui,* et que Dupont (de l'Eure) aura dit *non,* je ne sais pas auquel des deux la France croira...

Et, saluant le roi, il s'avança vers la porte de sortie.

Mais, sur le seuil de cette porte, le rigide vieillard trouva le duc d'Orléans, jeune homme affable et souriant, qui le prit par les deux mains, et l'empêcha d'aller plus loin.

— Mon père ! cria le duc d'Orléans au roi, il y a bien certainement malentendu... M. Dupont est un si honnête homme, qu'il ne peut y avoir autre chose.

Le roi comprit la faute qu'il venait de faire. Il tendit les bras à son ministre ; le duc d'Orléans poussa Dupont (de l'Eure) entre ses bras ouverts : le roi et son ministre s'embrassèrent. Rien ne fut oublié peut-être, mais tout fut convenu.

Odilon Barrot resterait préfet de la Seine, et, par conséquent, Dupont (de l'Eure) resterait garde des sceaux. — Il en résultait que la Fayette, de son côté, restait généralissime des gardes nationales du royaume.

Nous verrons ces trois loyaux amis éconduits poliment, quand le roi n'aura plus besoin d'eux.

Mais, comme il est facile de le comprendre, tout cela n'était qu'un replâtrage sans consistance aucune : si M. Dupont (de l'Eure) consentait à rester avec MM. de Broglie, Guizot, Molé et Casimir Périer, MM. Casimir Périer, Molé, Guizot et de Broglie ne consentaient point à rester avec M. Dupont (de l'Eure). En conséquence, ils donnèrent leur démission, qui entraîna celle de MM. Dupin et Bignon, ministres sans portefeuille.

Le roi était dans un grand embarras : il recourut à M. Laffitte.

M. Laffitte objecta le tort que feraient à sa maison de banque les soins journaliers qu'il serait obligé de donner aux affaires publiques, s'il acceptait une position ministérielle, et il avoua au roi la gêne qu'avait déjà amenée dans ses affaires la suite de la révolution de juillet.

Le roi se mit corps et âme à sa disposition.

Mais, avec sa délicatesse absolue, M. Laffitte ne voulut rien accepter du roi, si ce n'est que celui-ci devînt acquéreur, *au prix d'estimation*, de la forêt de Breteuil.

La seule condition que mit M. Laffitte à cette vente fut qu'elle se ferait par sous seing privé, et que le sous seing privé ne serait pas enregistré, l'enregistrement devant naturellement dévoiler la vente, et, la vente, la gêne du vendeur.

Les paroles furent échangées ; la forêt de Breteuil fut estimée et payée huit millions, à ce que je crois, et les sous seings privés de vente et d'achat furent faits et signés sur cette base.

Alors, M. Laffitte, rassuré pour son crédit, consentit à accepter, non-seulement le ministère des finances, mais encore la présidence du conseil des ministres.

Le 2 novembre, *le Moniteur* publia, en conséquence, la liste des nouveaux élus. C'étaient : MM. Laffitte, aux finances, avec la présidence du conseil ; Dupont (de l'Eure), à la justice ; Gérard, à la guerre ; Sébastiani, à la marine ; Maison, aux affaires étrangères ; Montalivet, à l'intérieur ; Mérilhou, à l'instruction publique.

Le roi était enfin arrivé à son but, et, en se retirant, les *doctrinaires*, — on commençait à leur donner ce nom, probablement parce qu'ils n'avaient pas de doctrine, — les doctrinaires, disons-nous, lui avaient rendu un grand service. Ils lui avaient fait un ministère tout à sa dévotion.

En effet, dans la nouvelle combinaison, Louis-Philippe disposait de Laffitte, *son ami;* de Sébastiani et de Montalivet, ses dévoués ; de Gérard et de Maison, ses complaisants ; quant à Mérilhou, c'était une conquête facile à faire, et qui fut facilement faite. Restait Dupont (de l'Eure), et Dupont (de l'Eure) s'inspirerait de la Fayette.

Or, ne perdons pas de vue que ce ministère pouvait s'appeler le *ministère du procès*, et que la Fayette, proscrit par M. de Polignac, voulait se venger de lui en le sauvant.

Son discours à la Chambre ne laissait pas le moindre doute sur ses intentions.

Aussi, le 4 octobre, la chambre des pairs se constitua en

cour de justice, ordonna la translation des ministres à la prison du Petit-Luxembourg, et fixa au 15 décembre l'ouverture des débats.

Seulement, entre le 4 octobre et le 15 décembre, c'est-à-dire entre la constitution de la cour des pairs et l'ouverture des débats, M. Laffitte reçut de Louis-Philippe ce petit billet du matin :

« Mon cher monsieur Laffitte,

» D'après ce que m'a dit un ami commun dont je ne vous dis rien de plus, vous devez bien savoir pourquoi, j'ai profité de l'instance de M. Jamet (1), à qui le secret de l'acquisition a été confié, non par moi, mais par vous, pour faire enregistrer le sous seing privé le plus secrètement possible.

» Votre affectionné,

» Louis-Philippe. »

M. Laffitte resta étourdi du coup; il ne comptait pas sur la discrétion de l'enregistrement, et il avait raison.

La vente fut connue, et, à partir de ce moment, M. Laffitte fut ruiné.

Mais le sous seing privé eut une date certaine !

M. Laffitte prit la plume pour envoyer sa démission, qui entraînait celles de Dupont (de l'Eure), de la Fayette et d'Odilon Barrot.

Il réfléchit que Louis-Philippe restait désarmé devant l'émeute future.

La vengeance parut trop cruelle à l'illustre banquier, qui joua, cette fois, le rôle de roi, tandis que le roi jouait celui de financier; seulement, la blessure resta saignante au fond de son cœur:

(1) M. Jamet était le directeur de la comptabilité du roi.

CLXXIX

Béranger patriote et Béranger républicain.

En devenant ministre, Laffitte avait voulu entraîner avec lui, dans les hauteurs politiques où on le forçait de monter, un homme qui, nous l'avons dit, avait peut-être plus encore que l'illustre banquier contribué à l'avénement au trône du roi Louis-Philippe.

Cet homme, c'était Béranger.

Mais, avec sa rectitude de sens, Béranger avait compris que, pour lui comme pour Laffitte, monter en apparence, c'était descendre en réalité ; il laissa donc tous ses amis s'aventurer sur ce pont de Mahomet étroit comme le fil d'un damas, et qu'on appelle le pouvoir ; mais, lui, secouant la tête, il prit congé d'eux par cette chanson :

> Non, mes amis, non, je ne veux rien être ;
> Semez ailleurs places, titres et croix.
> Non, pour les cours Dieu ne m'a point fait naître ;
> Oiseau craintif, je fuis la glu des rois !
> Que me faut-il ? Maîtresse à fine taille,
> Petit repas et joyeux entretien !
> De mon berceau près de bénir la paille,
> En me créant, Dieu m'a dit : « Ne sois rien ! »

. . . .

> Sachez pourtant, pilotes du royaume,
> Combien j'admire un homme de vertu
> Qui, désertant son hôtel ou son chaume,
> Monte au vaisseau par tous les vents battu.
> De loin, ma voix lui crie : « Heureux voyage ! »
> Priant de cœur pour tout grand citoyen ;
> Mais, au soleil, je m'endors sur la plage.
> En me créant, Dieu m'a dit : « Ne sois rien ! »

. . . .

> De ce palais souffrez donc que je sorte.
> A vos grandeurs je devais un salut ;
> Amis, adieu ! j'ai, derrière la porte,
> Laissé tantôt mes sabots et mon luth.
> Sous ces lambris, près de vous accourue,
> La Liberté s'offre à vous pour soutien...
> Je vais chanter ses bienfaits dans la rue.
> En me créant, Dieu m'a dit : « Ne sois rien ! »

Béranger se retira donc, laissant ses amis plus empêtrés encore dans le pouvoir que le corbeau de la Fontaine dans la laine du mouton.

Même, quand il fait du sentiment, Béranger a bien de la peine à n'y pas mettre un peu de malice, et peut-être, tout en chantant dans la rue les bienfaits de la liberté, rit-il plus d'une fois en dessous, justifiant cette désolante maxime de la Rochefoucauld, qu'il y a toujours, dans le malheur même de notre meilleur ami, quelque chose qui nous fait plaisir.

Au reste, combien de temps le chansonnier philosophe devait-il acclamer dans son cœur ce gouvernement qu'il avait fondé ? Nous disons *acclamer dans son cœur*, car, soit défiance de la stabilité des choses humaines, soit qu'il jugeât bon de faire des rois, mais mauvais de les chanter, jamais, Dieu merci ! Béranger ne sacra par une seule louange rimée cette royauté de juillet qu'il avait vantée de sa parole.

Maintenant, mesurons l'espace dans lequel est renfermée son admiration ou sa sympathie pour cette royauté.

Oh ! il ne sera pas grand !

En six mois, tout est fini ; le poëte a mesuré le roi : le roi est bon à mettre avec les vieilles lunes de Villon !

En doute-t-on ? qu'on écoute Béranger lui-même. Cet homme qui, le 31 juillet, jetait, comme les petits Savoyards, *une planche sur le ruisseau*, le voilà qui pousse du pied cette planche dans le ruisseau : ce n'est point sa faute si elle n'y tombe pas, et le roi avec elle.

> Oui, chanson, muse, ma fille,
> J'ai déclaré net

Qu'avec Charles et sa famille,
  On te détrônait;
Mais chaque loi qu'on nous donne
  Te rappelle ici :
Chanson, reprends ta couronne !
  — Messieurs, grand merci !

Je croyais qu'on allait faire
  Du grand et du neuf,
Même étendre un peu la sphère
  De quatre-vingt-neuf;
Mais point : on rebadigeonne
  Un trône noirci !
Chanson, reprends ta couronne !
  — Messieurs, grand merci !

. . . .

La planète doctrinaire
  Qui sur Gand brillait
Veut servir de luminaire
  Aux gens de juillet :
Fi d'un froid soleil d'automne
  De brume obscurci !
Chanson, reprends ta couronne !
  — Messieurs, grand merci !

. . . .

Pour être en état de grâce,
  Que de grands peureux
Ont soin de laisser en place
  Les hommes véreux ?
Si l'on ne touche à personne,
  C'est afin que si...
Chanson, reprends ta couronne
  — Messieurs, grand merci !

Te voilà donc restaurée,
  Chanson mes amours !
Tricolore et sans livrée,
  Montre-toi toujours !

Ne crains plus qu'on t'emprisonne,
　　Du moins à Poissy...
Chanson, reprends ta couronne!
　　— Messieurs, grand merci!

Mais, pourtant, laisse en jachère
　　Mon sol fatigué;
Mes jeunes rivaux, ma chère,
　　Ont un ciel si gai!
Chez eux la rose foisonne,
　　Chez moi le souci.
Chanson, reprends ta couronne!
　　— Messieurs, grand merci!

Cette chanson était une véritable déclaration de guerre, et, cependant, elle passa inaperçue; ceux qui en parlaient — les poëtes — avaient l'air de parler d'une chose tombée de la lune, d'un aréolithe que personne n'avait ramassé. Une chanson de Béranger! Qu'est-ce que c'était que cela, une chanson de Béranger? On n'avait pas lu la chanson; et, quant à Béranger, on connaissait bien un poëte de ce nom-là qui avait fait *le Dieu des bonnes gens*, *l'Ange gardien*, *le Cinq Mai*, *les Deux Cousins*, *le Ventru*, toutes chansons attaquant peu ou prou Louis XVIII et Charles X; mais on ne connaissait pas ce Béranger qui se permettait d'attaquer Louis-Philippe!

Pourquoi cette ignorance à l'endroit du nouveau Béranger? pourquoi cette surdité à l'endroit de la nouvelle chanson?

Nous allons le dire.

Il y a, à la suite de tout revirement politique, une période réactionnaire pendant laquelle les intérêts matériels l'emportent sur la nationalité, les appétits honteux sur les nobles passions; pendant cette période-là, — et Louis-Philippe en fut un exemple, — tout ce que fait le gouvernement qui caresse ces intérêts et qui soûle ces appétits est bien fait : les actes de ce gouvernement, fussent-ils visiblement illégaux, tyranniques, immoraux, sont des actes sauveurs! on les loue, on les approuve; on fait du bruit autour du pouvoir, comme ces prêtres de Cybèle qui battaient des cymbales autour du berceau de Jupiter. Pendant cette période, la seule chose que craigne la masse qui, vivant de cette réaction, a tout intérêt à la soutenir, c'est que le jour ne se fasse sur ce pandémonium, c'est que la lumière ne pénètre dans cette sentine où se heurtent, se pressent, se bousculent, avec un bruit d'argent qui dénonce l'œuvre qu'ils y opèrent, les agioteurs, les gens de bourse, les tripoteurs d'écus et de papiers.

Cette période est plus ou moins longue, et, nous le répétons, tant qu'elle dure, tant que l'élément honnête, pur, élevé de la nation n'a pas repris le dessus, il n'y a rien à dire, rien à faire, rien à espérer; tout est applaudi, tout est ratifié, tout est glorifié d'avance! On dirait que cette grande âme populaire qui, de temps en temps, vient ranimer les peuples et leur faire tenter de grandes choses, s'est évanouie, est remontée au ciel, est allée enfin on ne sait où. Les esprits inférieurs désespèrent de la voir revenir jamais; les esprits supérieurs seuls, qui participent à son essence, savent qu'elle vit toujours, ayant en eux une étincelle de cette âme divine que l'on croit éteinte, et ils attendent, le sourire sur les lèvres, la sérénité sur le front!

Alors, peu à peu, ils assistent à ce phénomène politique.

Sans cause apparente, sans qu'il s'écarte de la route qu'il a suivie, et peut-être par cela même qu'il continue de la suivre, ce gouvernement, qui ne peut pas perdre la considération qu'il n'a jamais eue, perd la popularité factice qu'il avait; ceux-là mêmes dont il a fait la fortune, dont il a récompensé la coopération, s'éloignent de lui peu à peu, et, sans le renier encore tout à fait, commencent déjà à douter de sa stabilité. A partir de cette heure, ce gouvernement est condamné; de même qu'on approuvait ce qu'il faisait de mal, on critique ce qu'il fait de bien.

La corruption, qui est sa moelle, va du centre aux extrémités, sèche la séve fatale qui lui avait fait étendre sur tout un peuple des rameaux comme ceux de l'upas, une ombre pareille à celle du mancenillier; dans cette atmosphère où, pendant cinq, dix, quinze, vingt ans, il a répandu cette impure émanation qu'on a respirée parmi les autres éléments de l'air, passe quelque chose d'hostile contre lui, et dont on ne se rend pas compte : ce quelque chose d'hostile, c'est le retour de la masse à la probité sociale, à la conscience politique; c'est cette âme de la nation, enfin, que l'on croyait évanouie, remontée au ciel, allée je ne sais où, et qui vient animer le grand corps populaire, qu'elle avait un instant abandonné à une léthargie que les peuples environnants, jaloux et, par conséquent, ennemis, s'étaient hâtés de proclamer la mort! Alors, ce gouvernement, par ce seul retour de la masse à l'honnêteté, semble un vaisseau qui a perdu son aire : il trébuche, il chancelle, il ne sait plus où il va! il a résisté à quinze ans de tempêtes et d'orages, et il sombre sous une bourrasque; il était devenu plus fort par les 5 et 6 juin, les 13 et 14 avril et le 12 mai, et il tombe devant le 24 février!

Ce gouvernement ou plutôt ces gouvernements, le présage de leur chute, c'est lorsque les hommes de cœur et d'intelligence refusent de s'y rallier, ou quand ceux qui s'y étaient ralliés par erreur s'en éloignent par dégoût. Cet éloignement ne veut pas dire qu'ils tomberont le lendemain, quinze jours après, dans dix ans : cela veut dire qu'ils tomberont un jour, qu'ils tomberont d'eux-mêmes, qu'ils tomberont tout seuls, et que, pour qu'ils tombent, la conscience publique n'aura qu'à les pousser du doigt!

Voilà ce que sentait Béranger, avec son admirable instinct du juste et de l'injuste, du bon et du mauvais; il était, non pas le rat égoïste qui quitte le bâtiment où il s'est engraissé, quand ce bâtiment, menacé du naufrage, va mettre à la voile : — on l'a vu, Béranger n'avait rien voulu recevoir ni de ce gouvernement ni des amis qui en formaient l'équipage; — mais il était le blanc et rapide oiseau de mer effleurant le sommet de la vague qui monte, et annonçant aux matelots les futures tempêtes.

Dès cet instant, Béranger juge que la royauté est condamnée en France, puisque cette royauté qu'il a pétrie de ses mains, avec les éléments démocratiques d'un prince jacobin en 1791, d'un commandant de la garde nationale républicain en 1789, et d'un ministère populaire en 1830, tourne à l'aristocratie bourgeoise, la dernière des aristocraties, parce qu'elle est la plus égoïste et la plus étroite, — et il rêve la république!

Mais comment attaquera-t-il ce roi populaire, ce roi de la bourgeoisie, ce roi des intérêts matériels, ce roi qui a sauvé la société? — Tout gouvernement qui arrive, on le sait en France, a sauvé la société! — ce roi est invulnérable : la révolution de 89, que l'on croit sa mère, et qui n'a été que sa nourrice, l'a trempé dans la fournaise des trois jours, comme Thétis a trempé son fils Achille dans le Styx; seulement, il a son endroit faible, comme le héros d'Homère.

Cet endroit faible, c'est le sentiment républicain, toujours vivace en France, qu'il s'y déguise sous le nom de libéralisme, de progrès ou de démocratie.

Béranger l'a trouvé; car, au moment où il allait dire adieu à la chanson, le voilà qui chante! le guerrier, qui, découragé, avait jeté ses armes, les ramasse; seulement, il a changé de but : il ne tuera plus avec la balle, il tuera avec le principe; il n'essayera plus de trouer avec sa poudre le velours d'un vieux trône, il dressera une nouvelle statue de marbre sur un autel d'airain!

Cette statue, ce sera celle de la République.

Lui qui était en avant sous la branche aînée, le voilà en arrière sous la branche cadette; mais n'importe! il fera son œuvre, et, pour être isolée, elle n'en sera pas moins puissante.

Écoutez-le; le voici à sa fonte : comme Benvenuto Cellini, il jette le plomb de ses vieilles cartouches dans le moule : il y jettera son bronze; il y jettera jusqu'aux deux couverts d'argent que, dans les grands jours, il tire de l'armoire de noyer pour dîner avec Lisette, et qu'une fois ou deux il a prêtés à Frétillon pour les mettre en gage.

Tout en travaillant, il s'aperçoit que ce sont ceux qu'il a combattus en 1830 qui avaient raison, et que c'est lui qui avait tort; il les avait traités de *fous*, il leur fait amende honorable dans cette chanson :

> Vieux soldats de plomb que nous sommes,
> Au cordeau nous alignant tous,

Si des rangs sortent quelques hommes,
Tous, nous crions : « A bas les fous ! »
On les persécute, on les tue,
Sauf, après un lent examen,
A leur dresser une statue
Pour la gloire du genre humain !

Combien de temps une pensée,
Vierge obscure, attend son époux !
Les sots la traitent d'insensée,
Le sage lui dit : « Cachez-vous ! »
Mais, la rencontrant loin du monde,
Un fou qui croit au lendemain
L'épouse ; elle devient féconde,
Pour le bonheur du genre humain !

. . . .

Qui découvrit un nouveau monde ?
Un fou qu'on raillait en tout lieu !
Sur la croix, que son sang inonde,
Un fou qui meurt nous lègue un Dieu !
Si, demain, oubliant d'éclore,
Le jour manquait, eh bien, demain,
Quelque fou trouverait encore
Un flambeau pour le genre humain !

Quelle merveille de sens, de rime, d'idée, de poésie que cette chanson ! Vous ne la connaissiez pas ? Non ; et, cependant, vous connaissiez toutes celles qui, sous Charles X, attaquaient le trône ou l'autel, *le Sacre de Charles le Simple* et *l'Ange gardien*. Pourquoi ne connaissiez-vous point celle-ci ? C'est que Béranger, au lieu d'être un soldat de plomb aligné pour la défense de l'ordre, comme l'entendent les agioteurs, les bourgeois et les épiciers, passe à l'état d'un de ces fous qui sortent des rangs et poursuivent l'idée, qu'ils prendront pour femme s'ils la rencontrent, qu'ils féconderont s'ils l'épousent !

Seulement, Béranger n'est plus en harmonie avec la pensée publique ; on ne ramasse plus les traits qu'il lance pour les renvoyer au trône; ses recueils de chansons, qui, publiés en 1825 et en 1829, se vendaient à trente mille exemplaires, se vendent, en 1833, à quinze cents.

Mais que lui importe, à cet oiseau des solitudes, chantant pour chanter, parce que le bon Dieu, qui aime à l'entendre, qui préfère sa poésie à celle des *missionnaires*, des *jésuites* et de ces *nains tout noirs qu'il nourrit et dont son nez craint les encensoirs*, lui a dit : « Chante, chante, pauvre petit! »

Aussi, le voilà qui chante à tout propos.

Escousse et Lebras meurent: il chante! un chant triste, c'est vrai, plein de doute et de désenchantement; il ne voit pas clair lui-même dans ce chaos qu'on appelle la société. Tout ce qu'il sait, c'est que la terre est mouvante comme un océan, c'est que le temps est à la tempête, c'est qu'il fait nuit sur le monde, c'est que le vaisseau qu'on appelle *la France* va plus que jamais à la dérive, est plus que jamais en perdition.

Écoutez : en avez-vous entendu beaucoup de chants plus douloureux, sur ces plages hérissées de rochers et couvertes de bruyères où vient, dans les criques de Morlaix et le long des falaises de Douarnenez, se briser la mer sauvage?

> Quoi! morts tous deux dans cette chambre close
> Où du charbon pèse encor la vapeur!
> Leur vie, hélas! était à peine éclose;
> Suicide affreux! triste objet de stupeur!
> Ils auront dit : « Le monde fait naufrage;
> Voyez pâlir pilote et matelots!
> Vieux bâtiment usé par tous les flots,
> Il s'engloutit, sauvons-nous à la nage! »
> Et, vers le ciel se frayant un chemin,
> Ils sont partis en se donnant la main!
>
> . . . .
>
> Pauvres enfants ! quelle douleur amère
> N'apaisent pas de saints devoirs remplis?
> Dans la patrie on retrouve une mère,
> Et son drapeau vous couvre de ses plis!

Ils répondaient : « Ce drapeau, qu'on escorte,
Au toit du chef le protége endormi !
Mais le soldat, teint du sang ennemi,
Veille, et de faim meurt en gardant la porte ! »
Et, vers le ciel se frayant un chemin,
Ils sont partis en se donnant la main !
. . . .

Dieu créateur, pardonne à leur démence !
Ils s'étaient faits les échos de leurs sons,
Ne sachant pas qu'en une chaîne immense,
Non pour nous seuls, mais pour tous nous naissons.
L'humanité manque de saints apôtres
Qui leur aient dit : « Enfants, suivez ma loi !
Aimer, aimer, c'est être utile à soi ;
Se faire aimer, c'est être utile aux autres ! »
Et, vers le ciel se frayant un chemin,
Ils sont partis en se donnant la main !

Et à quel moment, — réfléchissez-y ! — à quel moment Béranger dit-il que le monde fait naufrage, qu'on voit pâlir pilote et matelots? En février 1832, quand les Tuileries regorgent de courtisans, quand les journaux du gouvernement regorgent de louanges, quand les soldats citoyens de la rue Saint-Denis et de la rue Saint-Martin montent la garde avec enthousiasme, quand les officiers demandent des croix pour eux et des invitations à la cour pour leurs femmes; enfin, quand, sur trente-six millions d'hommes dont se compose le peuple français, trente millions hurlent à tue-tête: « Vive Louis-Philippe, le soutien de l'ordre, le sauveur de la société! » quand le *Journal des Débats* crie : Hosannah ! et *le Constitutionnel* : Amen !

Morbleu ! il faut être bien fou pour mourir dans un pareil moment, et bien poëte pour dire que le monde fait naufrage !

Mais attendez ! comme il voit qu'on ne l'a pas écouté ; que, comme Horace, il a chanté pour des sourds, Béranger va chanter encore et crier plus haut:

Société, vieux et sombre édifice,
Ta chute, hélas! menace nos abris :

> Tu vas crouler! point de flambeau qui puisse
> Guider la foule à travers tes débris :
> Où courons-nous? Quel sage en proie au doute
> N'a sur son front vingt fois passé la main?
> C'est aux soleils d'être sûrs de leur route ;
> Dieu leur a dit : « Voilà votre chemin! »

Puis vient l'heure où tout ce chaos se débrouille, où toute cette nuit se dissipe, où l'aurore d'un nouveau jour se lève; le poëte jette un cri de joie: il voit, il a vu!

Qu'a-t-il vu?

Oh! ne craignez rien ; il ne se fera pas prier pour vous le dire :

> Toujours prophète, en mon saint ministère,
> Sur l'avenir j'ose interroger Dieu.
> Pour châtier les princes de la terre,
> Dans l'ancien monde un déluge aura lieu.
> Déjà près d'eux, l'Océan, sur les grèves,
> Mugit, se gonfle, il vient... « Maîtres, voyez,
> Voyez! » leur dis-je. Ils répondent : « Tu rêves! »
> Ces pauvres rois, ils seront tous noyés!
>
> . . . . . , ...
>
> « Un océan! quel est-il, ô prophète? »
> — *Peuples, c'est nous, affranchis de la faim,*
> *Nous, plus instruits, consommant la défaite*
> *De tant de rois, inutiles, enfin!...*
> Dieu fait passer sur ces fils indociles
> Nos flots mouvants, si longtemps fourvoyés;
> Puis le ciel brille, et les flots sont tranquilles.
> Ces pauvres rois, ils seront tous noyés!

Ainsi, on le voit, ce n'est plus, comme dans *les Deux Cousins*, un simple revirement de fortune, un simple changement de dynastie, c'est le renversement de toutes les dynasties que prédit le poëte; ce n'est plus, comme dans *le Dieu des bonnes gens*, les destins et les flots qui sont *changeants*; non: ce sont les destins qui sont révolus, ce sont les flots qui, de changeants, sont devenus tranquilles. L'Océan n'est plus qu'un lac immense, sans houle et sans tempête, réfléchissant l'azur du ciel, et au fond duquel, grâce à la transparence de l'eau, on peut voir le cadavre des monarchies mortes, les débris des trônes échoués.

Merci, Béranger! merci, poëte prophète! merci encore! merci toujours!

Qu'arriva-t-il à l'apparition de ces prophéties qui froissaient tant d'intérêts? Que les gens qui savaient par cœur les anciennes chansons de Béranger, parce que leur ambition, leurs espérances, leurs désirs s'en étaient fait des armes pour détruire le vieux trône, ne lurent pas même ses chansons nouvelles, ou que ceux qui les lurent se dirent les uns aux autres: « Avez-vous lu les nouvelles chansons de Béranger? — Non. — Oh! ne les lisez pas... Pauvre homme, il baisse! » Et on ne les lut pas, ou bien le mot fut donné, si on les avait lues, pour dire que le chansonnier baissait.

Non, non, le chansonnier ne baissait pas! le chansonnier grandissait, au contraire; mais, de même que, de chansonnier, il était passé poëte, de poëte, il passait prophète! c'est-à-dire qu'il devenait de plus en plus incompréhensible pour les masses.

L'antiquité nous a conservé les chansons d'Anacréon, elle a oublié les prophéties de Cassandre.

Pourquoi cela? Homère nous le dit : les Grecs ne croyaient pas aux prophéties de la fille de Priam et d'Hécube.

Hélas! Béranger fit comme elle, il se tut; tout un monde de chefs-d'œuvre près d'éclore s'arrêta sur ses lèvres muettes; il sourit de son sourire si fin, et il dit :

— Ah! je baisse! eh bien, demandez des chansons à ceux qui s'élèvent!

Rossini avait dit la même chose après *Guillaume Tell.*

Qu'en résulta-t-il? C'est que nous n'eûmes plus d'opéras de Rossini, ni de chansons de Béranger.

Maintenant, peut-être me demandera-t-on comment il se fait que Béranger, républicain, habite tranquillement avenue de

Châteaubriand, n° 5, à Paris, tandis que Victor Hugo demeure à Marine-Terrace, dans l'île de Jersey.

Cela est tout simplement une question d'âge et de tempérament. Hugo est un lutteur, et il a cinquante ans à peine; Béranger, à tout prendre, est un épicurien et a soixante et dix ans (1); c'est l'âge où l'on prépare son lit pour y dormir du sommeil éternel, et Béranger, — Dieu lui donne de longues années, dût-il nous les prendre à nous! — et Béranger veut mourir tranquille sur le lit de fleurs et de lauriers qu'il s'est fait!

Il en a le droit: il a assez lutté dans le passé, et soyez sans crainte, son œuvre se continuera dans l'avenir!

Ajoutons ceci: c'est que ce qu'on appelait la *jeune école* — ce sont, aujourd'hui, les hommes de quarante à cinquante ans — a été injuste pour Béranger. Après que Benjamin Constant l'avait tiré jusqu'à l'ode, on a essayé de le repousser en deçà de la chanson. En agissant ainsi, la critique se faisait innocemment le complice du pouvoir: elle croyait n'être que sévère, elle était injuste et ingrate!

Il faut être proscrit, il faut être poëte, il faut habiter l'étranger, vivre loin de cette communion d'idées qui est le pain de la vie intellectuelle, pour savoir combien cette muse du poëte de Passy est essentiellement française, philosophique et consolante. Avec Béranger, il n'y a plus d'exil, et tout proscrit peut, en le chantant, attendre la réalisation de cette prophétie que, dans sa chanson de *Nostradamus*, il a fixé à l'an 2000!...

Nous voici bien loin de l'artillerie, dont nous nous étions occupé, dont il nous reste à nous occuper encore, et de l'émeute où elle était appelée à jouer son rôle.

Revenons donc à l'émeute et à l'artillerie.

Mais, cher Béranger, cher poëte, cher père, nous ne te disons pas adieu; nous te disons seulement au revoir (2).

---

(1) Voir la note A à la fin du volume.
(2) Voir la note B à la fin du volume, et aussi notre Notice sur Béranger, dans *les Morts vont vite*, t. 1ᵉʳ, page 183.

CLXXX

Mort de Benjamin Constant. — Quelle avait été sa vie. — Honneurs funèbres qu'on lui décerne. — Ses funérailles. — Loi relative aux récompenses nationales. — Procès des ministres. — Grouvelle et sa sœur. — M. Mérilhou et le néophyte. — Le colonel Lavocat. — La cour des pairs. — Panique. — Fieschi.

Le mois de décembre 1830 fut fécond en événements.

Un des plus graves fut la mort de Benjamin Constant.

Le 10, nous reçûmes l'ordre de nous trouver, le 12, en uniforme et en armes, au convoi de l'illustre député. Il était mort, le 8, à sept heures du soir.

Cette mort produisit une grande sensation dans Paris.

C'était une étrange popularité que celle de Benjamin Constant, et il eût été difficile de dire sur quoi elle reposait.

Suisse et protestant, élevé en Angleterre et en Allemagne, il parlait et écrivait la langue anglaise, la langue allemande et la langue française avec une égale facilité; cependant, ce fut en français qu'il composa et qu'il écrivit.

Jeune, beau, vigoureux de corps, mais faible de caractère, du moment où il était arrivé en France, en 1795, Benjamin Constant n'avait plus rien fait que sous l'inspiration des femmes; en littérature, elles furent ses maîtres; en politique, elles furent ses guides. Accaparé par trois de ses plus célèbres contemporaines, madame Tallien, madame de Beauharnais et madame de Staël, il releva constamment d'elles; la dernière surtout eut une influence énorme sur sa vie. *Adolphe*, c'est lui; l'héroïne d'*Adolphe*, c'est madame de Staël. Aussi la vie de Benjamin Constant fut-elle, non point la vie d'un homme, mais celle d'une femme, c'est-à-dire un composé de contradictions et de faiblesses. Porté au tribunat après le renversement du Directoire, il fit de l'opposition à Bonaparte, premier consul, non pas, comme l'ont dit les historiens, parce qu'il ne croyait point à la durée de la fortune de Napoléon, mais parce que madame de Staël, dont il était, alors, plus que l'ami, haïssait le premier consul. Éliminé du tribunat en 1801, exilé de France en 1802, il s'en alla vivre à Coppet, près de sa maîtresse ou plutôt de son maître. Vers 1806 ou 1807, cette vie d'esclave lui parut trop lourde : si faible qu'il fût, il rompit sa chaîne. Lisez son roman d'*Adolphe*, et vous verrez ce que cette chaîne lui pesait ! A Hanovre, où il s'était arrêté, il épousa une grande dame allemande, une parente du prince de Hardenberg, et le voilà aristocrate, hantant la plus haute société d'Allemagne, ne quittant plus les princes du Nord, vivant au milieu de la coalition qui menace la France, rédigeant les proclamations étrangères, écrivant sur la table de l'empereur Alexandre sa brochure *De l'esprit de conquête et d'usurpation*, rentrant enfin en France avec Auguste de Staël, dans la voiture du roi Charles-Jean. — Le moyen de ne pas être royaliste en pareille compagnie !

Aussi Benjamin Constant est-il admis au *Journal des Débats*; c'est un des plus ardents rédacteurs de cette feuille. Quand Bonaparte débarque au golfe Juan, et marche sur Paris, le premier mouvement de Benjamin Constant est de s'éloigner. Il commence par se cacher chez M. de Crawford, ancien ambassadeur des États-Unis; puis il part pour Nantes avec un Américain qui se charge de le conduire hors de France. En route, il apprend l'insurrection de l'Ouest, revient sur ses pas, et rentre à Paris, après huit jours d'absence.

Au bout de cinq autres jours, sur une invitation de M. Perregaux, il se rendait aux Tuileries, où l'empereur l'attendait dans son cabinet. Benjamin Constant était à toute puissance qui se donnait la peine de le séduire : beauté, génie, pouvoir, avaient prise égale sur lui ; c'était, en politique, en littérature, en moralité, ce que nous appellerons une courtisane, et ce que Thomas du *National* appelait d'un nom moins élégant. — Le surlendemain, les journaux annonçaient la nomination de Benjamin Constant au conseil d'État. C'est là qu'il rédigea avec M. Molé, que nous venons de heurter ministre de Louis-Philippe, le fameux acte additionnel.

A la seconde restauration, cela vaut à Benjamin Constant

d'être proscrit; cette proscription lui refait une popularité, tant était grande la haine contre les Bourbons! Alors, il va en Angleterre, et publie *Adolphe.* En 1816, les portes de la France lui sont rouvertes; il fonde *la Minerve,* écrit au *Courrier,* au *Constitutionnel* et au *Temps.* C'est alors que je le vois, chez Châtelain et chez M. de Leuven. C'était un homme grand, bien constitué, nerveux outre mesure, pâle, avec de longs cheveux qui donnaient à son visage un caractère étrange de puritanisme, irritable comme une femme, joueur jusqu'à la folie! Depuis 1819, il était député; chaque jour, il arrivait un des premiers à la Chambre, strictement vêtu de l'uniforme aux fleurs de lis d'argent, tenant, été comme hiver, une redingote sous son bras; son autre bras était chargé de livres et d'épreuves d'imprimerie; il entrait clopin-clopant, appuyé sur une espèce de béquille, trébuchant deux ou trois fois avant d'arriver à son banc. Une fois arrivé à son banc, une fois assis, il se mettait à faire sa correspondance et à corriger ses épreuves, employant, les uns après les autres, tous les huissiers de la Chambre à faire ses mille commissions.

Ambitieux de toutes choses, sans avoir pu arriver à rien, pas même à l'Académie, où il échoua, la première fois contre Cousin, la seconde contre M. Viennet! tour à tour irrésolu et courageux, servile et indépendant, c'est en hésitations de toute nature qu'il passe ses dix ans de députation. Le lundi des ordonnances, il était à la campagne, où l'on venait de lui faire une grave opération; il reçoit une lettre de Vatout; elle était courte et significative :

« Mon cher ami, il se joue ici un jeu terrible où les têtes servent d'enjeu. Soyez beau joueur comme toujours, et venez apporter la vôtre. »

C'était tentant; aussi part-il. Le jeudi, il arrive à Montrouge, où les barricades le forcent à descendre de voiture; il traverse Paris au bras de sa femme, qui s'effraye en voyant quels hommes gardent l'hôtel de ville, et effraye son mari en s'effrayant.

— Partons à l'instant même pour la Suisse! s'écrie Benjamin Constant; cherchons un coin du monde où ne pénètre pas même la bande d'un journal!

Et il allait partir, en effet, quand il est reconnu. On crie : « Vive Benjamin Constant! » on l'enlève dans les bras, on lui fait un triomphe; son nom, placé le dernier sur la liste de la protestation des députés, se trouve à la queue de l'acte du 30 qui confère la lieutenance générale au duc d'Orléans; les deux signatures, appuyées par son immense réputation, par sa popularité toujours croissante, le portent encore une fois au conseil d'État. En attendant, il se débat contre la misère, et Vatout obtient du roi qu'il lui donne deux cent mille francs. Benjamin Constant les prend, à la condition, dit-il à celui qui les lui donne, de conserver toujours son franc parler.

— C'est bien comme cela que je l'entends! lui dit le roi.

Et ils s'embrassent.

Au bout de quatre mois, les deux cent mille francs sont joués, et Benjamin Constant se retrouve plus pauvre que jamais. Quinze jours avant sa mort, un ami entre chez lui, à dix heures du matin, et le trouve trempant une croûte de pain séché dans un verre d'eau. Cette croûte de pain, c'était tout ce qui lui restait de la veille; ce verre d'eau, il le devait à l'Auvergnat qui, le matin, avait empli sa fontaine.

Le 9 décembre, on annonça sa mort à la chambre des députés.

— De quoi est-il mort? demandèrent plusieurs membres.

Une voix lugubre, une voix accusatrice, une voix que personne n'osa contredire, répondit :

— De faim!

Ce n'était pas tout à fait vrai, mais ce l'était un peu, ce qui était déjà trop.

Alors, on se mit à lui décréter toute sorte de fêtes funéraires; on proposa une loi sur les honneurs à rendre aux grands citoyens par la patrie reconnaissante, et, comme cette loi ne pouvait être rendue le lendemain, on lui acheta provisoirement une tombe au cimetière de l'Est.

Oh! la belle chose que la reconnaissance des peuples! Avec

elle, on n'est pas toujours sûr de ne pas mourir de faim, c'est vrai ; mais, au moins, on est sûr, une fois mort, d'être glorieusement enterré, — quand toutefois on ne meurt pas en prison ou en exil.

Nous eûmes l'honneur de contribuer à la pompe de ce convoi formé de cent mille hommes, ombragé par des drapeaux voilés de crêpes, conduit par des tambours aux funèbres roulements et par des tam-tams aux vibrements sourds. Un instant, le boulevard tout entier fut inondé par une mer houleuse comme la marée qui monte; bientôt, au-dessus de cette mer, l'orage gronda. En sortant de l'église, les étudiants voulurent s'emparer du cercueil, et crièrent : « Au Panthéon! » Mais Odilon Barrot s'avança; le Panthéon n'était pas dans le programme; il s'opposa à cet enthousiasme, et, comme une lutte commençait :

— Force restera à la loi! dit-il.

Et il appela autour de lui cette force que les hommes du pouvoir appliquent, en général, bien moins au maintien de la loi qu'à l'exécution de leur volonté; ce qui, malheureusement, n'est pas toujours la même chose.

Dix-huit mois après, ces mêmes mots : « Force restera à la loi! » étaient prononcées sur un autre cercueil; mais, cette fois, force ne restait à la loi qu'après deux jours d'effroyable tuerie.

Sur le bord de la fosse de Benjamin Constant, la Fayette pensa s'évanouir d'émotion et de fatigue; on fut obligé de le soutenir et de le tirer en arrière, sinon il se couchait prématurément à côté du mort.

Nous raconterons comment même chose faillit lui arriver — mais pour ne pas se relever, cette fois, — sur le cercueil de Lamarque.

Chacun rentra chez soi à sept heures du soir, emportant un peu de cette électricité orageuse qui avait plané dans l'air toute la journée.

Le lendemain, la Chambre rendit une loi qui, à son tour, amena de graves conflits. C'était la loi relative aux **récompenses nationales**.

Le 7 octobre, M. Guizot était monté à la tribune, et avait dit :

« Messieurs, il tardait au roi comme à vous de sanctionner par une mesure législative le grand acte de reconnaissance nationale que la patrie doit aux victimes de notre révolution ; j'ai l'honneur de vous présenter un projet de loi à cet effet. Nos trois grandes journées ont coûté à plus de *cinq cents orphelins* leurs pères, à plus de *cinq cents veuves* leurs maris, à plus de *trois cents vieillards* l'affection et l'appui de leurs enfants. *Trois cent onze citoyens* resteront mutilés et incapables de reprendre leurs travaux, et *mille cinq cent soixante-quatre blessés* auront à supporter une incapacité temporaire. »

Une commission avait été nommée pour rédiger le projet de loi, et, le 13 décembre, la loi dite des récompenses nationales avait été votée.

Elle fixait les rentes à accorder aux veuves, aux pères, aux mères et aux sœurs des victimes ; elle déclarait que la France adoptait les orphelins qu'avaient faits les trois jours de combat, et contenait, entre autres dispositions :

« Art. 8. Pourront être nommés sous-officiers ou sous-lieutenants dans l'armée ceux qui, s'étant particulièrement distingués dans les journées de juillet, seront, d'après le rapport de la commission, jugés dignes de cet honneur, sans que, par régiment, le nombre de sous-lieutenants puisse excéder le nombre de deux, et celui des sous-officiers le nombre de quatre.

» Art. 10. Une décoration spéciale sera accordée à tous les citoyens qui se sont distingués dans les journées de juillet ; la liste de ceux qui doivent la porter sera dressée par la commission, et *soumise à l'approbation du roi* ; les honneurs lui seront rendus comme à la Légion d'honneur. »

Cette loi parut le 17 au *Moniteur*.

De même que le projet de loi avait été présenté le lendemain de la proposition de M. de Tracy sur la peine de mort, la loi était adoptée la veille du procès des ministres.

Tout cela signifiait : « Morts, que réclamez-vous? On fait des pensions à vos veuves, à vos pères, à vos mères, à vos sœurs!... Vivants, que vous faut-il de plus ? On vous nomme sous-officiers, sous-lieutenants, et l'on vous donne la croix ! Vous n'eussiez pas joui de ces avantages, si les ministres de Charles X n'eussent pas fait les ordonnances : glorifiez-les donc, au lieu de les accuser! »

Mais les esprits n'étaient point à la glorification de Polignac et de ses complices : on battait des mains à la révolution belge; on battait des mains à l'insurrection polonaise.

C'était sur le Luxembourg surtout que les yeux étaient fixés. Les ministres acquittés ou condamnés à toute autre peine que la peine de mort, la révolution de juillet était reniée, aux yeux de l'Europe, par le roi des barricades.

Mauguin, l'un des juges instructeurs, interrogé sur le châtiment que l'on devait infliger aux coupables avait répondu sans hésitation :

— La mort!

Aussi tous ces événements : violation de notre territoire par l'armée espagnole, mort de Benjamin Constant et refus de le laisser conduire au Panthéon, révolution belge et insurrection polonaise, étaient autant de vapeurs isolées venant grossir l'orage qui s'amoncelait au-dessus du Luxembourg.

Le 15 décembre, deux jours après le vote de la loi des récompenses nationales, deux jours avant sa promulgation au *Moniteur,* les débats s'ouvraient.

Le procès dura du 15 au 21.

Pendant ces six jours, nous ne quittâmes point notre uniforme.

Qu'attendions-nous ? Nous n'en savions rien. Plusieurs fois nous nous étions réunis, tantôt chez Cavaignac, tantôt chez Grouvelle, pour prendre un parti quelconque; mais rien de sérieux n'avait été proposé, et il avait été convenu que le Louvre, c'est-à-dire l'endroit où étaient nos pièces et nos munitions, resterait le centre commun, que l'on recevrait l'inspiration des circonstances, et que l'on agirait selon l'impulsion.

J'ai déjà eu l'occasion de nommer Grouvelle. Arrêtons-nous un instant sur lui et sur sa sœur : c'étaient deux figures admirables, deux cœurs dévoués comme des cœurs spartiates ou romains à la cause de la république.

Nous les retrouverons toujours et dans tout, jusqu'à ce que Grouvelle disparaisse de la scène politique, en même temps que sa sœur mourra folle à l'hospice de Montpellier.

Tous deux étaient fils et fille de Grouvelle, qui avait fait la première édition collective des *Lettres de madame de Sévigné*, de celui-là même qui, en qualité de secrétaire de la Convention, avait lu à Louis XVI la sentence de mort que lui apportait Garat.

Grouvelle avait, à l'époque où je l'ai connu, trente-deux ou trente-trois ans; sa sœur, vingt-cinq.

Lui n'avait rien de remarquable physiquement : mise très-simple, figure douce, des cheveux rares et blonds sur un crâne cerclé d'un bandeau noir cachant, sans doute, les traces du trépan.

Elle aussi était blonde avec les plus beaux cheveux du monde; des yeux bleus abrités sous des cils albinos donnaient une suprême expression de douceur à sa physionomie, qui, cependant, prenait une grande fermeté lorsque, des lignes supérieures, on descendait aux lignes de la bouche et du menton.

Elle avait son portrait chez elle, un charmant portrait, œuvre de madame Mérimée, la femme du peintre qui a fait le beau tableau de *l'Innocence et le Serpent*, la mère de Prosper Mérimée, l'auteur du *Vase étrusque*, de *Colomba*, de la *Vénus d'Ile* et de vingt romans qui ont tous une valeur de premier ordre.

La mère de Laure Grouvelle était une Darcet, sœur, je crois, de Darcet le chimiste, qui avait inventé la fameuse plaisanterie de la gélatine; par conséquent, elle était cousine du pauvre Darcet qui est mort si malheureusement, brûlé par une essence nouvelle qu'il essayait de substituer à l'huile de sa lampe; cousin aussi de la belle madame Pradier, qui n'était encore, à cette époque, que mademoiselle Darcet ou tout au plus *madame*.

Tous deux vivaient d'une petite fortune suffisant à leurs besoins, car Laure Grouvelle n'avait aucune des coquetteries de la femme : c'était quelque chose comme Charlotte Corday.

Il est à remarquer que tous les hommes de 1830, carbonari de 1821 et 1822, étaient des hommes, sinon riches, du moins indépendants, soit par leur fortune personnelle, soit par leur industrie, soit par leur talent. Bastide était riche, Thomas était riche, Cavaignac et Guinard vivaient de leurs rentes, Arago et Grouvelle avaient une position, Loëve-Weymars possédait un talent, Carrel du génie. Je pourrais les nommer tous, et l'on verrait qu'aucun d'eux n'agissait dans un but égoïste, qu'aucun d'eux n'avait besoin de faire une révolution pour s'enrichir, et que tous, au contraire, ont perdu aux révolutions qu'ils ont faites, les uns leur fortune, les autres leur liberté, quelques-uns la vie.

Mademoiselle Grouvelle ne s'était point mariée ; jeune fille, elle avait été recherchée, disait-on, par Étienne Arago ; il y avait déjà longtemps : c'était en 1821 ou 1822.

Étienne Arago était, en 1821, préparateur de chimie à l'École polytechnique ; il avait une vingtaine d'années ; il fit connaissance de Grouvelle chez Thénard. C'était un esprit méridional, un cœur ardent ; on voulait faire de lui un propagandiste, et, par son aide, notamment, introduire dans l'École la charbonnerie, dont Grouvelle était, avec Thénard, Mérilhou et Barthe, un des principaux chefs.

Ce furent les germes de républicanisme déposés par le jeune préparateur de chimie, et aussi, et surtout, pourrions-nous même dire, par Eugène Cavaignac, alors élève de l'École, qui firent plus tard les Vanneau, les Charras, les Lothon, les Millotte, les Caylus, les Latrade, les Servient et toute cette noble race de jeunes gens qui, de 1830 à 1848, se trouva à la tête de tous les mouvements.

Un an après, la charbonnerie s'était recrutée de Guinard, de Bastide, de Chevalon, de Thomas, de Gauja, de tous ces hommes, enfin, qu'on apercevait toujours à la lueur de la première amorce tirée.

Alors, il s'agit d'aller porter la charbonnerie au cordon sanitaire qui enveloppait l'Espagne, et d'établir des relations entre les patriotes de l'armée et ceux qui étaient réfugiés dans la Péninsule.

On jeta les yeux sur Étienne Arago, et, comme il fallait de l'argent pour faire le voyage, on alla chez Mérilhou.

Mérilhou était, comme je l'ai dit, un des chefs du carbonarisme ; il demeurait, alors, rue des Moulins.

Cavaignac et Grouvelle étaient les introducteurs d'Étienne.

Mérilhou regarda le néophyte, qui paraissait avoir à peine dix-huit ans.

— Vous êtes bien jeune, mon ami, lui dit le prudent avocat.

— C'est possible, monsieur, répondit Étienne ; mais, si jeune que je sois, j'ai déjà deux ans de charbonnerie.

— Savez-vous à quoi vous vous exposez en vous chargeant de cette mission de propagande ?

— Oui, parfaitement, je m'expose à l'échafaud.

Alors, le futur ministre de Louis-Philippe, le futur pair de France, le futur rapporteur du procès Barbès, lui posa la main sur l'épaule, et, théâtralement, à la manière des avocats :

— *Macte animo, generose puer !* lui dit-il.

Et il lui remit l'argent demandé.

Nous retrouverons M. Mérilhou au procès de Barbès, et le *macte animo* ne sera pas perdu. Pour le moment, revenons au procès des ministres.

La Fayette s'était prononcé définitivement : il avait répondu à la haute cour de sa sécurité ; il avait répondu au roi de la tête des ministres, si les ministres étaient acquittés. Aussi se faisait-il, en faveur du vieux général, un revirement curieux : la peur faisait chanter à ses plus grands ennemis ses louanges sur tous les airs ; le roi et madame Adélaïde le comblaient de caresses ; il était devenu l'homme indispensable ; il n'y avait pas de monarchie possible sans son appui... Qu'Atlas manque un seul instant à l'Olympe nouveau, et l'Olympe est renversé!

Lui voyait tout cela, et en riait, quand il n'en haussait pas les épaules.

Ce n'étaient point toutes ces caresses, toutes ces flatteries, toutes ces adulations qui le faisaient agir ; c'était sa conscience.

— Général, lui disais-je le 15 décembre, vous savez que vous jouez votre popularité à vouloir sauver la tête des ministres ?

— Mon enfant, me répondit-il, personne mieux que moi ne connaît le prix de la popularité : c'est le plus riche et le plus inestimable des trésors ; c'est le seul que j'aie jamais ambitionné ; mais, comme tous les autres trésors, quand le moment est venu, il faut le dépenser jusqu'au dernier sou, dans l'intérêt du bien public et de l'honneur national.

Certes, c'était très-beau, ce que faisait là le général la Fayette, d'autant plus beau que ceux mêmes pour qui il se sacrifiait devaient attribuer à la faiblesse ce qui était le résultat du dévouement.

Le procès des ministres avait amené un effroyable encombrement dans les rues adjacentes au Luxembourg ; à peine les troupes et la garde nationale pouvaient-elles circuler au milieu de cette masse.

Troupes de ligne et garde nationale obéissaient à la Fayette ; tous pouvoirs lui étaient remis : il avait la police du Palais-Royal, du Luxembourg et de la chambre des pairs. Il avait nommé commandant en second du Luxembourg, avec charge de veiller sur la sûreté des pairs, le colonel Lavocat, qui, par ces mêmes pairs, avait été autrefois condamné à mort. S'il eût pu évoquer le fantôme de Ney, il l'eût mis en sentinelle à la porte du palais !

Le colonel Feisthamel commandait en premier.

Lavocat était un des plus anciens carbonari.

Tous les partis se retrouvaient dans cette foule qui assiégeait les portes du Luxembourg, excepté le parti orléaniste ; nous nous heurtions là, républicains, carlistes, napoléoniens, chacun attendant l'événement pour en tirer profit selon son intérêt, son opinion ou sa conscience.

Nous avions des billets pour les tribunes réservées. J'assistai à l'avant-dernière séance; j'entendis le plaidoyer de M. de Martignac et celui de M. de Peyronnet; je fus témoin du triomphe de M. Sauzet, et je vis M. Crémieux se trouver mal.

Juste en ce moment, le bruit du tambour pénétra jusque dans la chambre des pairs.

On battait le rappel avec une espèce de rage.

Je me précipitai hors de la salle. La séance était à peu près suspendue, moitié par l'accident arrivé à M. Crémieux, moitié par le formidable bruit qui venait faire frissonner les accusés sur leur banc, et les juges sur leurs fauteuils.

Mon uniforme d'artilleur m'ouvrit toutes les foules. Je parvins dans la cour; elle était encombrée.

Un chariot de l'imprimerie royale était entré dans la principale cour, et, à sa suite, la multitude s'était précipitée grondante.

C'étaient ces grondements qui, mêlés aux sourds appels des tambours, pénétraient jusque dans la salle.

Il y eut, alors, parmi MM. les pairs, un moment de terreur et de confusion inexprimables; c'était inutilement que, de la porte, le colonel Lavocat criait :

— Ne craignez rien !... je réponds de tout... La garde nationale est et restera maîtresse de toutes les issues.

M. Pasquier n'entendait rien, et, de sa petite voix aigre et pointue, criait de son côté :

— Messieurs les pairs, la séance est levée... M. le commandant de la garde nationale me prévient qu'il ne serait pas prudent de tenir une séance de nuit.

C'était tout le contraire de ce que disait le colonel Lavocat; mais, comme la plupart des pairs n'avaient pas moins peur que leur illustre président, ils se levèrent, sortirent précipitamment de la salle, et la séance fut remise au lendemain.

En sortant, je heurtai un homme qui paraissait un des plus acharnés à l'émeute; il criait avec un accent étranger, une bouche hideuse et des yeux torves :

— Mort aux ministres !

— Ah! pardieu! dis-je au rédacteur en chef du *Moniteur*,

petit homme à cheveux blancs nommé Sauvo, qui le regardait comme moi; je parierais bien vingt-cinq louis que voilà un mouchard!

Je ne sais si je me trompais pour le moment; mais, ce que je sais, c'est que, cinq ans après, je retrouvai à son tour ce même homme sur la sellette de la cour des pairs.

C'était le Corse Fieschi.

CLXXXI

Les artilleurs au Louvre. — Complot bonapartiste pour nous enlever nos pièces. — Distribution de cartouches par Godefroy Cavaignac. — Les abords du Luxembourg au moment de la condamnation des ministres. — Départ des condamnés pour Vincennes. — Déroute des juges. — La Fayette et l'émeute. — Bastide et le commandant Barré. — Faction avec Prosper Mérimée.

Je revins au Louvre pour prendre des nouvelles, et pour en donner.

Il est impossible de se figurer l'agitation qui régnait sur ce point central de l'artillerie.

Notre premier colonel, Joubert, nous avait été enlevé, et, comme le colonel n'était pas à notre nomination, il avait été remplacé par le comte Pernetti.

Le comte Pernetti était tout entier à la cour; or, la cour, avec juste raison, se défiait de nous, et ne cherchait qu'une occasion de nous dissoudre.

De notre côté, à chaque instant nous rencontrions des hommes que nous avions vus sur les barricades, et qui nous arrêtaient pour nous dire :

— Nous reconnaissez-vous? Nous étions-là... là... là, avec vous.

— Oui, je vous reconnais... Eh bien?

— Eh bien, s'il fallait marcher contre le Palais-Royal comme nous avons marché contre les Tuileries, est-ce que vous nous abandonneriez?

Et, alors, on se serrait les mains, on se regardait avec des yeux enflammés, et l'on se quittait, les artilleurs en se disant : « Le peuple marche! » les gens du peuple en répétant : « Les artilleurs sont avec nous ! »

Tous ces bruits flottaient dans l'air, et semblaient, comme des vapeurs, s'arrêter aux plus hauts monuments.

Le Palais-Royal n'était qu'à cent cinquante pas du Louvre, et dans le Louvre se trouvaient vingt-quatre pièces d'artillerie, vingt mille coups à tirer, et, sur huit cents artilleurs, six cents républicains.

Il n'y avait pas de complot arrêté; mais il était bien évident que, si le peuple marchait, l'artillerie marcherait avec le peuple.

Aussi M. de Montalivet, le frère du ministre, avait-il, vers une heure de l'après-midi, averti son frère qu'il y avait un coup monté pour nous enlever nos pièces.

Le général la Fayette fit aussitôt prévenir Godefroy Cavaignac de l'avis qui lui était donné.

Or, nous voulions bien marcher avec le peuple, manœuvrer nos pièces, courir les chanches d'une seconde révolution, comme nous avions couru les chances d'une première; mais les pièces, qui étaient en quelque sorte notre propriété, dont la responsabilité pesait sur nous, nous ne voulions pas qu'on nous les enlevât.

Ce bruit d'un coup de main sur le Louvre avait d'autant plus de consistance que, depuis deux ou trois jours, il était fort question d'un complot bonapartiste; et, si nous étions tout disposés à nous battre pour la Fayette et la république, nous n'entendions pas risquer un cheveu pour Napoléon II.

En conséquence, Godefroy Cavaignac, prévenu, avait apporté un ballot de deux ou trois cents cartouches qu'il avait jeté sur une des tables de jeu qui étaient dans le corps de garde.

Alors, chacun avait empli sa giberne et ses poches.

Quand j'arrivai au Louvre, le partage était fait; mais peu m'importait! ma giberne était pleine depuis le jour où j'avais été convoqué pour enlever la Chambre.

Nous avions, comme on le comprend bien, pas mal de mouchards parmi nous, et je pourrais nommer deux hommes qui reçurent la croix de la Légion d'honneur pour avoir rempli dans nos rangs cet honorable office.

Une heure après la distribution, on était prévenu au Palais-Royal.

Un quart d'heure après qu'on y était prévenu, je recevais une lettre d'Oudard, qui me priait, si j'étais au Louvre, de passer à l'instant même à son bureau.

Je montrai la lettre à nos camarades en leur demandant ce qu'il fallait que je fisse.

— Parbleu! vas-y, me répondit Cavaignac.

— Et, si l'on m'interroge?...

— Dis la vérité... Si les bonapartistes veulent nous enlever nos pièces, nous brûlerons la dernière cartouche pour les défendre; mais, si le peuple marche contre le Luxembourg, *et même contre tout autre palais*, nous marcherons avec lui.

— Cela me va parfaitement; j'aime la franchise, moi!

Je me rendis au Palais-Royal.

Les bureaux étaient encombrés de monde; on sentait le frémissement du centre allant jusqu'aux extrémités, et, à en juger par les extrémités, on devait être très-agité au centre.

Oudard m'interrogea; ce n'était pas pour autre chose qu'il m'avait prié de venir.

Je répétai littéralement les paroles de Cavaignac.

Autant que je puis me le rappeler, cela se passait le 20 au soir.

Le 21, j'allai reprendre mon poste, rue de Tournon. Jamais la foule n'avait été si compacte : la rue de Tournon, la rue de Seine, la rue des Fossés-Monsieur-le-Prince, la rue Voltaire, la place de l'Odéon, la place Saint-Michel, la place de l'École-de-Médecine regorgeaient de gardes nationaux en armes et de troupes de ligne. On en était arrivé à persuader aux gardes nationaux qu'il y avait complot pour le pillage des boutiques; que le peuple de juillet, arrêté par la nomination du duc d'Orléans à la lieutenance générale, avait juré de prendre sa revanche; or, les bourgeois, toujours faciles à ces sortes de bruits, étaient accourus en masse, et proféraient des menaces terribles contre les pillards des trois journées, qui n'avaient pillé, c'est vrai, ni le 27, ni le 28, ni le 29, mais qui allaient piller le 30, si la lieutenance générale n'y avait pas mis bon ordre!...

Au reste, il est juste de dire que tous ces braves gens qui attendaient là, le fusil au pied, ne s'étaient dérangés de chez eux que dans l'attente d'une condamnation capitale.

Vers deux heures, on annonça que les plaidoiries étaient terminées, que les débats étaient clos, et que l'arrêt allait être prononcé. Alors, il se fit un grand silence, comme si chacun eût craint que sa voix n'empêchât d'entendre la grande voix qui, sans doute, pareille à celle de l'ange du jugement dernier, allait proclamer le jugement suprême de la haute cour.

Tout à coup, des hommes se précipitent de l'intérieur du Luxembourg, et s'élancent dans la rue de Tournon en criant :

— A mort!... condamnés à mort!

Une immense clameur leur répond, s'élevant de tous les rayons de cette étoile gigantesque dont le Luxembourg est le centre.

Puis chacun essaye de se faire jour pour aller porter, soit dans son quartier, soit dans sa maison, l'âcre primeur de cette terrible nouvelle.

Puis bientôt on s'arrête; la multitude semble refoulée; on remonte vers le Luxembourg, comme un courant qui rebrousse chemin. Un autre bruit vient de se répandre. Est-ce vrai ou non que les ministres, au lieu d'être condamnés à mort, sont condamnés seulement à la prison perpétuelle, et que cette fausse nouvelle de la peine de mort n'avait d'autre but que de favoriser leur fuite?

Alors, les physionomies changent; les cris de menace commencent à se faire entendre; les gardes nationaux frappent de la crosse de leurs fusils le pavé de la rue. Venus pour défendre les pairs, ils paraissent tout prêts, à la nouvelle de l'acquittement, — tout ce qui n'est pas la mort est l'acquittement, — ils paraissent tout prêts à marcher contre les pairs.

Pendant ce temps, voici ce qui se passait à l'intérieur.

On savait d'avance au Palais-Royal que la sentence portée serait celle de la reclusion perpétuelle.

M. de Montalivet, ministre de l'intérieur, avait reçu du roi la charge de faire conduire les ex-ministres sains et saufs à Vincennes.

Un coup de canon tiré au moment où ils passeraient le pont-levis du château devait annoncer au roi qu'ils étaient en sûreté.

M. de Montalivet avait choisi le général Fabvier et le colonel Lavocat pour partager avec lui ce dangereux honneur.

Au moment où il vit paraître les quatre ministres, qu'on faisait sortir de la salle, pour que la cour, selon sa coutume, prononçât son jugement hors de leur présence :

— Messieurs, dit-il au général Fabvier et au colonel Lavocat, attention! nous allons faire de l'histoire; tâchons qu'elle soit à l'honneur de la France!

Une calèche légère attendait les prisonniers au guichet du petit Luxembourg.

C'est alors que des hommes apostés par M. de Montalivet s'élancèrent par la grille d'honneur, criant, comme nous l'avons déjà dit :

— A mort!... condamnés à mort!

Les prisonniers purent entendre l'immense clameur triomphale qui accueillit cette fausse nouvelle.

Mais déjà la voiture, enveloppée de deux cents cavaliers, était partie, se dirigeant vers les boulevards extérieurs, avec la vitesse et le bruit d'un ouragan.

MM. de Montalivet et Lavocat galopaient chacun à une portière.

Les juges s'étaient réunis dans la galerie de Rubens pour délibérer.

De là, ils voyaient, aussi loin que leurs regards pouvaient s'étendre, briller les canons et les baïonnettes des fusils, et tourbillonner le peuple.

La nuit venait rapide; mais les habitants de chaque maison avaient placé des lampions sur leurs fenêtres, et une immense illumination, qui donnait au spectacle un caractère plus solennel encore, avait succédé au jour.

Tout à coup, les pairs entendent des cris; ils voient, on pourrait presque dire ils sentent le mouvement terrible qui s'opère : chaque vague de cette mer, déjà écoulée ou près de s'écouler, remonte sur elle-même; la marée, que l'on croyait à son départ, se retourne et vient, plus menaçante que jamais, battre les puissantes murailles du palais Médicis: mais les juges comprennent qu'il n'y a pas de muraille, pas de digue, pas de rempart contre la colère de l'Océan ; chacun d'eux trouve un prétexte, ou même n'en cherche pas pour s'esquiver. M. Pasquier devient brave par comparaison, il a honte de cette déroute.

— C'est indécent ! crie-t-il ; que l'on ferme les portes!

En même temps, on prévient la Fayette que le peuple se rue contre le palais.

— Messieurs, dit-il en se retournant vers les trois ou quatre personnes qui attendent ses ordres, voulez-vous venir voir avec moi ce qui se passe?

Et, tandis que M. Pasquier rentre dans la salle d'audience presque déserte, et prononce, à la mourante lueur d'un lustre à moitié éteint, l'arrêt qui condamne les accusés à la prison perpétuelle, et frappe le prince de Polignac de mort civile, l'homme de 1789 et de 1830 apparaît dans la rue, aussi calme, le 21 décembre, en annonçant au peuple la quasi-absolution des ministres, qu'il l'était, quarante ans auparavant, en annonçant aux pères de ceux qui l'écoutent aujourd'hui la fuite du roi à Varennes.

Un instant, on put croire que le noble vieillard avait trop présumé ou de la magnanimité de la foule ou de sa popularité : les flots de cet océan, d'abord ouverts avec respect devant lui, se rapprochèrent en grondant; une sourde menace courut dans la multitude, qui sentait sa force, et qui n'avait besoin que de faire un mouvement pour tout moudre comme du grain, pour tout briser comme du verre.

Les cris : « A mort les ministres! à mort! à mort! » s'échappèrent de toutes les bouches.

La Fayette veut parler, mais les imprécations couvrent sa voix.

Enfin, il parvient à faire entendre ces paroles :

— Citoyens, je ne reconnais pas ici les combattants de juillet!

— Je crois bien! répond une voix, comment les reconnaîtriez-vous? Vous n'étiez pas avec eux !

Le moment était suprême; nous étions quatre ou cinq artilleurs ensemble; M. Sarrans, qui accompagnait le général, nous fait signe d'accourir. Grâce à notre uniforme, respecté du peuple comme un drapeau d'opposition, nous arrivons jusqu'au général, qui me reconnaît et me prend le bras; d'autres patriotes se joignent à nous, et la Fayette se trouve avoir, enfin, un entourage d'amis au milieu duquel il respire.

Mais, de tous côtés, les gardes nationaux furieux quittent leurs postes; quelques-uns chargent leurs fusils, d'autres les jettent loin d'eux, tous crient à la trahison.

En ce moment, le bruit d'un coup de canon traverse l'air comme un écho de la foudre. C'est M. de Montalivet qui annonce au roi que les ministres sont sauvés; mais, nous, dans notre ignorance, nous croyons reconnaître un signal qui nous est donné par nos camarades du Louvre; nous lâchons le général, et, tirant nos poignards, nous nous précipitons vers le pont Neuf en criant : « Aux armes! »

A nos cris, à la vue de notre uniforme, à l'aspect des lames nues, le peuple d'abord s'ouvre devant nous, puis bientôt se met à courir dans toutes les directions en criant de son côté : « Aux armes! »

Nous arrivons au Louvre comme les gardiens vont en fermer les grilles; nous repoussons grilles et gardiens, nous entrons de force. Que l'on ferme les grilles derrière nous, une fois entrés, peu nous importe!

Il y avait à peu près six cents artilleurs dans le Louvre.

Je m'élançai dans le corps de garde placé à gauche en entrant par la grille de la place Saint-Germain-l'Auxerrois.

La nouvelle de l'absolution des ministres était déjà connue, et produisait son effet. On eût dit que l'on marchait sur de la lave.

Je vois l'adjudant Richy s'approcher de Bastide, et lui dire tout bas quelques mots à l'oreille.

— Ce n'est pas possible! s'écrie Bastide.

— Voyez-y plutôt vous-même, ajoute Richy.

Bastide sort précipitamment, et presque aussitôt nous l'entendons crier :

— A moi, les artilleurs de la troisième!

Mais, avant que nous eussions eu le temps de franchir le seuil du corps de garde, lui avait enjambé les cordages du parc, et était allé droit à un groupe d'hommes qui, malgré la consigne, se trouvait dans l'enceinte réservée aux pièces.

— Hors du parc! criait Bastide, hors du parc à l'instant même, ou je vous passe mon sabre au travers du corps, à tous les uns après les autres!

— Capitaine Bastide, dit un des hommes à qui s'adressait cette menace, je suis le commandant Barré...

— Soyez le diable, peu m'importe! la consigne est qu'on n'entre pas dans le parc : hors du parc!

— Pardon, dit Barré, mais je voudrais bien savoir qui commande ici, ou de vous ou de moi?

— Celui qui commande ici, c'est le plus fort... Je ne vous connais pas... A moi, artilleurs!

Nous étions cinquante autour de Bastide, le poignard à la main.

Quelques-uns avaient eu le temps de prendre au râtelier leurs mousquetons tout chargés.

Barré céda.

— Que voulez-vous? demanda-t-il.

— Prenez une pièce au hasard, et mettez-la en batterie! nous crie Bastide.

Nous nous élançons sur la première pièce venue; mais, au troisième tour de roue, la rondelle saute, et la roue tombe.

— Ce que je veux, dit Bastide, c'est que vous me rendiez les esses de mes pièces, que vous venez d'enlever.

— Mais, enfin...

— Les esses ! ou je vous répète que je vous passe mon sabre au travers du corps !

Barré vida un sac dans lequel il y avait déjà une dizaine d'esses.

Nous nous précipitâmes dessus, et remîmes nos pièces en état.

— C'est bien, dit Bastide. Maintenant, hors du parc !

Tout le monde sortit.

Barré courut remettre son commandement au comte Pernetti, qui le refusa.

Bastide me laissa de garde au parc avec Mérimée : la consigne était de faire feu sur quiconque approcherait du parc, et, au deuxième qui-vive, n'avancerait pas à l'ordre.

De cette heure de faction — vu la gravité de la circonstance, on avait réduit à une heure la durée des factions, — date ma connaissance avec Mérimée; nous causâmes une partie du temps qu'elle dura... de quoi ? Chose singulière dans la circonstance! de peinture, de littérature et d'architecture.

Dix ans plus tard, ce fut Mérimée qui, se rappelant sans doute ce qu'il avait bien voulu me dire dans cette nuit-là, à savoir que j'avais l'esprit le plus dramatique qu'il connût, fit penser à M. de Résumat, alors ministre de l'intérieur, à me demander une comédie pour le Théâtre-Français.

M. de Résumat m'écrivit pour me demander cette pièce en y joignant un mandat de cinq mille francs de prime. Un mois après, *un Mariage sous Louis XV* était fait, lu et refusé au Théâtre-Français.

Je raconterai plus longuement, à sa date, l'histoire d'*un Mariage sous Louis XV*, frère cadet d'*Antony*, et qui eut presque autant de mal à se placer qu'en avait eu son aîné.

Revenons à la nuit du Louvre.

CLXXXII

Nous sommes cernés dans la cour du Louvre. — Nos munitions nous sont enlevées par surprise — Proclamation des Écoles. — La Chambre vote des remercîments aux Écoles. — Protestation de l'École polytechnique. — Discussion à la Chambre sur le commandement général des gardes nationales. — Démission de la Fayette. — Réponse du roi. — Je suis nommé capitaine en second.

Pendant ma faction, un grand nombre d'artilleurs étaient rentrés ; nous nous trouvions à peu près au complet. Quelques-uns, couverts de manteaux, s'étaient fait ouvrir la grille du côté du Carrousel, quoique l'on nous eût dit que, par ordre du gouverneur du Louvre, cette grille dût rester fermée.

On nous a assuré, depuis, que le duc d'Orléans était au nombre de ces artilleurs à manteau ; sans doute, il avait, avec son courage habituel, voulu juger par lui-même de l'esprit du corps auquel il appartenait.

Au moment où je rentrai au corps de garde, tout y était dans une effroyable ébullition ; on sentait que la lutte était près de s'engager au sein de l'artillerie elle-même, et que les premiers coups de mousqueton allaient être échangés entre camarades.

Un artilleur dont j'ai oublié le nom monta sur une table, et commença de lire une proclamation qu'il venait de rédiger : c'était un appel aux armes.

A peine avait-il lu quelques lignes, que Grille de Beuzelin, qui appartenait à l'opinion réactionnaire, la lui arracha des mains, et la déchira.

L'artilleur tirait son poignard, et la chose allait, selon toute probabilité, finir le plus tragiquement du monde, quand un des nôtres se précipita dans le corps de garde en criant :

— Nous sommes cernés par la garde nationale et la troupe de ligne !

Il n'y eut qu'un cri : « Aux pièces ! »

Faire une trouée dans le cordon qui nous enveloppait ne nous inquiétait pas : nous avions plus d'une fois rivalisé d'adresse et de promptitude avec les artilleurs de Vincennes.

D'ailleurs, aux premiers coups de canon qui retentiraient dans Paris, nous en étions bien sûrs, le peuple se rallierait à nous.

On venait donc nous proposer la partie que nous allions offrir.

De leur côté, les artilleurs qui ne partageaient pas notre opinion s'étaient retirés vers la façade du Louvre la plus rapprochée des Tuileries; ils étaient cent cinquante, à peu près.

Par malheur, ou plutôt par bonheur, nous apprîmes tout à coup que les caves où nous déposions nos munitions étaient vides. Le gouverneur du Louvre, prévoyant les scènes que je viens de raconter, avait fait enlever ces munitions dans la journée.

Dès lors, nous n'avions plus, pour moyens d'attaque ou de défense, que nos mousquetons et six ou huit cartouches par homme.

Ces moyens de défense paraissaient, cependant, assez formidables encore pour qu'on se contentât de nous cerner.

Nous passâmes la nuit, nous attendant, à chaque minute, à être attaqués. Ceux de nous qui dormirent, dormirent le mousqueton entre les jambes.

Le jour parut et nous trouva sous les armes.

La situation tournait peu à peu du tragique au comique : les boulangers, les marchands de vins et les charcutiers avaient à l'instant même établi leur petite spéculation, et nous avaient rassurés sur cette crainte que l'on voulait nous prendre par la famine.

Nous ressemblions assez à une ménagerie de bêtes féroces enfermées pour cause de sécurité publique. La ressemblance était d'autant plus frappante que l'on commençait à nous venir voir à travers les grilles.

Parmi ceux qui venaient nous voir, au reste, étaient quelques amis qui nous apportaient des nouvelles.

Le tambour battait dans tous les quartiers; — quant à cela,

ce n'était point une nouvelle, car nous l'entendions parfaitement; — mais le tambour *ne rendait pas.*

Jusqu'à midi, la situation politique du roi fut grave; à cette heure-là, rien n'était encore décidé ni pour ni contre lui.

A une heure, nous apprîmes que les étudiants, leurs cartes au chapeau, et les élèves de l'École en uniforme, parcouraient la ville, mêlés aux gardes nationaux de la 12e légion, et appelaient le peuple à la modération.

En même temps, des affiches signées de quatre élèves — un de chaque école — étaient placardées sur tous les murs.

Voici la reproduction littérale d'une de ces affiches :

« Les patriotes qui, dans tous les temps, ont dévoué leur vie et leurs veilles à notre indépendance sont toujours là, inébranlables dans le sentier de la liberté ; ils veulent, comme vous, de larges concessions qui agrandissent cette liberté ; mais, pour les obtenir, la force n'est pas nécessaire. De l'ordre ! et, *alors, on demandera une base plus républicaine pour nos institutions;* nous l'obtiendrons; nous serons alors plus forts, parce que nous agirons franchement. *Que si ces concessions n'étaient pas accordées, alors ces patriotes, toujours les mêmes, et les Écoles, qui marchent avec eux, vous appelleraient pour les conquérir.* Rappelez-vous que l'étranger admire notre révolution, parce que nous avons été généreux et modérés ; qu'il ne dise pas que nous ne sommes pas mûrs pour la liberté, et surtout qu'il ne profite pas des dissensions qu'il allume peut-être ! »

Suivaient les quatre signatures.

Cette promenade dans les rues de Paris et ces affiches placardées sur tous les murs suffirent pour calmer les esprits.

L'absence des artilleurs, absence dont on ignorait la cause, contribua à rétablir la tranquillité.

Le roi reçut avec une foule de tendresses la députation des Écoles, qui s'en retourna enchantée, ne doutant pas que les libertés qu'elle rêvait ne lui fussent accordées d'avance.

Le soir, les gardes nationaux et la troupe de ligne qui nous cernaient reprirent leurs rangs, et s'éloignèrent.

Derrière eux, les grilles du Louvre s'ouvrirent.

On laissa la garde ordinaire près des canons, et chacun se retira chez soi. Tout était fini provisoirement.

Le lendemain, sur la proposition de M. Laffitte, la chambre des députés vota des remercîments aux élèves des Écoles « pour le dévouement et la noble conduite qu'ils avaient montrés la veille en maintenant l'ordre et la tranquillité publique. »

Malheureusement, il y avait, dans le discours de M. Laffitte, quêtant à la Chambre ces remercîments, une phrase qui blessa les élèves de l'École polytechnique.

Voici cette phrase, accentuée de son interruption :

— Les trois écoles, avait dit le ministre, ont envoyé des députations chez le roi, ont manifesté les plus nobles sentiments, le plus grand courage, la plus entière soumission aux lois, et ont assuré qu'elles feraient tous leurs efforts pour assurer le maintien de l'ordre.

— A quelles conditions? à quelles conditions? s'écrièrent alors les députés, qui avaient sur le cœur les phrases que nous avons soulignées dans la proclamation des Écoles.

— A AUCUNE!... AUCUNE CONDITION N'A ÉTÉ FAITE, répondit M. Laffitte; *s'il y a eu quelques individus qui ont pu tenir des propos ou offrir des conditions, cela n'est pas venu à la connaissance du gouvernement.*

Le lendemain, une protestation signée de quatre-vingt-neuf élèves de l'École polytechnique répondait ainsi aux remercîments de la Chambre et à la dénégation de M. Laffitte :

« Une portion de la chambre des députés a daigné voter des remercîments à l'École polytechnique sur des faits *infidèlement* rapportés ; ces faits, nous les démentons en partie, nous, élèves de l'École soussignés, et nous ne voulons pas de ces remercîments.

» Les Écoles avaient été calomniées, dit la protestation de

l'École de droit; on les accusait de vouloir se mettre à la tête des artisans de trouble, et d'obtenir, par la force brutale, les conséquences du principe consacré par notre sang.

» Nous avons protesté solennellement, et, *nous qui avons payé comptant la liberté qu'on nous marchande*, nous avons prêché l'ordre public, sans lequel il n'y a pas de liberté; mais l'avons-nous fait pour provoquer les remercîments et les battements de mains de la chambre des députés?

» Non !

» Nous avons accompli un devoir. Ah ! sans doute, nous serions fiers et glorieux des remercîments de la France; mais nous cherchons vainement la France dans la chambre des députés, et nous répudions des éloges dont la condition est *le prétendu désaveu d'une proclamation dont nous déclarons adopter de la manière la plus absolue l'esprit et les termes.* »

Il va sans dire que le ministre de la guerre mit aux arrêts les quatre-vingt-neuf élèves; mais la protestation était faite, et *les conditions auxquelles ils avaient consenti à appuyer le gouvernement* étaient réservées.

On voit que l'accord entre Sa Majesté Louis-Philippe et MM. les élèves des trois écoles n'avait pas été long.

Il ne devait guère durer davantage avec ce pauvre général la Fayette, dont on n'avait plus besoin.

En effet, il venait, aux troubles de décembre, de jouer sa popularité, et il l'avait perdue. Dès lors, c'était un homme inutile, et à quoi bon être reconnaissant envers un homme inutile?

Le 24 décembre, M. Dupin et autres députés bien en cour proposaient et faisaient adopter cet amendement à l'article 64 de la loi sur la garde nationale, que la Chambre était en train de discuter :

« Les fonctions de commandant général des gardes nationales du royaume cesseront en même temps que les circonstances qui les ont rendues nécessaires; ce commandement général ne pourra jamais être rétabli que par une loi; nul ne pourra y être appelé en aucun cas qu'en vertu d'une loi spéciale. »

C'était tout simplement destituer le général la Fayette.
Le coup était d'autant plus perfide que le général n'assistait point à la séance.
Aussi, dès le lendemain de cette scandaleuse discussion à la Chambre, le général la Fayette écrivait — de sa main, cette fois, j'en ai vu le brouillon — cette lettre au roi :

« Sire,

» La résolution prise hier par la chambre des députés, *avec l'assentiment des ministres du roi,* pour la suppression du commandement général des gardes nationales, à l'instant même où la loi va être votée, exprime déjà le sentiment de deux des branches de la puissance législative, et *surtout de celle dont j'ai l'honneur d'être membre;* je croirais lui manquer de respect si j'attendais toute autre formalité pour envoyer au roi, comme je le fais ici, ma démission des pouvoirs que son ordonnance m'avait confiés. Votre Majesté sait, et la correspondance de l'état-major le prouverait au besoin, que leur exercice n'a pas été aussi *illusoire* jusqu'à présent qu'on l'a dit à la tribune. La patriotique sollicitude du roi y pourvoira, et, par exemple, il sera important de réparer, par des ordonnances que la loi laisse à sa disposition, l'inquiétude qu'a produite le morcellement des bataillons ruraux, et la crainte de voir réduire aux villes de guerre ou des côtes la très-utile institution de l'artillerie du royaume.

» Le président du conseil a bien voulu proposer de me donner le commandement honoraire; il sentira lui-même et Votre Majesté jugera que ces décorations nominales ne conviennent ni aux institutions d'un pays libre ni à moi.

» En remettant avec respect et reconnaissance aux mains du roi la seule ordonnance qui me donne de l'autorité sur la garde nationale, j'ai pris des précautions pour que le service n'en souffrit pas. Le général Dumas (1) prendra les ordres du ministre de l'intérieur; le général Carbonnel distribuera le service de la capitale jusqu'à ce que Votre Majesté ait bien voulu pourvoir à son remplacement, qu'il demande.

» Je prie Votre Majesté d'agréer l'hommage bien cordial de mon attachement et de mon respect.

» LA FAYETTE. »

Louis Blanc, si bien informé d'habitude, dit que le général la Fayette, « gentilhomme jusque dans son dépit, n'eut garde de laisser percer dans sa lettre au monarque la profondeur de ses ressentiments. » S'il eût connu la lettre dont il parle, et que nous venons de mettre sous les yeux du lecteur, il n'eût point dit cela. Au reste, il est permis à Louis Blanc d'ignorer le contenu de cette lettre, qui resta secrète, et ne fut communiquée qu'à quelques intimes du général.

Le même jour, Louis-Philippe répondait :

« Je reçois à l'instant, mon cher général, *votre lettre, qui m'a peiné autant que surpris par la décision que vous prenez.* JE N'AI PAS ENCORE EU LE TEMPS DE LIRE LES JOURNAUX. Le conseil des ministres s'assemble à une heure ; alors, je serai libre, c'est-à-dire entre quatre et cinq, que j'espère vous voir, et vous faire revenir sur votre détermination.

» Agréez, mon cher général, etc.

» LOUIS-PHILIPPE. »

Nous citons cette lettre pour faire le pendant de celle à M. Laffitte, et, comme on voit, nous la citons sans commentaires; mais nous ne pouvons, cependant, résister au désir de faire remarquer à nos lecteurs que le roi Louis-Philippe avait besoin de lire les journaux pour savoir ce qui se passait à la Chambre, et que, le 25 décembre, à midi, il ne les avait pas encore lus !...

(1) Mathieu Dumas.

Le moyen de croire, après cette preuve d'insouciance sur les actes de ses ministres, que le roi n'était pas un vrai roi constitutionnel, régnant, mais ne gouvernant pas !

Seulement, notons ceci, comme M. de Talleyrand nota la fin du règne des Bourbons : c'est que, le 25 décembre 1830, la carrière politique du général la Fayette était terminée.

Une démission qui fit moins de bruit, et qui eut pour moi, ainsi qu'on le verra à la date du 1er janvier 1831, un résultat assez grotesque, fut donnée le même jour que celle du général la Fayette; c'était la démission d'un de nos deux capitaines de la quatrième batterie.

Aussitôt cette démission connue, les artilleurs s'assemblèrent d'urgence pour nommer un autre capitaine.

La majorité des suffrages s'étant réunie sur moi, je fus élu capitaine en second.

Dans les vingt-quatre heures, mes galons, mes épaulettes et ma corde à fourrage de laine furent échangés contre une corde à fourrage, des épaulettes et des galons d'or.

Le 27, je commandais l'exercice, revêtu des insignes de ma nouvelle qualité.

On va voir tout à l'heure combien de temps je devais les porter.

CLXXXIII

Chodruc-Duclos. — Son portrait. — Sa vie à Bordeaux. — Son emprisonnement à Vincennes. — Le maire d'Orgon. — Chodruc-Duclos se fait Diogène. — M. Giraud-Savine. — Pourquoi Nodier vieillissait. — Stibert. — Une leçon de tir. — Mort de Chodruc-Duclos.

Faisons un instant trêve à la politique, dont je suis peut-être aussi las que le lecteur.

Un autre homme avait donné sa démission presque en même temps que la Fayette : c'était Chodruc-Duclos, le Diogène du Palais-Royal, cet homme à la longue barbe dont nous avons promis de dire deux mots.

Un matin, les habitués des galeries de pierre virent, avec

étonnement, passer Chodruc-Duclos chaussé de souliers et de bas, vêtu d'une redingote seulement à demi-usée, et coiffé d'un chapeau presque neuf!

Nous emprunterons à *la Némésis* de Barthélemy le portrait de Chodruc-Duclos; puis nous le compléterons par quelques renseignements qui nous sont personnels, et par quelques anecdotes que nous croyons inconnues.

Après avoir peint tout ce peuple d'affamés qui, de cinq heures à sept heures du soir, tourbillonne autour des caveaux de Véfour et des Frères-Provençaux, le poëte arrivait au roi des déguenillés, à Chodruc-Duclos.

Voici les vers de Barthélemy, qui peignent l'homme avec ce bonheur de pinceau et cette justesse d'expression qui faisaient un des principaux caractères du talent de l'auteur de *la Némésis :*

> Mais, autant qu'un ormeau s'élève sur l'arbuste,
> Autant que Cornuet domine l'homme-buste (1),
> Sur cette obscure plèbe errante dans l'enclos,
> Autant plane et surgit l'héroïque Duclos.
> Dans cet étroit royaume où le destin les parque,
> Les terrestres damnés l'ont élu pour monarque :
> C'est l'archange déchu, le Satan bordelais,
> Le Juif errant chrétien, le Melmoth du palais.
> Jamais l'ermite Paul, le virginal Macaire,
> Marabout, talapoin, faquir, santon du Caire,
> Brahme, guèbre, parsis adorateur du feu,
> N'accomplit sur la terre un plus terrible vœu!
> Depuis sept ans entiers, de colonne en colonne,
> Comme un soleil éteint ce spectre tourbillonne ;
> Depuis le dernier soir que l'acier le rasa,
> Il a vu trois Véfour et quatre Corazza ;
> Sous ses orteils, chaussés d'éternelles sandales,
> Il a du long portique usé toutes les dalles ;

---

(1) Cornuet occupait un des pavillons littéraires qui s'élevaient à chaque extrémité du jardin du Palais-Royal ; l'autre était occupé par un nain qui était tout buste, et semblait ramper sur deux jambes presque invisibles.

> Être mystérieux qui, d'un coup d'œil glaçant,
> Déconcerte le rire aux lèvres du passant,
> Sur tant d'infortunés, infortune célèbre !
> Des calculs du malheur c'est la vivante algèbre.
> De l'angle de Terris jusqu'à Berthellemot,
> Il fait tourner sans fin son énigme sans mot.
> Est-il un point d'arrêt à cette ellipse immense ?
> Est-ce dédain sublime, ou sagesse, ou démence ?
> Qui sait ? Il veut peut-être, au bout de son chemin,
> Par un enseignement frapper le genre humain ;
> Peut-être, pour fournir un dernier épisode,
> Il attend que Rothschild, son terrestre antipode,
> Un jour, dans le palais, l'aborde sans effroi,
> En lui disant : « Je suis plus malheureux que toi ! »

Nous allons tâcher d'être l'Œdipe de cet autre sphinx, et de deviner cette énigme, non pas sans mot, mais dont le mot resta longtemps inconnu.

Chodruc-Duclos était né à Sainte-Foy, près de Bordeaux. A l'époque de la révolution de juillet, ce pouvait être un homme de quarante-huit ans, grand, fort, admirablement fait, cachant sous sa barbe des traits qui avaient dû être d'une rare beauté, et montrant avec affectation des mains toujours très-propres.

Il était, sinon par son adresse, du moins par son courage, le chef de cette pléiade de duellistes qui florissaient à Bordeaux, pendant l'Empire, sous le nom de *crânes*. Tous étaient royalistes. MM. Lercaro, Latapie et de Peyronnet passaient pour les amis les plus intimes de Duclos. Ces hommes avaient, d'ailleurs, une qualité remarquable : ils ne se battaient jamais entre eux.

Soupçonné d'entretenir, au beau milieu de l'Empire, des relations avec Louis XVIII, Duclos fut arrêté un matin, dans son lit, par le chef de la police Pierre-Pierre.

Conduit à Vincennes, il y demeura prisonnier jusqu'en 1814.

Délivré par la Restauration, il rentra triomphalement à Bordeaux ; et, comme, pendant sa captivité, il avait hérité d'une certaine fortune, il reprit ses anciennes habitudes en les saupoudrant de nouveaux plaisirs.

Le gouvernement royaliste, qui récompensait — et c'est une vertu dont on lui a fait un crime — tous les anciens dévouements, eût, sans doute, été heureux de récompenser le dévouement de Duclos ; mais il était bien difficile de lui trouver une récompense. Duclos avait les mœurs incurables des péripatéticiens : il ne savait que se promener nuit et jour en causant escrime, politique, théâtre, femmes et littérature. Le roi Louis XVIII n'aurait donc pu lui confier d'autre fonction publique que celle de promeneur éternel, ou de *chrétien errant*, comme dit Barthélemy.

Malheureusement, tout trésor, si considérable qu'il soit, a une fin. Quand Duclos eut épuisé son patrimoine, Duclos se rappela les anciens services qu'il avait rendus à la cause des Bourbons, et vint à Paris pour solliciter. Seulement, il se souvenait un peu tard : il avait donné aux Bourbons le temps d'oublier.

Au reste, l'emploi de solliciteur exerçait on ne peut mieux ses facultés locomotives. — On voyait alors, tous les matins, deux solliciteurs mélancoliques passer le pont Royal, comme deux ombres passent le Styx pour aller demander une bonne place aux champs Élysées chez le ministre de Pluton.

L'un était Duclos, l'autre était le maire d'Orgon.

Qu'avait fait le maire d'Orgon ?

Le maire d'Orgon avait jeté la première pierre dans la voiture de l'empereur, en 1814, et il venait à Paris, sa pierre à la main, pour demander son salaire.

Après des années de sollicitations, ces deux fidélités, voyant que décidément elles n'obtenaient rien, prirent chacune une résolution différente.

Le maire d'Orgon, complétement ruiné, s'attacha sa pierre au cou, et se jeta dans la Seine.

Duclos, bien autrement philosophe, prit, au contraire, la résolution de vivre, et, pour humilier le gouvernement auquel il avait sacrifié trois ans de sa liberté, et M. de Peyronnet, avec lequel il avait fait tant d'assauts sur les rives de la

Garonne, il acheta des habits vieux, n'ayant pas la patience de laisser vieillir ses habits neufs, donna un coup de poing dans le fond de son chapeau, exila le rasoir de son menton, laça des espardilles sur ses vieilles chaussures, et commença, sous les arcades du Palais-Royal, cette éternelle promenade qui exerça la sagacité de tous les Œdipes du temps.

Duclos ne quittait le Palais-Royal qu'à une heure du matin, et allait dormir quelques heures rue du Pélican, où il logeait, non pas en garni, mais *en dégarni*.

Pendant une promenade qui a duré douze ans peut-être, jamais — sauf trois exceptions que nous allons citer, et dont une fut faite en notre faveur — Duclos n'a abordé qui que ce fût pour lui parler. Il parlait seul, comme Socrate avec son génie; jamais héros tragique n'a osé pareil monologue! — Un jour, pourtant, il sortit de ses habitudes, et marcha droit vers l'un de ses anciens amis, M. Giraud-Savine, homme d'esprit et de savoir, comme on va le reconnaître tout à l'heure, et qui fut, depuis, adjoint au maire de Batignolles. M. Giraud eut un moment d'effroi; il crut sa bourse menacée; M. Giraud se trompait : Duclos n'empruntait jamais rien.

— Giraud, lui demanda-t-il d'une voix de basse profonde, quelle est la meilleure traduction de Tacite?

— Il n'y en a pas! répondit M. Giraud.

Duclos secoua mélancoliquement son trésor de haillons, et rentra, comme Diogène, dans son tonneau. Seulement, ce tonneau, c'était le Palais-Royal.

Un autre jour, tandis que je causais avec Nodier, vis-à-vis la porte du café de Foy, Duclos passa regardant Nodier avec attention. Nodier, qui le connaissait, crut que Duclos avait quelque chose à lui dire, et fit un pas vers lui. Mais Duclos hocha la tête, et, sans rien dire, continua son chemin.

Alors, Nodier me donna divers détails sur la vie étrange de cet homme; après quoi, nous nous quittâmes.

Pendant notre causerie, Duclos avait eu le temps de faire le tour du Palais-Royal; de sorte que, remontant du côté du Théâtre-Français, je rencontrai Duclos à peu près à la hauteur du café Corazza.

Il s'arrêta droit devant moi.

— Monsieur Dumas, me dit-il, vous connaissez Nodier?

— Beaucoup.

— Vous l'aimez?

— De tout mon cœur!

— Ne trouvez-vous pas qu'il vieillit énormément?

— Je dois vous avouer que c'est la réflexion que je me faisais.

— Savez-vous pourquoi il vieillit?

— Non.

— Eh bien, je vais vous le dire, moi : *c'est qu'il se néglige!* Rien ne vieillit un homme comme de se négliger!

Et il continua sa promenade, me laissant tout abasourdi, non pas de l'observation, qui était pleine de sagacité, mais de ce que c'était Chodruc-Duclos qui l'eût faite.

La révolution de juillet 1830 avait momentanément interrompu les habitudes invétérées de deux hommes : Stibert et Chodruc-Duclos. — Stibert était joueur aussi enragé que Duclos était promeneur infatigable.

Frascati, où Stibert passait ses jours et ses nuits, était fermé; les ordonnances avaient suspendu le *trente-et-un*, en attendant que la monarchie de Juillet le supprimât tout à fait.

Stibert n'eut pas la patience d'attendre que les Tuileries fussent prises : le 28 juillet, à trois heures de l'après-midi, il força le concierge de Frascati à lui ouvrir la porte, et à jouer au piquet avec lui.

De son côté, Duclos, sortant de chez lui pour gagner son Palais-Royal bien-aimé, trouva les Suisses qui en défendaient l'approche. Des jeunes gens avaient engagé le combat avec eux, et l'un de ces jeunes gens, armé d'un fusil de munition, tirait sur les habits rouges avec plus de courage que d'adresse. Duclos le regardait faire, et, au bout de quelques instants, s'impatientant de ce que l'on risquât ainsi sa vie en pure perte :

— Passez-moi votre fusil, dit-il au jeune homme; je vais vous montrer comment on joue de cet instrument-là.

Le jeune homme prêta son fusil à Duclos.

Duclos mit en joue.

— Tenez! dit-il.

Et il lâcha le coup.

Un Suisse tomba.

Duclos rendit le fusil au jeune homme.

— Oh! dit celui-ci, ma foi! puisque vous vous en servez si bien, gardez-le!

— Merci! répondit Duclos, ce n'est pas mon opinion.

Et, lui remettant le fusil entre les mains, il passa au beau travers de la fusillade, et rentra dans le Palais-Royal, où il reprit sa promenade accoutumée devant l'Apollon de bronze et l'Ulysse de marbre, unique société qu'il eût la chance d'y rencontrer pendant les journées des 27, 28 et 29 juillet.

Ce fut la troisième et dernière fois qu'il parla.

Duclos, occupé de sa promenade éternelle, n'aurait, sans doute, jamais trouvé un moment pour mourir; mais, un matin, il oublia de se réveiller.

Les habitants du Palais-Royal, qui s'étonnaient d'avoir été un jour sans y rencontrer l'homme à la grande barbe, apprirent, le lendemain, par les journaux de Cornuet, que Chodruc-Duclos s'était endormi du sommeil éternel sur son grabat de la rue du Pélican.

Depuis trois ou quatre ans, Duclos, comme nous l'avons dit, avait revêtu un costume qui se rapprochait de celui de tout le monde. La révolution de juillet en exilant les Bourbons, et le procès des ministres en emprisonnant à Ham M. de Peyronnet, ôtaient toute signification à son déguenillage, et imposaient un terme à sa vengeance.

Malgré ce changement de décoration, peut-être même à cause de cela, Duclos, comme Épaminondas, ne laissa rien pour payer ses funérailles.

Le Palais-Royal en fit les frais par souscription.

Le général la Fayette avait donné sa démission de sa place, Chodruc-Duclos de sa vengeance. — Une troisième célébrité donna sa démission de la vie : ce fut Alphonse Rabbe, dont nous avons déjà dit quelques mots, et qui mérite bien que nous lui consacrions un chapitre spécial.

CLXXXIV

Alphonse Rabbe. — Madame Cardinal. — Rabbé et l'académie de Marseille. — *Les Massériaires.* — Rabbe en Espagne. — Son retour. — Le journal *le Phocéen.* — Rabbe en prison. — Le fabuliste. — Rabbe vient à Paris. — *La Sœur grise.* — Les résumés historiques. — Le conseil de M. Brézé. — Un homme d'imagination. — Le style Berruyer. — *La Sœur grise* volée. — Adèle. — Son dévouement à Rabbe. — Le pain des forts. — *Ultime lettere.*

Alphonse Rabbe était né à Riez, dans les Basses-Alpes. Comme il arrive à tous les cœurs tendres et profonds, son pays était un de ses amours; à tout propos il en parlait, et, à l'en croire, ses ruines romaines valaient celles d'Arles ou de Nîmes.

Rabbe était un des hommes les plus extraordinaires de notre époque; s'il eût vécu, il en eût certes été un des plus remarquables. Hélas! aujourd'hui, qui se souvient de Rabbe, excepté Méry, Hugo et moi?

En effet, ce pauvre Rabbe a donné aux autres tant de lambeaux de sa propre vie, qu'il n'a pas eu le temps, pendant les trente-neuf ans qu'elle a duré, de faire un de ces livres qui survivent à ceux qui les ont faits; lui dont la parole sténographiée eût formé une bibliothèque, lui qui a mis au monde littéraire et politique Thiers, Mignet, Armand Carrel; Méry et tant d'autres qui ne s'en doutent pas, a disparu de ce double monde sans y laisser d'autres traces que deux volumes de fragments publiés par souscription après sa mort, avec une admirable préface en vers de Victor Hugo.

Et encore, pour citer quelque chose de ces fragments, que j'avais entendu lire au pauvre Rabbe lui-même, près duquel je n'étais qu'un enfant fort inconnu, — à sa mort, je n'avais fait qu'*Henri III,* — j'ai voulu me procurer ces deux volumes: autant aurait valu me mettre à la recherche de l'anneau de Salomon! Enfin, je les ai trouvés, où l'on trouve tout, au reste, rue des Cannettes, au cabinet littéraire de madame Cardinal. Ces deux volumes étaient chez madame Cardinal depuis 1835; ils étaient sur ses rayons, ils étaient sur son catalogue, ils étaient en montre, ils étaient en vue ! eh bien, ces deux volumes n'étaient pas coupés ! et c'est moi qui, au bout de dix-huit ans, passe le couteau d'ivoire entre leurs pages vierges !

Malheureux Rabbe, il manquait cela à ta destinée !

C'est que les circonstances ont toujours failli à Rabbe; toute sa vie, il a attendu une révolution : dans une révolution, Rabbe eût été beau comme Catilina ou comme Danton.

1830 sonna sur lui : il était mort depuis vingt-quatre heures !

A l'âge de dix-huit ans, Rabbe concourut pour un prix académique. Le programme était l'éloge de Puget. Un beau discours plein d'idées neuves, un style chaud, une éloquence méridionale, furent autant de causes pour que Rabbe n'obtînt aucune réussite, pas même la plus petite mention honorable ; mais, à ses amis, cet échec révéla tout ce qu'il y avait de brillant avenir dans la vie de Rabbe, si la fortune voulait donner un tour de roue à son bénéfice. Hélas ! la fortune fut académicienne; Rabbe avait Oreste pour patron.

Doué d'une de ces organisations qui se laissent entraîner à la furie du moment, Rabbe, en 1815, se mit en tête de devenir l'ennemi de Masséna. Pourquoi? Personne ne l'a jamais bien su, pas même Rabbe. Il publia alors ses *Massénaires,* espèces d'ïambes en prose écrits avec la pointe d'un fer rouge. Cette brochure le plaça dans le parti royaliste.

Réconcilié, quinze jours plus tard, avec le vainqueur de Zurich, une mission le fit partir pour l'Espagne.

De là datent tous les malheurs du pauvre Rabbe; c'est en Espagne qu'il fut atteint d'une maladie qui avait le déplorable défaut de ne pas être mortelle.

Quel était ce fléau, cette peste, cette contagion? Lui-même le dit. Écoutez Rabbe; on n'emprunte ces détails-là qu'à celui qui a le droit de les donner.

« Hélas ! ô ma mère, tu n'avais pas pu me rendre invulnérable en me trempant, au sortir de ton sein, dans les froides eaux du Styx.

» Égaré par une imagination brûlante et des sens impérieux, j'ai répandu mon encens et prodigué les trésors de l'âge sur les autels d'une criminelle volupté; le plaisir, ce destructeur des humains dont il ne devrait être que le père, a dévoré les prémices de ma jeunesse. Quand je me regarde, je frémis! Est-ce bien moi? Quelle main a sillonné ma face de ces traces hideuses?...

» Qu'est devenu ce front où respirait la candeur de mon âme, lorsqu'elle était pure encore? Ces yeux qui effrayent, ces yeux mutilés exprimaient jadis ou les désirs d'un cœur qui n'avait que des espérances et pas un regret, ou les méditations voluptueusement sérieuses d'un esprit libre encore de honteuses chaînes.

» Le sourire de la bienveillance les animait toujours quand ils se portaient sur un de mes semblables; maintenant, mes regards hasardés et tristement farouches disent à tous : « J'ai vécu, j'ai souffert; je vous ai connus, et je veux » mourir! »

» Que sont devenus ces traits presque suaves que dessinait la ligne la plus harmonieuse? Cet ensemble, cette physionomie de bonheur qui plaisait et me faisait trouver partout des cœurs faciles et bienveillants n'existent plus! tout a péri! tout s'est dégradé! Dieu et la nature se sont vengés!

» Quand j'éprouverai un affectueux sentiment, désormais l'expression de mes traits trahira mon âme; quand j'approcherai la beauté, l'innocence, elles fuiront!

» Tourments inexprimables! punition affreuse!

» Désormais, je dois chercher toutes mes vertus dans le repentir qui me dévore; il faut que je m'épure par le feu inextinguible des incurables douleurs; que je remonte à la dignité de mon être par le profond et cuisant regret de l'avoir souillé.

» Quand viendra le moment où, par mes souffrances, j'aurai mérité le repos, la jeunesse aura fui... Mais il est une autre vie, et, en passant le seuil de celle-là, je revêtirai la robe d'une jeunesse immortelle ! »

Et remarquez qu'avant ce malheureux voyage d'Espagne, on ne désignait Alphonse Rabbe que sous le nom de *l'Antinoüs d'Aix*.

Une mélancolie incurable s'empara de lui à partir de ce moment.

— Je me survis à moi-même ! disait-il tristement en secouant sa tête, dont il n'avait gardé intacts que les beaux cheveux. Maudit soit l'inventeur des miroirs !

A trente ans, il avait déjà reculé deux fois contre deux tentatives de suicide. Ses mains faiblirent ; le poignard s'émoussa sur son cœur.

Mais, désespéré, il traîna son existence posthume, et se précipita dans l'arène politique comme un gladiateur qui se console en se faisant admirer entre deux tigres.

1821 commençait ; la mort du duc de Berry servait de prétexte à beaucoup de lois rétrogrades ; Alphonse Rabbe trouva le moment opportun ; il vint à Marseille, et fonda *le Phocéen* dans un pays alors volcan de royalisme.

Voulez-vous savoir comment il parle aux hommes du pouvoir ? Écoutez-le :

« Les oligarques se disputent les lambeaux de la liberté sur le cadavre d'un malheureux prince... O liberté ! marque de tes inspirations puissantes ces heures de la nuit que Guillaume Tell et ses amis employaient à frapper des coups réparateurs !... »

Quand on appelle la liberté dans de pareils termes, c'est rarement la liberté qui vient. Un matin, on frappa à la porte de Rabbe ; il alla ouvrir : deux gendarmes l'invitèrent à les suivre et le conduisirent en prison.

Rabbe arrêté, ce fut dans tout Marseille une effroyable explosion de royalisme contre lui. Un écrivain qui avait fait deux volumes de fables se chargea de soutenir la cause des Bourbons dans un journal.

Rabbe lut l'article, et répondit :

« Monsieur, dans un de vos apologues, vous vous êtes comparé vous-même à un mouton ; eh bien, monsieur le mouton, broutez l'herbe tendre, et ne mordez pas! »

Le fabuliste rendit une visite de politesse à Rabbe ; ils se serrèrent la main, et tout fut oublié.

Cependant, le jour de l'arrestation de son rédacteur en chef, *le Phocéen* avait été suspendu.

Mis en liberté, après avoir failli être assassiné par ces terribles royalistes marseillais qui, pendant les premières années de la Restauration, laissèrent derrière eux une si large trace de sang, Rabbe partit pour Paris, où ses deux amis Thiers et Mignet avaient déjà conquis une haute position dans les hôtels de Laffitte et de Talleyrand.

Si Rabbe eût conservé son visage d'Apollon et ses formes d'Antinoüs, il eût tout éclipsé dans le monde parisien par les grâces de ses manières, son esprit charmant, son instruction inépuisable, son élégance exquise ; mais son miroir le condamnait plus que jamais à la reclusion.

Ses disciples les plus assidus étaient Thiers et Mignet ; ils venaient le voir presque tous les jours, et, devant lui, ressemblaient à des élèves devant leur maître.

Mais Rabbe avait l'esprit d'une indépendance qui touchait à l'indocilité ; Rabbe était toujours prêt à se cabrer, même sous la main qui le flattait ; or, Rabbe, qui voyait déjà ces deux écrivains lancés dans le domaine de l'histoire, ne voulut point d'abord chanter en trio avec eux, et, pour être plus vrai que les historiens, il résolut d'écrire un roman. Walter Scott régnait alors, à Londres et à Paris.

Rabbe prit un cahier de papier blanc, et écrivit sur le premier feuillet le titre de son roman : *la Sœur grise*. Puis il s'arrêta là ; j'oserai même dire que ce premier feuillet ne fut jamais retourné. Il est vrai que ce que Rabbe faisait en imagination était bien plus positif pour lui que ce qu'il faisait en réalité.

Félix Bodin venait d'inaugurer l'ère des *résumés historiques;* les éditeurs Lecointe et Roret allaient demandant des résumés à tout ce qui ressemblait à un écrivain ; les résumés pleuvaient comme grêle ; le plus humble écolier se croyait tenu de faire son résumé. C'était un vrai fléau ! les gens les plus inoffensifs se trouvaient atteints du résumé. — Rabbe, du premier coup, éclipsa tous les faiseurs obscurs : il publia successivement les résumés de l'histoire d'Espagne, de l'histoire de Portugal et de l'histoire de Russie, tous tirés à plusieurs éditions. Un talent admirable d'historien fut dépensé dans ces trois livres, qui n'eurent d'autre tort que le titre banal sous lequel ils furent publiés.

— Que faites-vous? demandait souvent Thiers à Alphonse Rabbe, en voyant celui-ci noircir des rames de papier.

— Je travaille à ma *Sœur grise*, répondait Rabbe.

Dans l'été de 1824, Mignet fit un voyage à Marseille, et, devant tous les amis de Rabbe, s'étendit en éloges à l'endroit du roman de *la Sœur grise*, toujours attendu, mais que Mignet croyait tirer à sa fin.

Outre ses beaux livres d'histoire, Alphonse Rabbe écrivait dans *le Courrier français* d'admirables articles sur les beaux-arts. Rabbe, sous ce rapport, était non-seulement un grand maître, mais encore un grand juge.

Peut-être, nous devons l'avouer, était-il un peu injuste pour les vaudevilles, un peu acerbe pour les vaudevillistes ; cette injustice allait chez lui presque jusqu'à la haine.

Il résulta de cette haine une assez grotesque aventure.

Un compatriote de Rabbe, un Marseillais nommé M. Brézé, était possédé de la rage de donner des conseils à Rabbe. (Plaçons ici, entre parenthèses, cette observation que le Marseillais est de sa nature grand donneur de conseils, surtout quand on ne lui en demande pas.) Donc, M. Brézé avait donné force conseils à Rabbe tandis que Rabbe était à Marseille, conseils que Rabbe, on le devine facilement, s'était bien gardé de suivre.

M. Brézé vint à Paris, et rencontra Barthélemy, le poëte, au Palais-Royal.

La conversation s'engagea entre les deux compatriotes.

— Et que fait Rabbe? demanda M. Brézé.

— Mais des résumés.

— Ah! des résumés, répéta M. Brézé, des résumés... Vous dites que Rabbe fait des résumés? Diable!

— Oui.

— Qu'est-ce que cela, des résumés?

— C'est de l'histoire quintessenciée et renfermée dans de petits livres, au lieu d'être délayée dans de gros.

— Et combien Rabbe fait-il de résumés comme cela par an?

— Mais un et demi, deux au plus.

— Cela rapporte combien, un résumé?

— Douze cents francs, je crois.

— De sorte que, quand Rabbe a travaillé pendant toute son année, et qu'il a fait un résumé et demi, il a gagné dix-huit cents francs?

— Dix-huit cents francs, mon Dieu, oui!

— Hum!

Et M. Brézé se mit à réfléchir.

Puis, tout à coup :

— Croyez-vous que Rabbe ait autant d'esprit que M. Scribe? demanda-t-il.

La question était si inattendue et surtout si inopportune, que Barthélemy se prit à rire.

— Mais oui, dit-il; seulement, c'est un esprit d'un autre genre.

— Oh! cela ne fait rien!

— Pourquoi cela ne fait-il rien?

— S'il a autant d'esprit que lui, c'est tout ce qu'il faut.

Et il se mit à réfléchir de nouveau ; puis, après un instant :

— Est-ce vrai, demanda-t-il à Barthélemy, que M. Scribe gagne cent mille francs par an?

— On l'assure, répondit Barthélemy.

— Eh bien, dit M. Brézé, il faut que je donne un conseil à Rabbe, moi...

— Vous?

— Oui, moi?

— Vous en êtes bien capable... Et lequel?

— Il faut que je lui donne le conseil de laisser là ses résumés, et de faire des vaudevilles.

L'idée parut splendide à Barthélemy.

— Répétez, dit-il à M. Brézé.

— Il faut, répéta M. Brézé, que je donne à Rabbe le conseil de laisser là ses résumés, et de faire des vaudevilles.

— Morbleu! dit Barthélemy, donnez-lui ce conseil-là, monsieur Brézé.

— Je le lui donnerai.

— Quand?

— La première fois que je le verrai.

— Vous me promettez cela?

— Parole d'honneur!

— Surtout, n'y manquez pas.

— Soyez tranquille!

Et Barthélemy et M. Brézé se quittèrent en échangeant une poignée de main, M. Brézé enchanté d'avoir eu une si triomphante idée, Barthélemy n'ayant qu'un regret, celui de ne pas être là quand il mettrait son idée à exécution.

En effet, un jour, M. Brézé rencontre Rabbe sur le pont des Arts; — en ce moment là, Rabbe nageait en pleine histoire de Russie : il était grave comme Tacite.

— Oh! que je suis aise de vous voir, mon cher Rabbe! dit M. Brézé en l'abordant.

— Et moi aussi, dit Rabbe.

— Il y a huit jours que je vous cherche.

— Vraiment?

— Parole d'honneur!

— Pour quoi faire?

— Mon cher Rabbe, vous savez combien je vous aime?

— Ah! oui!

— Eh bien, dans votre intérêt... vous entendez? dans votre intérêt...

— Certes, j'entends!

— Eh bien, j'ai un conseil à vous donner.
— A moi ?
— A vous.
— Donnez, dit Rabbe en regardant Brézé par-dessus ses lunettes, comme il avait l'habitude de le faire quand il éprouvait un grand étonnement ou que l'on commençait à l'impatienter.
— Croyez-moi, c'est un ami qui vous parle.
— Je n'en doute pas ; mais le conseil ?
— Rabbe, mon ami, au lieu de faire des résumés, faites des vaudevilles !

Un rugissement sourd gronda dans la poitrine de l'historien. Il saisit par le bras le donneur de conseils, et, d'une voix terrible :

— Monsieur, lui dit-il, c'est un de mes ennemis qui vous envoie pour me faire insulte.
— Un de vos ennemis ?
— C'est Latouche !
— Mais non...
— C'est Santo-Domingo !
— Non...
— C'est Loëve-Weymars !
— Je vous proteste que non.
— Nommez-moi cet insolent.
— Rabbe !... mon cher Rabbe !...
— Nommez-le-moi, monsieur, ou je vous prends par le talon, et je vous précipite dans la Seine comme Hercule précipita Pirithoüs dans la mer...

Puis, s'apercevant qu'il faisait une fausse citation :

— Pirithoüs ou un autre, peu importe !
— Mais je vous affirme...
— Alors, c'est vous ? s'écria Rabbe ne lui donnant pas le temps d'achever sa phrase. Eh bien, monsieur, vous allez me rendre raison de cette insolence !

A cette proposition, Brézé fit un tel bond, qu'il arracha son bras de la tenaille qui le serrait, et courut se mettre sous la protection de l'invalide qui surveillait le péage du pont.

Rabbe s'éloigna en lui faisant un geste gros d'avenir menaçant.

Le lendemain, il n'y pensait plus.

Dix ans après, Brézé y pensait encore !

Deux explications vont suivre cette anecdote, qui eussent dû la précéder.

A force de lire les *Confessions* de Jean-Jacques Rousseau, Rabbe avait pris une partie du caractère du susceptible Génevois; il croyait à une conspiration générale organisée contre lui : ses Catilina, ses Manlius et ses Spartacus étaient Latouche, Santo-Domingo et Loëve-Weymars; il n'y avait pas jusqu'à ses deux Pylades, Thiers et Mignet, qu'il ne soupçonnât.

— Ce sont mes d'Alembert et mes Diderot ! disait-il.

Il était donc tout simple qu'il crût que cette proposition de Brézé fût une conspiration qui éclatait.

En effet, la vie de Rabbe était une espèce d'hallucination continuelle, une existence pleine de rêves; le sommeil seul lui rendait la réalité.

Un jour, il aborde Méry, l'air sombre, la main dans sa poitrine, et froissant convulsivement sa chemise.

— Eh bien, s'écrie-t-il en hochant la tête de haut en bas, je vous l'avais dit !

— Quoi donc ?

— Que c'était mon ennemi !

— Qui cela ?

— Mignet.

— Mais non, mon cher Rabbe... Mignet vous aime et vous admire.

— Ah ! il m'aime !

— Oui.

— Ah ! il m'admire !

— Sans doute.

— Eh bien, savez-vous ce qu'il dit de moi, cet homme qui m'aime et qui m'admire ?

— Que dit-il ?

— Ce qu'il dit ?... Il dit que je suis un homme d'IMAGINATION, ce monsieur !...

Méry prit un air consterné pour obliger Rabbe.

Et Rabbe, pour se venger de l'insulte de Mignet, écrivait, dans la préface d'une seconde édition de ses résumés, ces mots foudroyants :

« La plume de l'historien ne doit pas être un tuyau de plomb d'où coule une eau tiède sur le papier. »

Dès ce moment, sa colère contre les historiens, — contre les historiens modernes, bien entendu : il adorait Tacite ; — sa colère contre les historiens ne connut plus de bornes ; et, quand il y avait, chez lui, présence d'amis et absence d'historiens, il s'écriait d'une voix tonnante :

— Croiriez-vous bien ceci, messieurs? c'est qu'il y a aujourd'hui, en France, dans notre génération, dans nos rangs, des historiens qui s'avisent de copier le style des pères Berruyer, Catrou et Rouillé? Oui, à chaque ligne de leurs batailles modernes, ils vous disent que trente mille hommes ont été *taillés en pièces*, ou qu'ils ont *mordu la poussière*, ou qu'ils sont restés *couchés sur l'arène*. Sont-ils vieux, ces jeunes gens! L'autre jour, il y en a un qui, en racontant la bataille d'Austerlitz, a écrit cette phrase : « Vingt-cinq mille Russes étaient rangés en bataille sur un vaste étang gelé ; Napoléon ordonna que le feu fût dirigé contre cet étang. Les boulets brisèrent la glace, et les vingt-cinq mille Russes MORDIRENT LA POUSSIÈRE ! »

Ce qu'il y avait de curieux, c'est que la phrase se trouvait textuellement écrite dans un des résumés du temps.

La seconde observation que nous eussions dû faire expliquera cette comparaison que Rabbe avait risquée de lui à Hercule, et de Brézé à Pirithoüs.

Rabbe avait si bien contracté l'habitude des grandes formes oratoires et du langage distingué, qu'il ne pouvait jamais descendre au style familier dans ses relations subalternes.

Ainsi il disait gravement à son coiffeur :

— Ne dérangez pas trop l'économie de ma chevelure ; que

votre coup de peigne soit léger à ma tête, et gardez, comme dit Boileau, que

L'ivoire trop hâté ne se brise en vos mains!

Il disait à son portier :

— Si quelque ami vient frapper à ma porte hospitalière, soyez-lui bienveillant... Je rentrerai bientôt; je vais respirer l'air du soir sur le pont des Arts.

Il disait à son pâtissier, Grandjean, qui demeurait à sa porte, rue des Petits-Augustins :

— Monsieur Grandjean, le vol-au-vent que vous m'avez fait l'honneur de m'envoyer hier avait une croûte de ciment romain rebelle à la dent; donnez à vos œuvres culinaires une cuisson plus onctueuse; on vous en saura gré.

Au milieu de tout cela, Rabbe se figurait toujours qu'il écrivait son roman de *la Sœur grise*.

Un jour, Thiers entre chez lui, et, selon son habitude :

— Eh bien, Rabbe, dit-il, que faites-vous?

— Parbleu! répond Rabbe, ce que je fais, vous le savez bien! je fais ma *Sœur grise*.

— Elle doit être fort avancée depuis que vous y travaillez?

— Elle est finie.

— Ah! vraiment!

— En doutez-vous?

— Non.

— Vous en doutez?

— Mais non.

— Tenez, dit-il en prenant le cahier de papier, la voici.

Thiers prend le cahier de papier.

— Comment, la voici? Mais c'est du papier blanc que vous me montrez, mon cher!

Rabbe s'élance comme un tigre sur Thiers, et peut-être allait-il supprimer, en 1825, le ministère du 1er mars, quand Thiers ouvre le cahier, et lui montre les pages d'une blancheur aussi entière que la robe de la bergère de M. Planard.

Rabbe saisit ses cheveux à deux mains.

— Savez-vous ce qui m'est arrivé? s'écrie-t-il.

— Non.

— On m'a volé mon manuscrit de *la Sœur grise!*

— Ah! mon Dieu! s'écrie Thiers, qui ne veut pas le contrarier; et connaissez-vous le voleur?

— Non... Si... si fait, je le connais... c'est Loëve-Weymars! Il ne périra que de ma main, et je vais lui envoyer deux témoins!

Loëve-Weymars n'était pas à Paris. Pendant plus de quinze jours, Rabbe fut convaincu qu'il avait écrit *la Sœur grise* depuis le premier jusqu'au dernier mot, et que, jaloux de lui, Loëve-Weymars lui en avait dérobé le manuscrit.

Quand de pareilles incartades tombaient sur des amis comme Loëve-Weymars, comme Thiers, comme Mignet, comme Armand Carrel, comme Méry, ce n'était rien; mais, quand elles avaient pour objet des étrangers moins au fait de la folie de Rabbe, les choses tournaient parfois au tragique.

Ainsi, vers cette époque, il eut deux duels: l'un avec Alexis Dumesnil, l'autre avec Coste; de chacun de ces messieurs, il reçut un coup d'épée; mais ces deux blessures ne le guérirent pas de sa passion pour les rencontres. Il avait, disait-il, dans sa jeunesse, manié très-habilement le javelot; malheureusement, ses adversaires refusaient toujours le javelot, ce que Rabbe, dans son admiration pour l'antiquité, s'obstinait à ne pas comprendre.

Nous serions plus qu'oublieux, nous serions ingrat si, en parlant de Rabbe, nous ne disions quel ange consolateur traversa un instant sa vie de souffrances. Une jeune fille nommée Adèle resta trois ans près de lui; mais ces trois ans de joie ne furent pour Rabbe qu'une douleur de plus; bientôt la belle et fraîche jeune fille pâlit comme une fleur dont un ver ronge la tige; elle inclina la tête, agonisa un an, et mourut.

L'histoire a fait grand bruit de certains dévouements; nul dévouement ne fut plus pur, plus généreux que le dévouement ignoré de la pauvre jeune fille, plus complet surtout, puisqu'il la conduisit à la mort.

Un sujet pareil se constate en trois lignes, comme fait, ou s'étend en deux volumes, comme étude psychologique.

Pauvre Adèle! nous n'avons qu'un souvenir et quatre lignes à te donner!

Cette mort acheva de pousser Rabbe au désespoir; de l'époque de la mort d'Adèle date véritablement l'ère désespérée de sa vie. En effet, Rabbe venait de s'apercevoir non-seulement que la destruction était en lui, mais encore qu'elle émanait de lui.

C'est de ce moment surtout que sa plainte devient amère et incessante; c'est de ce moment qu'il s'arrange de manière à ce que sa pensée se trouve incessamment en face du suicide, afin qu'elle s'y habitue.

Il a des tablettes qui restent éternellement sous ses yeux; il les appelle le *pain des forts;* c'est effectivement la nourriture de son âme.

Nous extrayons du journal funèbre quelques-unes de ses pensées les plus remarquables.

« Homme, d'où vient ton orgueil? Ta conception est une faute; ta naissance est une douleur; ta vie, un travail; ta mort, une nécessité. »

*

« Cadavre vivant! quand seras-tu donc rendu à la poussière? Ô solitude! ô mort! je me suis abreuvé de vos sévères délices. Vous êtes mes amantes, seules mais fidèles! »

*

« Amère et cruelle absence du visage de Dieu, jusques à quand me tourmenteras-tu? »

*

« Chacune de nos heures nous pousse au tombeau, et s'accélère du mouvement de celles qui la précèdent. »

*

« Pensez, au matin, que vous n'irez peut-être pas jusqu'au soir ; pensez, au soir, que vous n'irez peut-être pas jusqu'au matin. »

Parfois aussi, un triste souvenir des beaux jours de la jeunesse, de ce bonheur qui ne reparaît jamais si grand et si amer qu'aux jours de l'infortune ; parfois ce souvenir vient arrêter le malheureux condamné dans ses aspirations vers la mort. Alors, son désespoir revient à la mélancolie, presque à l'espérance.

« Ils ont passé, les prestiges du bel âge ; tout est détruit ! Oh ! que d'amertume remplit mon âme ! Nature inexorable, fatalité, destin ou providence, rendez-moi la coupe de la vie et du bonheur ! Mes lèvres l'ont à peine effleurée, et voilà que vous l'enlevez à ma main tremblante. Donnez ! donnez ! une soif brûlante me dévore ; je me suis trompé ou vous m'avez trompé ; je ne me suis point abreuvé, ma soif ne s'est point tarie, car la liqueur s'est dissipée comme la flamme bleuâtre qui ne laisse après elle que l'odeur du soufre et du volcan. »

*

« Foudre du ciel ! pourquoi ne préfères-tu point frapper les têtes altières de ces chênes et de ces sapins dont la vigoureuse vieillesse a déjà bravé cent hivers ? Ils ont vécu, du moins ; ils se sont rassasiés des sucs de la terre ! »

*

« J'ai été abîmé dans ma force ; depuis neuf ans, je dispute sa proie au tombeau... Misérable, pourquoi la main de Dieu, qui me frappe, ne m'a-t-elle pas cent fois anéanti ? »

Puis l'âme du malheureux Rabbe, à force de douleurs, s'élève à la prière; lui, le sceptique, il doute du doute, et revient à Dieu.

« O mon Dieu ! — s'écrie-t-il dans la solitude de la nuit, qui porte jusqu'à ses voisins ses gémissements et ses larmes, — ô mon Dieu ! il faut que votre justice nous réserve un monde meilleur ! O mon Dieu ! qui savez toutes les pensées que je puis tracer ici et les regrets qu'expriment en ce moment mes larmes brûlantes; ô mon Dieu! si les gémissements d'un infortuné peuvent être entendus de vous; ô mon Dieu! vous savez le cœur que vous m'avez donné, vous savez quels furent les vœux qu'il forma, vous connaissez les désirs immodérés qui le remplissent encore ! Ah! si les afflictions l'ont brisé, si la privation de tout soulagement, de toute tendresse, si la plus affreuse solitude le dessèche, ô mon Dieu! secourez votre misérable créature; donnez-moi la foi d'un monde meilleur! Oh! puissé-je trouver au delà du trépas ce que mon âme, méconnue et bientôt égarée, ne cesse de demander à la terre...»

Alors, Dieu avait pitié de lui : Dieu ne lui rendait pas la santé, Dieu ne lui rendait pas l'espoir, Dieu ne lui rendait pas la jeunesse, la beauté, l'amour, ces trois illusions disparues pour lui avant le temps; mais Dieu lui permettait les larmes.

Vers les derniers mois de l'année 1829, le mal fit de tels progrès, que Rabbe résolut de ne pas voir l'année 1830. Alors, comme il s'est adressé à Dieu, il s'adresse à la mort :

LA MORT

« Tu te meurs! te voilà arrivé au terme où viennent toutes choses, à la fin de tes misères, au commencement de ton bonheur. La voici, la mort, là, debout en face de toi! Tu ne pourras plus ni la souhaiter ni la craindre. Souffrances ou faiblesses du corps, tristes agitations, peines cuisantes de l'âme, chagrins dévorants, tout est achevé! Tu ne ressentiras plus rien de semblable; tu vas braver en paix l'orgueil insultant du crime fortuné, les mépris des sots et la stérile pitié de ceux qui osent s'appeler *bons*.

» La privation de tant de maux ne saurait être un mal en elle-même ; je t'ai vu ronger ton frein, secouer avec désespoir les humiliantes chaînes d'une destinée ennemie ; j'ai entendu bien souvent tes plaintes déchirantes, qui s'exhalaient du fond d'un cœur oppressé... Te voilà enfin satisfait. Hâte-toi d'épuiser la coupe d'une vie infortunée, et périsse le vase où tu fus contraint de boire une si amère liqueur !

» Mais, tu t'arrêtes et tu trembles !... Eh quoi ! tu maudissais la durée de ton supplice, et tu redoutes, tu regrettes sa fin ! Ainsi, estimateur sans raison et sans justice, tu t'affliges également de ce que les choses sont et de ce qu'elles cessent d'être. Écoute, cependant, et considère un moment.

» En mourant, tu ne feras que suivre le chemin où ont marché tes pères ; mille milliers de générations sont tombées avant toi dans l'abîme où tu vas descendre ; mille milliers de générations y disparaîtront après toi. Cette cruelle vicissitude de vie et de mort ne pouvait pas, pour toi seul, être suspendue. Marche donc, poursuis ton voyage, va où sont allés les autres, et ne crains pas de t'égarer ou de te perdre avec tant de compagnons de route. Point de faiblesse, point de larmes surtout ! L'homme qui pleure sur son trépas est le plus vil et le plus méprisable de tous les êtres. Soumets-toi sans murmure à ce que tu ne peux éviter ; tu meurs malgré toi, et c'est aussi malgré toi que tu vivais : rends donc sans inquiétude ce que tu avais reçu sans connaissance. Naître et mourir sont des choses qui ne t'appartiennent pas !

» Réjouis-toi plutôt : tu commences un jour immortel.

» Ceux qui environnent ta couche de mort, tous ceux que tu as jamais vus, dont tu as ouï dire ou lu quelque chose, le petit nombre de ceux que tu as plus particulièrement pu connaître, l'immense multitude de ceux qui ont vécu jadis, qui sont nés ou qui sont à naître dans tous les siècles et dans tous les pays, ont fait ou feront le chemin que tu vas faire. Regarde des yeux de ton intelligence cette longue caravane des générations successives traversant les déserts de la vie, et se disputant, sur le sable qui les brûle, une goutte de cette eau qui allume leur soif plus qu'elle ne l'apaise! Tu es perdu dans la foule au moment où tu tombes : regarde combien d'autres tombent à la fois !

» Aurais-tu voulu vivre toujours? Aurais-tu seulement voulu une vie de la durée de mille ans? Rappelle-toi tes longs ennuis dans ta courte carrière, tes fréquentes défaillances sous le faix. Tu étais accablé de l'horizon borné d'une vie si courte, si incertaine, si fugitive; qu'aurais-tu dit, ayant devant les yeux un avenir de fatigues et de douleurs immense, inévitable ?

» O mortels! vous pleurez la mort, comme si la vie était quelque chose de grand et de précieux ! Et pourtant ce rare trésor de la vie, les plus vils insectes le partagent avec vous !

» Tout marche à la mort, parce que tout tend au repos et à une parfaite quiétude.

» Voici venir le jour que tu aurais dû avancer par tes vœux, si une destinée jalouse ne l'avait différé, le jour que tu as ardemment souhaité tant de fois; voici l'instant qui te soustrait au joug capricieux de la fortune, aux entraves de l'humaine société, aux atteintes envenimées de tes semblables.

» Tu crois cesser d'être, et c'est là ton tourment...

» Eh bien, qui donc t'a prouvé que tout s'anéantissait en toi? Tous les âges n'ont-ils pas retenti d'une immortelle espérance? L'opinion de la spiritualité ne fut pas seulement un dogme de quelques croyances religieuses; elle fut le besoin et le cri de toutes les nations qui ont couvert la face de la terre. L'Européen, dans les délices de ses capitales, et le sauvage Américain, sous ses huttes grossières, rêvent également leur immortalité; tous réclament au tribunal de la nature contre l'insuffisance de la vie.

» Si tu souffres, c'est un bien de mourir; si tu es heureux ou si tu crois l'être, tu gagneras au trépas, puisque ton illusion n'eût pas été de longue durée.

» Tu passes d'une habitation terrestre dans un séjour céleste et pur. Pourquoi regarder en arrière, quand tu as le pied sur le seuil de la porte? L'éternel dispensateur des biens et des maux, notre souverain Maître, te rappelle à lui; c'est sa volonté qui ouvre ta prison; tes dures chaînes sont brisées; ton exil est fini; réjouis-toi! Tu vas monter auprès du trône de ton Seigneur et roi!

» Ah! si tu n'es accablé du poids de quelque crime sans expiation, tu chanteras en mourant, et, comme cet empereur romain, tu te lèveras à l'agonie, au moins par la pensée, et tu voudras mourir debout et les yeux tournés vers ta nouvelle patrie ! »

O saint-Preux, ô Werther, ô Jacob Ortis, que vous êtes loin de là! Déclamateurs jusqu'à l'agonie, chez vous, c'est le cerveau seul qui se lamente; mais ici, chez ce véritable agonisant, chez ce moribond réel, c'est le cœur qui se plaint, c'est la chair qui crie, c'est l'esprit qui doute. Oh! comme on sent bien que toute cette creuse philosophie ne le rassure pas contre les douleurs de l'instant suprême, et surtout contre cette terreur du néant qui fait couler la sueur sur le front d'Hamlet!

Enfin, voici le dernier cri; — ce cri poussé, le silence se fera sur celui qui a tant souffert.

Du reste, Alphonse Rabbe ne veut pas qu'on doute comment il meurt; écoutez-le : ce testament, il le signe; il n'y a pas de déshonneur pour lui à se creuser une tombe, de ses propres mains, entre celles de Caton d'Utique et de Brutus.

« 31 décembre 1829.

« Il faut, comme Ugo Foscolo, que j'écrive mes *ultime lettere*. Si tout homme ayant beaucoup senti et pensé, mourant avant la dégradation de ses facultés par l'âge, laissait ainsi son *testament philosophique*, c'est-à-dire une profession de foi sincère et hardie, écrite sur la planche du cercueil, il y aurait plus de vérités reconnues et soustraites à l'empire de la sottise et de la méprisable opinion du vulgaire.

» J'ai, pour exécuter ce dessein, d'autres motifs. Il est de par le monde quelques hommes intéressants que j'ai eus pour amis; je veux qu'ils sachent comment j'ai fini. Je souhaite même que les indifférents, c'est-à-dire la masse du public, —

pour qui je serai l'objet d'une conversation de dix minutes, supposition peut-être exagérée, — sache, quelque peu de cas que je fasse de l'opinion du grand nombre, sache, dis-je, que je n'ai point cédé en lâche, et que la mesure de mes ennuis était comble, quand de nouvelles atteintes sont venues la faire verser; je veux, enfin, qu'amis, indifférents, et même ennemis, sachent que je n'ai fait qu'user avec tranquillité et dignité du privilége que tout homme tient de la nature de disposer de soi.

» Voilà tout ce qui peut m'intéresser encore de ce côté-ci du tombeau. Au delà de lui sont toutes mes espérances... si toutefois il y a lieu. »

Ainsi, pauvre Rabbe, après tant de philosophie passée au van comme un grain mûr, après tant de prières à Dieu, tant de dialogues avec ton âme, tant de paroles échangées avec la mort, ces suprêmes interlocuteurs ne t'ont rien appris, et ta dernière pensée est un doute!

Rabbe avait dit qu'il ne verrait pas l'année 1830 : il mourut dans la nuit du 31 décembre 1829.

Maintenant, comment mourut-il? Ce sombre mystère resta enfermé dans le cœur des derniers amis qui l'assistèrent.

Seulement, un de ses amis me raconta que, dans la soirée qui précéda sa mort, ses souffrances étaient si intolérables, que le médecin ordonna qu'on appliquât au malade un emplâtre d'opium sur la poitrine.

Le lendemain, on chercha vainement l'emplâtre d'opium; il fut impossible de le retrouver...

Le 17 septembre 1835, Victor Hugo lui adressait le magnifique adieu qui commence et finit par ces deux vers :

> Hélas! que fais-tu donc, ô Rabbe, ô mon ami,
> Sévère historien dans la tombe endormi?...

Si quelque chose du pauvre Rabbe survivait à lui-même, certes, ce quelque chose dut tressaillir de joie au fond de son tombeau!

Peu de rois, en effet, ont une pareille épitaphe.

CLXXXV

Chéron. — Ses derniers compliments à Harel. — Nécrologie de 1830. — Ma visite officielle du premier jour de l'an. — Un costume à effet. — Lisez *le Moniteur*. — Dissolution de l'artillerie de la garde nationale. — Première représentation de *Napoléon Bonaparte*. — Delaistre. — Frédérick Lemaître.

Au reste, pendant le cours de cette glorieuse année 1830, la mort avait fait récolte de célébrités.

Elle avait commencé par Chéron, l'auteur du *Tartufe de mœurs*. — Nous apprîmes sa mort d'une singulière façon. Harel avait eu l'idée de reprendre la seule comédie que le brave homme eût faite, et l'avait mise en répétition en même temps que *Christine*.

On répétait la comédie de Chéron à dix heures du matin, et *Christine* à midi.

Un matin, Chéron, qui était l'exactitude même, se trouva être en retard. Harel attendit un instant, puis donna l'ordre de passer à la mise en scène de *Christine*.

Steinberg n'en était pas à son dixième vers, lorsqu'un petit bonhomme d'une douzaine d'années sortit d'une coulisse, et demanda M. Harel.

— Me voici, dit Harel; qu'y a-t-il?

— Il y a, répondit le bonhomme, que M. Chéron vous fait bien ses compliments, et vous prévient qu'il ne pourra pas venir à sa répétition ce matin.

— Pourquoi cela, mon ami? demanda Harel.

— Parce qu'il est mort cette nuit, répondit le bonhomme.

— Ah! diable! fit Harel; en ce cas, tu lui feras tous mes compliments, et tu lui diras que j'irai à son enterrement demain.

Ce fut l'oraison funèbre de l'ancien commissaire du gouvernement près le Théâtre-Français.

Je crois avoir dit quelque part que c'était à Chéron que Taylor avait succédé.

Au commencement de l'année, le 15 février, était mort aussi le comte Marie Chamans de Lavalette, sauvé, en 1815, par le dévouement de sa femme et celui de deux Anglais, dont je devais retrouver l'un, sir Robert Wilson, en 1846, gouverneur de Gibraltar. Le comte de Lavalette avait survécu quinze ans à sa condamnation à mort, soignant à son tour sa femme, devenue folle des suites de l'effroyable émotion que lui avait causée la fuite de son mari.

Le 11 mars avait inscrit sur la liste nécrologique le marquis de Lally-Tollendal, que j'avais beaucoup connu : c'était le fils du Lally-Tollendal qui avait été exécuté en place de Grève comme concussionnaire, et sur lequel Gilbert, on se le rappelle, a fait des vers qui sont assurément de ses meilleurs. Le pauvre marquis de Lally-Tollendal avait toujours la larme à l'œil ; ce qui ne l'avait pas empêché de devenir énorme. Il pesait près de trois cents livres ; madame de Staël l'appelait « le plus gras des hommes sensibles. »

Dans le même mois était mort Radet, le doyen des vaudevillistes. Dans les dernières années de sa vie, il était possédé de la manie du vol ; ses amis ne s'en inquiétaient plus : quand, après le départ de Radet, il leur manquait quelque chose, ils savaient où retrouver ce qui leur manquait.

Puis, le 23 avril, le chevalier Sue, père d'Eugène Sue ; il était médecin en chef honoraire de la maison du roi Charles X. C'était un homme d'une grande originalité d'esprit, et quelquefois d'une singulière naïveté d'expressions ; ceux qui l'ont entendu faire ses cours de conchyliologie ne me démentiront pas, j'en suis bien sûr.

Puis, le 29 mai, cet excellent Jérôme Gohier, dont j'ai parlé comme d'un vieil ami à moi, et qui ne pouvait pardonner à Bonaparte d'avoir fait le 18 brumaire, tandis que lui, Gohier, déjeunait chez Joséphine.

Puis, le 29 juin, le bon vieux M. Pieyre, l'ancien instituteur, l'ancien secrétaire du duc d'Orléans, l'auteur de *l'École des pères;* le même qui, avec le papa Bichet et M. de Parseval de Grandmaison, m'avait pris en grande amitié, et soutenu de tout son pouvoir au commencement de ma carrière dramatique.

Puis, le 28 août, Martainville, l'homme du pont du Pecq, que nous avons vu aux prises avec M. Arnault à propos de *Germanicus*.

Puis, le 18 octobre, Adam Weishaupt, ce fameux chef des illuminés dont je devais, dix-huit ans plus tard, remuer les cendres dans le roman de *Joseph Balsamo*.

Puis, le 30 novembre, Pie VIII, qui faisait place à Grégoire XVI, dont j'aurai tant à parler.

Puis, le 17 décembre, Marmontel fils, qui mourut à New-York, en Amérique, — à l'hôpital, — comme eût pu faire un vrai poëte.

Puis, le 31 du même mois, la comtesse de Genlis, ce croquemitaine de ma jeunesse, dont j'ai raconté les apparitions au château de Villers-Hellon.

Enfin, dans la nuit du 31 décembre au 1er janvier, mourut l'artillerie, tuée par décret royal, décret qui, pour ne m'avoir pas été connu assez tôt, me fit faire la balourdise que l'on va lire, et qui est probablement, de tous les griefs qu'il avait ou croyait avoir contre moi, celui dont le roi Louis-Philippe me garda la plus amère rancune.

On se rappelle la démission de l'un de nos capitaines et mon élection au grade qui se trouvait vacant; on se rappelle encore que, grâce à l'enthousiasme dont j'étais animé à cette époque, le surlendemain de ma nomination, je commandais la manœuvre.

C'était, depuis cinq mois, la troisième transformation que subissait mon uniforme : d'abord, garde national à cheval; puis, de garde national à cheval, se métamorphosant en artilleur; puis, de simple artilleur, en capitaine d'artillerie.

Sur ces entrefaites, le jour de l'an approchait; une réunion avait eu lieu pour décider si l'on irait oui ou non faire au roi la visite d'étiquette. Comme ne pas y aller était fort inutilement se mettre à l'index, il fut décidé que l'on irait.

En conséquence, rendez-vous fut pris pour le lendemain

1ᵉʳ janvier 1831, à neuf heures du matin, dans la cour du Palais-Royal. Sur quoi, nous nous quittâmes.

Je ne sais quelle cause, le 1ᵉʳ janvier 1831, me retint au lit un peu plus tard que de coutume; bref, en regardant à ma montre, je m'aperçus que je n'avais que le temps, et bien juste, de m'habiller et de gagner le Palais-Royal.

J'appelai Joseph, et, grâce à lui, à neuf heures sonnantes, je descendais quatre à quatre les escaliers de mon troisième étage.

Il va sans dire que, comme j'étais énormément pressé, je ne trouvai ni fiacre ni voiture d'aucune espèce.

J'arrivai donc dans la cour du Palais-Royal à neuf heures un quart.

Cette cour était encombrée d'officiers qui attendaient que leur tour fût venu de présenter leurs félicitations collectives au roi des Français; mais, au milieu de tous ces uniformes, celui de l'artillerie brillait par son absence.

Je jetai les yeux sur l'horloge, et, voyant que j'étais d'un quart d'heure en retard, je pensai que l'artillerie avait déjà pris la file, et que je la rejoindrais, soit dans les escaliers, soit dans les appartements.

Je montai donc rapidement l'escalier d'honneur, et j'arrivai dans la grande salle. Pas plus d'artilleurs que sur la main! Je pensai que, comme les timbaliers de Victor Hugo, les artilleurs étaient passés, et je résolus d'avoir mon passage à moi tout seul.

Au reste, si j'avais été moins préoccupé de mon retard, j'aurais pu remarquer de quel œil étrange me regardait tout le monde; mais, grâce à ma préoccupation, je ne vis rien, sinon que le groupe d'officiers auquel je me mêlai, pour entrer dans la chambre où était le roi, fit à l'instant même un mouvement du centre à la circonférence, lequel mouvement me laissa aussi complétement isolé que si j'eusse été soupçonné d'apporter le choléra, dont on commençait à s'occuper à Paris.

J'attribuai cette sorte de répulsion au rôle que l'artillerie avait joué dans les dernières émeutes, et, comme, pour mon compte, je me tenais tout prêt à prendre la responsabilité de mes actes, j'entrai la tête haute.

Je dois dire que, des vingt officiers qui formaient le groupe dont j'avais l'honneur de faire partie, je parus être le seul digne d'attirer l'attention du roi; il me regarda même avec un tel étonnement, que je jetai les yeux autour de moi pour chercher la cause de cet incompréhensible regard. Parmi ceux qui étaient là, les uns affectaient de sourire dédaigneusement; les autres paraissaient consternés; quelques-uns semblaient dire dans leur pantomime : « Seigneur! excusez-nous d'être venus avec cet homme! »

Tout cela, je l'avoue, était inexplicable pour moi.

Je passai devant le roi, qui eut la bonté de m'adresser la parole.

— Ah! bonjour, Dumas! me dit-il. Je vous reconnais bien là!

Je regardai le roi, me donnant au diable pour savoir à quel signe il me reconnaissait.

Puis, comme il se mit à rire, et qu'en bons courtisans ceux qui l'entouraient l'imitèrent, je souris pour ne pas faire autrement que tout le monde, et je continuai mon chemin.

Dans la chambre où aboutissait ma course, je trouvai Vatout, Oudard, Appert, Tallencourt, Casimir Delavigne, tous mes anciens camarades enfin.

On m'avait vu à travers la porte entr'ouverte, et, là aussi, on riait.

Cette hilarité générale commençait à m'ahurir.

— Ah! me dit Vatout, vous avez de l'aplomb, cher ami!

— Et en quoi?

— Vous venez faire au roi votre visite du jour de l'an avec un habit de *dissous*.

Lisez *dissous*, mais entendez *dix sous*.

Vatout était un enragé faiseur de calembours.

— Je ne comprends pas, lui dis-je très-sérieusement.

— Allons bon! dit-il, voilà que vous allez essayer de nous faire accroire que vous ne connaissez pas l'ordonnance du roi!

— Quelle ordonnance du roi ?

— Celle qui dissout l'artillerie, pardieu !

— Comment, l'artillerie est dissoute ?

— Mais c'est en toutes lettres au *Moniteur !*

— Vous êtes charmant, vous ! Est-ce que je lis *le Moniteur ?*

— Vous avez raison de dire cela.

— Mais, sacrebleu ! je le dis parce que c'est vrai !

On se mit à rire.

J'avoue que j'étais horriblement vexé ; j'avais fait une chose qui, du moment où on la considérait comme une bravade, devenait tout bonnement une impertinence de premier ordre, impertinence que, moins que personne, j'avais le droit de me permettre à l'égard du roi.

Je chargeai Vatout, Oudard, Tallencourt, tout le monde de faire mes excuses au roi, et de protester en mon nom que j'ignorais l'ordonnance ; mais, comme ils n'étaient pas bien convaincus, il est évident qu'ils ne voulurent pas répondre pour moi.

Je descendis les escaliers aussi rapidement que je les avais montés, et je courus au café du *Roi,* demandant *le Moniteur* avec un acharnement qui surprit les habitués.

On fut obligé de l'aller emprunter au café *Minerve.*

L'ordonnance figurait en tête ; elle était courte mais explicite. Elle portait ces simples mots :

« Louis-Philippe, roi des Français,

» A tous présents et à venir, salut.

» Sur le rapport de notre ministre secrétaire d'État au département de l'intérieur,

» Nous avons ordonné et ordonnons ce qui suit :

» Art. 1er. Le corps d'artillerie de la garde nationale de Paris est dissous.

» Art. 2. Il sera procédé immédiatement à la réorganisation de ce corps.

» Art. 3. Une commission sera nommée pour procéder à cette réorganisation... »

A la vue de ce document officiel, il ne me fut plus permis de conserver aucun doute.

Je rentrai chez moi, je dépouillai mon enveloppe séditieuse, et, vêtu du costume de tout le monde, j'allai faire, à l'Odéon, ma répétition de *Napoléon Bonaparte*, dont la première représentation était affichée pour le lendemain.

Au sortir de cette répétition, je rencontrai trois ou quatre de mes camarades de l'artillerie qui me félicitèrent chaudement. Mon aventure avait déjà fait le tour de Paris; les uns trouvaient la plaisanterie du plus mauvais goût, les autres trouvaient l'action héroïque. Ni les uns ni les autres ne voulaient la prendre pour ce qu'elle était, c'est-à-dire pour un acte d'ignorance.

Je dus plus tard à cette action d'être nommé membre du comité des récompenses nationales, du comité polonais, du comité des décorés de juillet, et d'être réélu comme lieutenant dans la nouvelle artillerie ; — honneurs qui me conduisirent tout naturellement à prendre ma part du 5 juin 1832, et à être obligé d'aller faire un tour de trois mois en Suisse et de deux mois en Italie.

En attendant, on jouait, comme je l'ai dit, *Napoléon* le lendemain, événement littéraire peu propre à me remettre bien dans les papiers politiques du roi.

Aussi le pauvre duc d'Orléans ne vint point me demander, cette fois, d'intercéder auprès de son père afin qu'il le laissât aller à l'Odéon.

Napoléon eut un succès, mais de pure circonstance : la valeur litttéraire de l'ouvrage était nulle ou à peu près. Le rôle de l'espion seul était une création; tout le reste avait été fait à coups de ciseaux.

Quelques sifflets protestèrent contre les applaudissements, et — chose rare chez un auteur — je fus presque de l'avis des sifflets.

Mais le moyen, avec Frédérick jouant le principal rôle, avec Lockroy et Stockleit jouant des rôles secondaires ; le moyen, avec cent mille francs de costumes et de décorations, avec l'incendie du Kremlin, la retraite de la Bérésina, et surtout cette Passion de cinq ans à Sainte-Hélène, le moyen de ne pas avoir un succès !

C'était Delaistre qui jouait Hudson Lowe ; on était obligé, je me le rappelle, de le faire reconduire, chaque soir, chez lui par la garde du théâtre pour qu'il ne fût pas lapidé.

Les honneurs de la soirée furent à Frédérick bien plus qu'à moi.

Frédérick commençait cette belle et grande réputation si consciencieusement acquise, si bien méritée.

Il avait débuté d'abord au Cirque ; puis il était venu, comme nous l'avons dit, jouer, à l'Odéon, le rôle de Nephtali dans *les Macchabées*, de M. Guiraud ; puis il était retourné à l'Ambigu, où il avait créé les rôles de Cartouche et de Cardillac, et était ensuite entré à la Porte-Saint-Martin, où son nom avait retenti dans Méphistophélès, dans Marat et dans le Joueur.

C'était un de ces acteurs privilégiés dans le genre de Kean, plein de défauts, mais aussi plein de qualités ; le génie de la violence, de la force, de la colère, de l'ironie, du fantasque, de la bouffonnerie était en lui.

D'un autre côté, il ne fallait pas lui demander ce qu'avait Bocage, ce que nous irons chercher dans l'homme d'*Antony* et de *la Tour de Nesle*, quand nous détaillerons les qualités de cet éminent acteur. — Bocage et Frédérick nous ont donné, à eux deux, ce que Talma jeune nous eût donné à lui tout seul.

Enfin, Frédérick était revenu à l'Odéon, où il avait joué d'une manière merveilleuse le Duresnel de *la Mère et la Fille*, et où il venait de jouer Napoléon.

Mais ce ne sera pas à propos de Napoléon que nous ferons ressortir les immenses qualités dramatiques de Frédérick. Pour parler de lui convenablement, nous attendrons *Richard Darlington*, *Lucrèce Borgia*, *Kean*, et *Ruy Blas*.

Ce fut ainsi que j'enjambai cet abîme invisible qui sépare une année de l'autre, et que je passai de l'année 1830 à l'année 1831, qui me conduisait insensiblement à mes vingt-neuf ans.

CLXXXVI

L'abbé Châtel. — Programme de son église. — Le curé de Lèves, et M. Clausel de Montals. — Les Lévois embrassent la religion du primat des Gaules. — La messe en français. — Le curé romain. — Un mort à enterrer.

Il se produisait, à cette époque, un triple mouvement bien remarquable : — mouvement politique, mouvement littéraire, mouvement social.

On eût dit qu'après la révolution de 1793, qui avait tout ébranlé, tout renversé, tout détruit, la société, effrayée, employait ses forces à une réorganisation universelle.

Il est vrai que cette réorganisation ressemblait plus à l'érection de la tour de Babel qu'à la construction du temple de Salomon.

Nous avons parlé des bâtisseurs littéraires ; nous avons parlé des bâtisseurs politiques ; parlons un peu des bâtisseurs sociaux et religieux.

Le premier qui donna signe d'existence fut l'abbé Châtel.

Le 20 février 1831, l'Église catholique française, située au boulevard Saint-Denis, s'ouvrait sous ce programme :

« Les ecclésiastiques formant l'*Église catholique française* se proposent, entre autres réformes, de célébrer, aussitôt que les circonstances le permettront, toutes les cérémonies du culte en langue vulgaire. Les ministres de cette nouvelle Église exercent les fonctions de leur ministère sans imposer aucune rétribution. Les offrandes sont entièrement libres ; on n'est pas même tenu de payer les chaises. Aucune quête ne vient troubler le recueillement des fidèles pendant les saints offices.

» Nous ne reconnaissons d'autres empêchements du mariage que ceux qui sont établis par la loi civile. En conséquence, nous donnons la bénédiction nuptiale à tous ceux qui se présentent à nous munis d'un certificat constatant le mariage à la mairie, lors même que l'une des parties contractantes est de la religion réformée ou de toute autre. »

On comprend bien que l'abbé Châtel fut excommunié, mis à l'index, déclaré hérétique.

Il n'en continua pas moins de dire la messe en français, de marier selon le code civil, et non pas selon les canons de l'Église, et de ne point faire payer ses chaises.

Malgré les avantages que présentait le nouveau-culte, je ne sache pas qu'il ait fait de grands progrès à Paris.

Quant à ses progrès en province, je présume qu'ils se sont bornés, ou à peu près, à un fait dont je fus témoin vers le commencement de 1833.

J'étais à Levéville, au château de mon excellent et cher ami Auguste Barthélemy, un de ces partageux à trente mille livres de rente qui devaient renverser la société de fond en comble en 1852, si elle n'eût été miraculeusement sauvée en 1851, par le coup d'État du 2 décembre, lorsqu'on vint nous annoncer que le village de Lèves était en pleine révolution.

Le village de Lèves est placé comme une sentinelle avancée sur la route de Chartres à Paris et à Dreux ; voilà pour la topographie.

Or, le village de Lèves avait la réputation d'être un des villages les plus pacifiques de tout le pays chartrain ; voilà pour la moralité.

Quel événement inattendu avait donc pu soulever le village de Lèves ?

Voici l'événement :

Lèves avait une chose rare : un curé qu'il adorait ! C'était un brave et digne prêtre d'une quarantaine d'années, bon vivant, donnant aux hommes des poignées de main à les faire crier ; relevant le menton des filles à les faire rougir ; allant se promener, le dimanche, autour de la danse, sa soutane relevée dans sa ceinture ; ce qui lui permettait de montrer, comme mademoiselle Duchesnois dans Alzire, une jambe nerveuse et bien prise ; excitant ses paroissiens à secouer, au son du violon et de la clarinette, les soucis de la semaine ; faisant raison aux meilleurs buveurs, et jouant le piquet de première force.

On l'appelait l'abbé Ledru, beau nom qui, comme ceux des

premiers rois francs, semblait emprunté à la fois aux qualités de son corps et de son esprit.

Toutes ces qualités, — auxquelles il fallait joindre l'absence de la nièce de rigueur, — qualités fort sympathiques aux Lévois, n'eurent pas le bonheur d'être suffisamment appréciées par l'évêque de Chartres, M. Clausel de Montals.

Il est vrai que l'on disait que cette absence de nièce, dont l'abbé Ledru se faisait un mérite, ne prouvait absolument rien, ou plutôt prouvait ceci : que l'abbé Ledru n'avait jamais regardé la dîme comme sérieusement abolie, et, en conséquence, dîmait à cœur-joie sur ses paroissiens, ou, pour mieux dire, sur ses paroissiennes.

M. Clausel de Montals était, à cette époque, comme il l'est encore aujourd'hui, un des plus rigides prélats du clergé français ; seulement, il a aujourd'hui vingt ans de plus qu'il n'avait alors, ce qui n'a pas dû adoucir sa rigidité.

Monseigneur de Montals, à l'audition de ces bruits vrais ou faux, révoqua tout net l'abbé Ledru, sans demander l'avis des habitants de Lèves, sans crier gare à personne.

Le tonnerre tombant d'un ciel sans nuage sur le village de Lèves n'eût pas produit une émotion plus inattendue.

Les maris crièrent à tue-tête qu'ils voulaient garder leur curé ; les femmes crièrent plus haut que les maris ; les filles crièrent plus haut que les femmes.

Ces cris ameutèrent les habitants de Lèves ; on se réunit devant l'église veuve ; on se compta tant hommes que femmes et enfants : on se trouva onze ou douze cents âmes.

On dépêcha quatre cents députés à M. Clausel de Montals. C'était à peu près tout ce qu'il y avait dans le village d'hommes de vingt à soixante ans.

La députation partit ; elle ressemblait à une petite armée ; seulement, elle n'avait ni tambours, ni sabres, ni fusils. Ceux qui avaient des bâtons les déposèrent aux portes de la ville pour ne pas effrayer monseigneur l'évêque.

Les députés se présentèrent à l'évêché, et furent introduits. Ils exposèrent au prélat le but de leur visite, et demandèrent instamment la réintégration du curé Ledru.

M. Clausel de Montals répondit à la manière de Sylla :

> Je puis parfois changer mes desseins... Mes décrets
> Sont comme ceux du sort : ils ne changent jamais !

On supplia, on insista; tout fut inutile!

D'où venait cette haine de M. de Montals à l'endroit du pauvre abbé Ledru? Nous allons le dire, nous qui écrivons ces Mémoires pour fouiller le fond des choses, et pour mettre les petites causes en face des grands effets.

L'abbé Ledru avait souscrit pour les blessés de juillet; l'abbé Ledru avait fait faire une quête en faveur des Polonais; l'abbé Ledru avait habillé à ses frais le tambour de la garde nationale de sa commune; l'abbé Ledru, en un mot, était un curé patriote, tandis que, au contraire, M. de Montals était, non-seulement grand partisan, mais même grand ami de Charles X, et, à ce qu'on assurait, un des instigateurs des ordonnances de juillet.

On comprend que, dès lors, le diocèse n'était point assez grand pour porter ensemble l'évêque et le curé.

Le plus petit devait succomber. M. de Montals tenait l'abbé Ledru sous sa sandale épiscopale, et il l'écrasait impitoyablement !

Les députés revinrent trouver leurs mandataires. — Comme il était enjoint au curé Ledru de quitter à l'instant le presbytère, un riche fermier du lieu lui offrit un appartement, et l'on ferma l'église.

Mais, l'église fermée, le besoin se fit sentir d'une religion quelconque.

Or, comme les paysans de Lèves ne tenaient pas beaucoup à la qualité de la religion, pourvu qu'ils en eussent une, ils s'informèrent à l'abbé Ledru s'il n'y avait pas, au nombre des religions en usage chez les différents peuples de la terre, une religion qui leur permît de se passer de M. Clausel de Montals.

L'abbé Ledru répondit qu'il y avait, entre autres, la religion de l'abbé Châtel, et demanda à ses paroissiens si la religion de l'abbé Châtel leur convenait. Ils y trouveraient un grand avantage : c'est qu'au moins, ils comprendraient la liturgie, qu'ils n'avaient jamais comprise; le service divin, dans la religion de l'abbé Châtel, se faisant en français, au lieu de se faire en latin.

Les habitants de Lèves déclarèrent, d'une commune voix, que c'était, non pas à la religion elle-même qu'ils tenaient, mais au prêtre, et qu'ils seraient enchantés de comprendre ce qu'ils n'avaient jamais compris.

L'abbé Ledru partit pour Paris, afin de prendre une ou deux leçons du chef de l'Église française, et, suffisamment initié dans le nouveau culte, il revint à Lèves.

Son retour fut à la fois une fête et un triomphe! Une magnifique grange située juste en face de l'ancienne église romaine, fermée moins encore par la colère de l'évêque que par le dédain des Lévois, fut mise à sa disposition et transformée en temple. Chacun, comme pour les reposoirs de la Fête-Dieu, y apporta son ornement : les uns, la nappe de la sainte table; les autres, les chandeliers de l'autel; celui-ci, le crucifix; celui-là, le saint ciboire; le charpentier ajusta des bancs; le vitrier ferma les fenêtres; la rivière fournit l'eau lustrale, et, pour le dimanche suivant, tout était prêt.

J'ai dit que nous étions au château de Levéville; je ne connaissais pas l'abbé Châtel; j'ignorais son culte; je trouvai l'occasion belle de m'initier à mon tour à la doctrine du primat des Gaules. Je proposai à Barthélemy d'aller entendre la messe châtelloise; il accepta; nous partîmes.

C'était un peu plus ennuyeux qu'en latin, en ce qu'on était à peu près forcé d'écouter. Voilà la seule différence que nous trouvâmes entre les deux cultes.

On pense bien que nous n'étions pas les seuls, dans les environs de Chartres, qui eussent été prévenus de la séparation qui venait de s'opérer entre l'Église de Lèves et la sainte Église catholique, apostolique et romaine; M. de Montals aussi était parfaitement renseigné : il avait espéré quelque scandale où mordre pendant la messe; mais la messe s'était célébrée sans scandale, et le village de Lèves, qui avait écouté tout entier l'office divin, était sorti de la grange aussi édifié que s'il fût sorti d'une véritable église.

Le résultat était fatal; l'exemple pouvait devenir contagieux : — on penchait fort vers le voltairianisme en 1830. — L'évêque fut saisi, non-seulement d'une grande colère, mais encore d'une sainte terreur. Qu'adviendrait-il si tout le troupeau allait suivre la trace de quelques brebis égarées? C'est que l'évêque resterait seul, et que sa houlette épiscopale lui deviendrait inutile.

Il fallait donc munir au plus tôt la commune de Lèves d'un prêtre *romain*, afin que celui-ci pût lutter contre le curé *français* qu'elle s'était donné.

La nouvelle de cette décision parvint aux Lévois, lesquels se réunirent de nouveau, et jurèrent de pendre le prêtre, quel qu'il fût, qui se présenterait pour recueillir la survivance de l'abbé Ledru.

Une circonstance arriva bientôt offrant à l'évêque l'occasion d'exécuter son projet, et aux Lévois celle de tenir leur serment.

Un paysan de Lèves mourut.

Ce paysan, selon le dire de M. de Montals, avait, avant de mourir, réclamé l'assistance d'un prêtre catholique, consolation qui lui avait été refusée; mais, comme il n'était pas encore inhumé, l'évêque décida qu'en compensation, il serait enterré avec toutes les cérémonies de l'Église latine.

Cela se passait le lundi 13 mars 1833.

Donc, le mardi 14 mars, monseigneur l'évêque de Chartres expédia à Lèves un vicaire de sa cathédrale nommé M. l'abbé Duval.

Le choix était bon et approprié à la circonstance. L'abbé Duval n'était point un de ces hommes craintifs qui s'inquiètent de peu, et qu'un rien fait frissonner; c'était, au contraire, un homme d'un caractère énergique, à belle prestance, et dont la haute taille se fût aussi bien accommodée de la cuirasse d'un carabinier que de la soutane d'un prêtre.

L'abbé Duval se mit en route; il n'était pas tout à fait sans prévision du danger qu'il allait courir; cependant, il ignorait que jamais missionnaire entrant dans une ville de la Chine ou du Thibet n'avait été si près du martyre.

En effet, le bruit s'était répandu dans le village de Lèves que le prêtre romain arrivait. Aussitôt, chacun était rentré chez soi; portes et fenêtres s'étaient fermées. Le pauvre abbé put croire un instant qu'on lui avait donné à desservir une ville morte comme Herculanum ou Pompéi.

Mais, arrivé au milieu du village, il vit toutes les portes s'ouvrir sournoisement, toutes les fenêtres s'entre-bâiller avec hypocrisie : en un moment, il se trouva environné, lui et le maire, qui l'accompagnait, d'une trentaine de paysans qui le sommèrent de se retirer.

Il faut rendre au maire et à l'abbé cette justice de dire qu'ils essayèrent de faire résistance; mais, au bout de quelques minutes, les cris devinrent si furieux, les menaces si terribles, que le maire, profitant de ce qu'il était à portée de sa maison, s'esquiva, ferma la porte derrière lui, et abandonna l'abbé Duval à son malheureux sort.

C'était bien mal de la part du maire; mais, que voulez-vous! tous les magistrats ne sont pas des Bailly, comme tous les présidents ne sont pas des Boissy-d'Anglas; — demandez plutôt à M. Sauzet, à M. Buchez et à M. Dupin!

Par bonheur pour le pauvre abbé, en ce moment critique, un membre du conseil de préfecture bien connu et très-estimé des habitants de Lèves passait avec son cabriolet; il s'informa de la cause du tumulte, se déclara en faveur de l'abbé Duval, s'empara de lui, le fit monter dans sa voiture, et le ramena à Chartres.

Pendant ce temps, le mort attendait toujours!

CLXXXVII

Bel exemple de tolérance religieuse. — L'abbé Dallier. — Les Circés de Lèves. — Waterloo après Leipzig. — L'abbé Dallier est gardé comme otage. — Les barricades. — Les cailloux de Chartres. — La vigie. — Préparatifs de combat.

Quoique les Lévois eussent lâché leur prisonnier, ils n'en comprenaient pas moins que la guerre était déclarée; il y avait eu des menaces faites, de gros mots lancés à l'adresse de l'évêque, et ils connaissaient trop bien le caractère de Sa Grandeur pour espérer qu'elle se regarderait comme battue.

Mais n'importe! ils étaient décidés à pousser leur foi dans la religion nouvelle jusqu'au martyre, s'il le fallait!

En attendant, comme on n'avait rien de mieux à faire, on proposa de se débarrasser du mort, cause innocente de toute cette bagarre.

Il avait, disait-on, renié l'abbé Ledru à son dernier soupir; ce n'était pas bien sûr, et c'était peut-être un propos de l'évêque! Au reste, les religions nouvelles sont tolérantes : l'abbé Ledru comprit qu'il fallait planter la sienne par le côté de l'indulgence : il pardonna au mort cet instant de faiblesse, en supposant qu'il l'eût eu, lui expédia une messe française, et l'enterra à la manière de l'abbé Châtel! Hélas! le pauvre mort paraissait tout à fait indifférent à la langue dans laquelle on lui chantait la messe, et à la façon dont on l'enterrait!

On attendit, sans nouvelle attaque de l'autorité, et sans que l'évêque donnât signe de vie, du 24 mars au 29 avril, c'est-à-dire près de six semaines.

L'abbé Ledru continuait de dire sa messe, et les Lévois se croyaient parfaitement autorisés à suivre, pour le salut de leur âme, le rit qui leur était le plus agréable.

Enfin, la journée du dimanche 29 avril arriva : c'était le jour fixé par l'évêque et par le préfet pour la réouverture de l'église romaine, et pour l'installation d'un nouveau desservant

Dès le matin, un escadron du 4ᵉ régiment de chasseurs et une escouade de gendarmerie vinrent prendre position devant l'église.

Une heure après les soldats, arrivèrent M. le préfet de Rigny, le général commandant le département et le chef de la gendarmerie. Il amenaient avec eux un nouvel abbé, l'abbé Dallier. Celui-ci venait, appuyé, cette fois, d'une force armée respectable, pour réintégrer le vrai Dieu dans son église. Cela commençait à avoir l'air d'une parodie du *Lutrin*.

Cependant, toute la population de Lèves s'était peu à peu amassée dans la rue que nous appellerons la rue des Grands-Prés, et dont j'ai bien peur que nous ne soyons le parrain.

Pour empêcher que l'on ne rouvrît l'église latine, les femmes, plus acharnées peut-être encore que les hommes contre cette réouverture, s'étaient entassées sous le porche.

Le préfet essaya de se faire jour à travers leurs rangs; il était suivi d'un serrurier; — les Lévois, lors de l'arrivée de l'abbé Duval, avaient jeté les clefs de l'église dans la rivière.

Comme le serrurier n'avait aucun caractère administratif, c'était à lui surtout que s'adressaient les cris et les menaces. Ces cris et ces menaces montèrent à un tel diapason, que le pauvre diable prit peur, et s'enfuit.

La protection du préfet ne le rassurait, comme on voit, que médiocrement.

L'exemple était contagieux : soit que le préfet se laissât à son tour intimider par ces cris; soit que, sans serrurier, toute tentative sur les portes de l'église lui parût inutile, il battit en retraite à son tour.

Il est vrai qu'on venait de lui dire qu'entraînés par les séductions des femmes de Lèves, comme les compagnons du roi d'Ithaque par les sorcelleries de Circé, les chasseurs s'étaient oubliés, un instant avant l'arrivée des autorités que nous avons nommés, jusqu'à crier : « Vive l'abbé Ledru! vive l'Église française! » C'était un cri un peu bien séditieux pour une époque où l'armée ne votait ni ne délibérait!

Tant il y a que le préfet battit en retraite, comme nous l'avons dit.

Juste en ce moment, l'abbé Ledru apparut au seuil de sa grange. Aussitôt quatre femmes s'érigèrent en quêteuses, et firent la quête dans leurs tabliers tendus.

Le produit de la quadruple quête fut employé à acheter de l'eau-de-vie pour les soldats.

Était-ce l'abbé Ledru qui avait donné ce conseil corrupteur ? ou bien était-il venu d'inspiration aux quêteuses ? La femme est si décevante, et le diable est si malin !

Les soldats, après avoir crié : « Vive l'abbé Ledru ! » burent à la santé de l'abbé Ledru et à la suprématie de l'Église française, — ce qui était bien autrement grave !

S'il eût su profiter des dispositions des soldats, l'abbé Ledru eût été capable d'aller mettre le siége devant Rome, comme le connétable de Bourbon. Mais sans doute son ambition n'allait point jusque-là ; il n'en fit pas même la proposition.

Pendant ce temps, le préfet, le général commandant le département et le chef de la gendarmerie délibéraient à la mairie sur le parti à prendre. Les officiers de chasseurs sentaient leurs hommes tout près de leur échapper : l'escadron menaçait de nommer le primat des Gaules son aumônier, et de proclamer que, si la religion romaine était le culte de l'État, la religion française était celle de l'armée.

On résolut d'envoyer chercher le procureur du roi, qui passait pour une forte tête.

Une heure après, le procureur du roi arriva avec deux substituts et un juge.

L'escadron de chasseurs continuait de boire à la santé de l'abbé Ledru et à la suprématie de l'Église française.

Renforcés des quatre magistrats, le préfet, le général commandant le département et le chef de la gendarmerie s'acheminèrent vers la rue des Grands-Prés. Cette fois, la rue était littéralement encombrée.

Il s'agissait de faire une seconde tentative sur l'église.

On comptait que cette masse d'illustrations militaires, civiles et magistrales imposerait à la foule. Bah ! la foule se mit à crier à tue-tête : « A bas les carlistes ! à bas les jésuites ! à bas l'évêque !... Vive le roi et l'Église française ! »

Le préfet essaya de parler, le procureur du roi essaya de requérir, les substituts essayèrent de menacer, le juge essaya d'ouvrir le Code, le général essaya de tirer son épée, le chef de la gendarmerie essaya de mettre le sabre à la main ; tous ces essais-là avortèrent au milieu des chants de *la Parisienne* et de *la Marseillaise*.

Ces messieurs avaient bonne envie d'en appeler aux armes ; mais l'attitude de la troupe était trop douteuse pour qu'on risquât la chance.

Le préfet se retira une seconde fois, suivi du général, du chef de la gendarmerie, du procureur du roi, des deux substituts et du juge.

C'était Waterloo après Leipzig !

Un instant plus tard, la troupe reçut l'ordre d'évacuer la rue des Grands-Prés ; il n'y avait dans cet ordre rien d'hostile contre la population, la troupe obéit.

On s'embrassa, on fraternisa, on trinqua une dernière fois, et l'on se sépara.

Les Lévois croyaient que le préfet renonçait décidément à l'ouverture de l'église : leur illusion ne fut pas de longue durée.

On vint leur annoncer qu'une ordonnance était partie pour Chartres, avec mission de ramener un autre escadron de chasseurs et tous les renforts possibles.

Alors, le cri « Aux armes ! » retentit.

A ce cri de guerre, un homme en soutane essaya de fuir : c'était l'abbé Dallier, que le préfet, le général, le chef de la gendarmerie, le procureur du roi, les deux substituts et le juge, dans leur précipitation à battre en retraite, avaient complétement oublié !

Le pauvre abbé fut appréhendé à la soutane, fait prisonnier, enfermé dans une cave par le soupirail de laquelle on lui annonça qu'il était considéré comme otage, et que, s'il arrivait le moindre dommage à un habitant quelconque de la commune, la peine du talion lui serait appliquée dans toute sa rigueur.

Puis on se mit à construire des barricades aux deux extrémités de la rue des Grands-Prés, où étaient situées, comme on sait, l'église latine et l'église française.

Pour construire ces barricades, qui s'élevèrent avec la rapidité de la pensée, un sabotier donna trois ou quatre poutres, un charretier amena deux ou trois charrettes, le maître d'école laissa prendre ses tables, les habitants firent hommage de leurs volets.

Les gamins ramassèrent des provisions de pierres.

Je ne sais si mes lecteurs connaissent les pierres de Chartres; ce sont de jolis cailloux qui varient de la grosseur d'un œuf de pigeon à celle d'un œuf d'autruche, et qui, brisés, soit par l'art, soit par la nature, offrent toujours un côté tranchant comme un rasoir. Chartres est, en partie, pavé de ces cailloux-là, et les paveurs ont ordinairement la prévenance de mettre le côté tranchant en contact avec la chaussure des promeneurs; ce qui fait croire, avec assez de raison, qu'il leur est payé une redevance par l'estimable corporation des cordonniers.

Mon ami Noël Parfait, Chartrain dans l'âme, et amoureux, comme tout cœur bien né, de la gloire de son pays, soutient que Chartres a été jadis port de mer, et que ces cailloux sont tout uniment les galets que la houle océane roulait autrefois sur la plage.

Au bout d'une heure, il y avait derrière chaque barricade assez de munitions pour soutenir un siége de huit jours.

D'ailleurs, les projectiles naissaient sous les mains ou plutôt sous les pieds des munitionnaires.

Un individu monta dans le clocher de l'église, afin de veiller sur la route de Chartres, et de sonner le tocsin aussitôt que la troupe apparaîtrait.

L'abbé Ledru bénit les combattants, invoquant en français le Dieu des armées, et l'on attendit les événements.

Tout cela s'était passé en vue des chasseurs et des gendarmes, qui, retirés dans la Grande-Rue, avaient assisté, sans s'y opposer, à tous ces préparatifs de combat. Décidément, les malheureux étaient gagnés à l'hérésie!

Dix minutes après les barricades achevées, le tocsin se fit entendre.

C'était signe que les troupes sortaient de Chartres.

Ces troupes étaient précédées d'un serrurier que l'on amenait sous l'escorte de deux gendarmes; mais, dès les premières maisons de Lèves, le serrurier fut interpellé par d'ardents sectaires de l'abbé Ledru; si bien que, profitant du premier moment d'hésitation des deux gendarmes, il glissa entre les jambes de celui de droite, gagna un jardin, et disparut dans les prés!

C'était le second serrurier qui fondait entre les mains de l'autorité. Cela rappelait ces arrière-gardes de l'armée de Russie qui fondaient entre les mains de Ney!

Les nouvelles troupes arrivaient pleines d'ardeur : on veilla à ce qu'elles ne se missent pas en contact avec l'escadron gangrené, et l'on résolut d'enlever les barricades de vive force.

Mais, en même temps, accourait au secours des insurgés une trentaine de patriotes chartrains, lesquels venaient, en amateurs, partager les dangers de leurs frères de Lèves.

Ils furent accueillis avec des cris de joie! Plus que jamais *la Parisienne* et *la Marseillaise* tonnèrent, et le tocsin fit rage!

Le préfet et le général se mirent à la tête des chasseurs, et marchèrent sur la barricade.

CLXXXVIII

Attaque de la barricade. — Un pendant à Malplaquet. — La Grenadier. — Les philanthropes chartrains. — Sac de l'évêché. — Un habit de fantaisie. — Comment l'ordre se rétablit. — Les petits et les grands coupables. — Mort de l'abbé Ledru. — Scrupules de conscience des anciens schismatiques. — Le *Dies iræ* de Kosciusko.

Comme, à cette époque, on faisait encore des sommations, le préfet somma les insurgés de se retirer. Ils répondirent par une grêle de pierres, dont une atteignit le général.

Pour le coup, la patience échappa à celui-ci ; il cria : « En avant! » et les chasseurs, le sabre à la main, s'élancèrent sur la barricade.

Les Lévois firent une magnifique résistance ; cependant, une douzaine de chasseurs parvinrent à franchir l'obstacle ; mais, arrivés de l'autre côté de la barricade, ils furent écrasés de pierres, renversés, désarmés!

Le sang avait coulé des deux parts ; les esprits étaient échauffés : il eût pu arriver malheur aux douze prisonniers, si quelques hommes, moins irrités ou plus prudents que les autres, ne se fussent emparés d'eux, et ne leur eussent sauvé la vie.

Avouons-le sans aucune intention de blesser l'armée, ce dont nous nous garderions en tout temps, et aujourd'hui plus que jamais! à partir de ce moment, tous les efforts des chasseurs vinrent expirer au pied de la barricade! Que voulez-vous! c'est de l'histoire, comme Poitiers, comme Azincourt, comme Malplaquet!

Il tombait une grêle de pierres près de laquelle celle qui extermina les Amalécites n'était qu'une giboulée de mars.

Le préfet et le général se décidèrent donc à abandonner l'entreprise ; on sonna la retraite, et l'on reprit la route de Chartres.

Comme les insurgés ne savaient que faire de leurs prisonniers, qu'ils craignaient un siége, et ne voulaient pas s'encombrer de bouches inutiles, les chasseurs furent relâchés sur parole.

On ne pouvait croire à la retraite des troupes ; l'homme du clocher avait beau crier : « Victoire! » la conviction n'entra dans l'âme des Lévois que lorsque leur vigie leur eut affirmé que le dernier soldat était rentré à Chartres.

Dans ce cas, du doute à l'audace il n'y a qu'un pas : on commença par porter secours aux blessés ; puis, comme aucun uniforme ne reparaissait sur la grande route, on s'enhardit peu à peu, et on arriva à ce degré de chaleur qu'un des insurgés, ayant hasardé la proposition d'aller promener l'abbé Dallier autour des murs de Chartres, comme Achille avait promené Hector autour des murs de Pergame, la proposition fut accueillie avec enthousiasme.

Seulement, comme le vaincu était vivant, et non pas mort, on lui passa la corde autour du cou, au lieu de la lui passer dans les talons, et l'extrémité de cette corde fut mise aux mains d'une des pénitentes les plus exaltées de l'abbé Ledru. Cette pénitente s'appelait *la Grenadier*. Il est inutile de dire que, pareil au nom de l'abbé Ledru, celui de sa pénitente ressortait des qualités physiques et morales de la virago.

Chacun emplit ses poches de pierres, afin d'être prêt à l'attaque comme à la défense, et l'on s'achemina vers Chartres, faisant escorte au patient, lequel marchait au martyre avec une répugnance visible.

Il y a une demi-lieue de Lèves à Chartres; cette demi-lieue fut pour le pauvre prêtre une véritable voie douloureuse.

Les Lévois avaient parfaitement calculé ce qu'ils faisaient en confiant le bout de la corde à la Grenadier. Quand les sauvages des Florides veulent infliger à quelqu'un de leurs prisonniers de suprêmes douleurs, ils confient le soin de son supplice aux femmes et aux enfants.

En arrivant à Chartres, les vainqueurs ne trouvèrent point la résistance à laquelle ils s'attendaient; mais, en échange, ils en trouvèrent une à laquelle ils ne s'attendaient pas : on ne vit ni préfet, ni général, ni chef de gendarmerie, ni procureur du roi, ni substituts, ni juges; mais quelques philanthropes vinrent au-devant des Lévois, et leur firent entendre ce qu'à la fin du dernier siècle on appelait le langage de la raison :

Ce n'était pas la faute du pauvre prêtre s'il avait été désigné par l'évêque pour remplacer l'abbé Ledru; il ignorait la vénération dont celui-ci était l'objet de la part de ses paroissiens; il n'était ni plus ni moins coupable que son prédécesseur l'abbé Duval; et, quand l'un avait abordé un troupeau de moutons, pourquoi l'autre serait-il tombé dans une bande de tigres?... C'était la faute de l'évêque, qui avait tout d'abord et brutalement destitué l'abbé Ledru, et qui avait eu l'audace de lui nommer un premier, puis un second successeur!

A ce discours plein de raison, les écailles tombèrent des yeux des habitants de Lèves, et, comme saint Paul, ils comcommencèrent à voir les choses sous leur véritable jour.

Le résultat de ce retour à la lumière fut qu'on dénoua la corde, et qu'on lâcha l'abbé Dallier en lui faisant toute sorte d'excuses. Seulement, on décida à l'unanimité que, puisqu'on avait une corde toute préparée, il fallait aller pendre l'évêque.

Quand on a de si bonnes idées, il faut se hâter de les mettre à exécution. On se dirigea donc rapidement vers la splendide demeure de M. Clausel de Montals.

Mais, quelque diligence qu'eussent faite les justiciers, M. Clausel de Montals avait fait plus grande diligence encore; si bien que, lorsque les pendeurs arrivèrent à l'évêché, ils n'y trouvèrent plus celui qu'ils venaient y pendre : monseigneur l'évêque était parti, et il avait eu grandement raison de le faire !

On sait comment cela se passe en pareille circonstance : les choses payent pour les hommes. L'évêché paya pour l'évêque.

C'était l'époque des sacriléges; le sac de l'archevêché de Paris avait mis à la mode la destruction des maisons saintes. On cassa les vitres des fenêtres et les glaces des cheminées; on déchira les rideaux, et on les transforma en bannières. Enfin, on arriva à la salle de billard, on s'escrima avec les queues, et l'on se jeta les billes à la tête, tandis qu'un tailleur coupait proprement le drap du billard, qu'il roulait en ballot et mettait sous son bras. Trois ou quatre jours après, il s'en était fait un habit, un gilet et une culotte, et se promenait dans les rues de Lèves, aux grandes acclamations de ses concitoyens, tout vêtu de drap vert, comme un archer du comté de Lincoln!

Cependant, la vie que les Lévois menaient à l'évêché était trop joyeuse pour durer longtemps; l'autorité s'en émut; on fit de nouveau sortir les chasseurs de leur caserne, on battit le rappel, et, un certain nombre de gardes nationaux ayant pris les armes, on dirigea les forces combinées sur l'évêché.

L'attaque était trop inattendue pour que les dévastateurs songeassent à faire résistance. Il y eut plus : au lieu de la savante retraite que l'on eût pu attendre d'hommes qui avaient vaincu ces troupes que l'on est habitué à appeler les premières du monde, on n'assista qu'à une fuite des plus rapides; chacun sauta des fenêtres dans le jardin, escalada les murailles, et regagna Lèves en grand désordre et à travers champs.

Le même soir, toute trace de barricades avait disparu. Le lendemain, chaque habitant de Lèves vaquait à son travail, à son plaisir ou à ses affaires.

Personne ne pensait plus à rien, quand, tout à coup, on vit arriver à Chartres toute une armée venant de Paris, de Versailles et d'Orléans.

Cette armée traînait avec elle vingt pièces d'artillerie. Le général Schramm la commandait. Elle venait rétablir l'ordre.

Depuis quinze jours, l'ordre s'était rétabli tout seul!

N'importe! comme l'ordre avait été troublé, on marcha sur Lèves pour y opérer une razzia.

Le village menacé regarda tranquillement venir cette justice boiteuse; ses onze ou douze cents habitants se tenaient modestement sur leurs portes ou à leurs fenêtres; la paix et l'innocence régnaient de l'orient à l'occident, du sud au septentrion; on eût dit qu'on entrait dans la vallée de Tempé, au temps où Apollon gardait les troupeaux du roi Admète.

Les habitants de Lèves avaient l'air des acteurs de cette pièce — je ne me rappelle plus laquelle — où Odry avait à contre-temps envoyé chercher le commissaire : le commissaire arrivait quand tout le monde était d'accord; de sorte que chacun se demandait, avec le plus profond étonnement : « Qui donc a envoyé chercher un commissaire? Est-ce vous? est-ce vous? est-ce vous?... — Non... J'ai demandé un commissionnaire, répondait Odry, un simple commissionnaire; voilà tout! » et le commissaire s'en allait fort penaud et les mains vides.

Cela se passait ainsi dans la pièce, mais ne devait pas se passer précisément de la même façon à Lèves. Une vingtaine de personnes furent arrêtées. Ces vingt personnes furent divisées en deux catégories : les petits coupables et les grands coupables.

Les petits coupables furent déférés à la police correctionnelle ; les grands coupables renvoyés devant la cour d'assises.

Il résulta de cette disjonction un fait assez curieux. A cette époque, la police correctionnelle condamnait toujours, tandis que le jury acquittait avec acharnement. Les petits coupables, qui comparaissaient en police correctionnelle, furent condamnés ; — les grands coupables, qui comparaissaient devant le jury, furent acquittés.

Le tailleur vêtu de vert faisait partie des grands coupables ; il fut offert au jury comme une pièce de conviction vivante. Le jury déclara qu'il n'y avait point que les billards qui eussent le droit d'être habillés en vert, et que, s'il plaisait à un citoyen de s'habiller comme un billard, les opinions politiques étant libres, à plus forte raison les fantaisies somptuaires devaient-elles l'être.

Quant à la question religieuse, elle fut jugée en faveur de l'Église française, et la chose dura autant que dura l'abbé Ledru lui-même, c'est-à-dire quatre ou cinq ans. Pendant cette période de temps, la paroisse de Lèves fut, sans que cela produisît grande sensation en France, détachée du culte général du royaume.

Au bout de ce temps, l'abbé Ledru fit la sottise de se laisser mourir. Je ne sais dans quelle langue et avec quel rit il fut enterré ; mais je sais que, le lendemain de sa mort, les Lévois demandèrent un autre desservant à l'évêque, et que l'évêque, bon père pour ces nouveaux enfants prodigues, leur en envoya un.

Le troisième fut reçu avec autant d'honneurs qu'on avait amassé d'ignominies pour recevoir les deux premiers. L'église du culte français fut fermée ; l'église du culte romain fut rouverte ; le nouveau desservant rentra dans l'ancien presbytère ; la Grenadier se constitua sa plus fervente et sa plus humble pénitente, et la langue de Cicéron et de Tacite redevint la langue dominicale des Lévois, rentrés dans le giron de la sainte Église.

Seulement, Barthélemy m'écrivait, il y a quelque temps, qu'il restait à certains esprits faibles un grave scrupule : les enfants baptisés, les adultes mariés, les vieillards enterrés par l'abbé Ledru, pendant son schisme avec Grégoire XVI, étaient-ils bien baptisés, bien mariés, bien enterrés? Ce n'était rien pour les baptisés, qui pouvaient revenir chercher le baptême d'une main orthodoxe; ce n'était rien pour les mariés, qui n'avaient qu'à se faire dire une seconde messe, et à repasser sous le poêle, mais c'était énorme pour les morts, qu'on ne savait plus où aller chercher, ni reconnaître les uns des autres. Heureusement, Dieu reconnaîtra bien, lui, ceux que la faiblesse des yeux des hommes ne leur permet pas de reconnaître, et je suis certain qu'il pardonnera aux Lévois leur hérésie momentanée en faveur de leur bonne intention.

Cet événement, et l'adhésion de Casimir Delavigne au culte de la religion française, fut le point culminant de la fortune de l'abbé Châtel, primat des Gaules.

Casimir Delavigne, qui donnait sa sanction à tout nouveau pouvoir; qui sanctionna le pouvoir de Louis XVIII dans sa pièce intitulée : *Du besoin de s'unir après le départ des étrangers;* qui sanctionna le pouvoir de Louis-Philippe dans son immortelle ou plutôt dans son éternelle *Parisienne;* Casimir Delavigne sanctionna le pouvoir du primat des Gaules en traduisant pour lui le *Dies iræ, dies illa*, qui fut chanté par les choristes de l'abbé Châtel lors de la messe que celui-ci dit en français pour le service funèbre de Kosciusko.

L'abbé Châtel avait cela de bon qu'il s'était déclaré franchement pour les peuples contre les rois.

Voici cette pièce, assez peu connue, et qui mérite de l'être davantage. C'est donc dans l'espoir d'accroître sa réputation que nous la mettons sous les yeux de nos lecteurs. Elle fut chantée à l'église française le 23 février 1831 :

>Jour de colère, jour de larmes,
>Où le sort, qui trahit nos armes,
>Arrêta son vol glorieux!

A tes côtés, ombre chérie,
Elle tomba, notre patrie,
Et ta main lui ferma les yeux !

Tu vis, de ses membres livides,
Les rois, comme des loups avides,
S'arracher les lambeaux épars ;

Le fer, dégouttant de carnage,
Pour en grossir leur héritage,
De son cadavre fit trois parts.

La Pologne ainsi partagée,
Quel bras humain l'aurait vengée ?
Dieu seul pouvait la secourir !

Toi-même, tu la crus sans vie ;
Mais, son cœur, c'était Varsovie :
Le feu sacré n'y put mourir !

Que ta grande ombre se relève ;
Secoue, en reprenant ton glaive,
Le sommeil de l'éternité !

J'entends le signal des batailles,
Et le chant de tes funérailles
Est un hymne de liberté !

Tombez, tombez, voiles funèbres !
La Pologne sort des ténèbres,
Féconde en nouveaux défenseurs !

Par la liberté ranimée,
De sa chaîne elle s'est armée
Pour en frapper ses oppresseurs.

Cette main qu'elle te présente
Sera bientôt libre et sanglante ;
Tends-lui la main du haut des cieux !

Descends pour venger ses injures,
Ou pour entourer ses blessures
De ton linceul victorieux.

> Si cette France qu'elle appelle,
> Trop loin, ne peut vaincre avec elle,
> Que Dieu, du moins, soit son appui.
>
> Trop haut, si Dieu ne peut l'entendre,
> Eh bien, mourons pour la défendre,
> Et nous irons nous plaindre à lui!

Nous ne croyons pas qu'aujourd'hui l'abbé Châtel soit mort; mais, si nous jugeons de sa santé par les toiles d'araignée qui ornent les gonds et la serrure de l'église française, nous ne craindrons pas d'avancer qu'il est bien malade.

FIN DU TOME SEPTIÈME

NOTES.

NOTE A

AU RÉDACTEUR DU JOURNAL *LA PRESSE*.

Je reçois d'un ami de Béranger la réclamation suivante. Comme quelques autres personnes pourraient avoir pensé ce qu'une seule m'écrit, permettez-moi de répondre, par la voie de votre journal, non-seulement à cette dernière, mais encore à toutes celles qui ne seraient pas suffisamment renseignées sur la signification du mot « philosophe épicurien. »

Voici la lettre du réclamant :

« Passy, près Paris, 5 septembre 1853.

« Monsieur,

» J'ai lu les deux ou trois chapitres de vos *Mémoires* où vous parlez de Béranger, et où vous copiez plusieurs de ses belles et prophétiques chansons. Vous faites l'éloge de ce grand homme de cœur et d'intelligence. C'est bien ! cela vous honore : celui qui aime Béranger doit être bon. Cependant, monsieur, vous posez cette question, qui me semble un peu malheureuse pour vous ; vous dites : « Maintenant, peut-être
» me demandera-t-on comment il se fait que Béranger, républicain,
» habite tranquillement avenue de Châteaubriand, n° 5, à Paris, tandis
» que Victor Hugo demeure à Marine-Terrace, dans l'île de Jersey. »

» Vous qui appelez M. Béranger votre père, vous devriez savoir ce que tout le monde sait : d'abord, que le modeste grand poëte n'est pas un *philosophe épicurien*, comme il vous plaît de le dire, mais bien un philosophe pénétré du plus profond amour de l'humanité. M. Béranger habite Paris, parce que c'est à Paris, et non ailleurs, qu'il peut remplir son beau rôle de dévouement. Demandez à tous ceux qui souffrent, n'importe à quelle opinion ils appartiennent, si M. Béranger leur a jamais refusé de les aider, de les secourir. Toute la vie de cet homme de bien est employée à rendre service. A son âge, il aurait bien le droit de songer à se reposer ; mais, pour lui, obliger, c'est vivre.

» Quand il s'agit de recommander un jeune homme bon et honorable, quand il faut aller voir un prisonnier et lui porter de paternelles consolations, n'importe où il y a du bien à faire, l'homme que vous appelez un *épicurien* ne regarde pas s'il pleut ou s'il neige ; il part et rentre, le soir, harassé, mais tout heureux si ses démarches ont réussi ; tout triste, tout affligé si elles ont échoué. M. Béranger n'a de la popularité que les épines. C'est là une chose que vous auriez dû savoir, monsieur, puisque vous vous intitulez son fils dans vos *Mémoires* et un peu partout.

» Pardonnez-moi cette lettre, monsieur, et ne doutez pas un moment de mon admiration pour votre beau talent et de ma considération pour votre personne.

» M. DE VALOIS.

» Grande-Rue, 80, à Passy. »

Voici, maintenant, ma réponse :

« Monsieur,

» Vous m'avez — dans une excellente intention, je crois, — écrit une lettre tant soit peu magistrale pour m'apprendre ce que c'est que Béranger, et pour me prouver qu'il ne mérite en rien la qualification de *philosophe épicurien* que je lui donne.

» Hélas! monsieur, j'ai peur d'une chose : c'est qu'en connaissant très-bien Béranger, vous ne connaissiez très-mal Épicure !

» Cela me paraît fort compréhensible : Béranger habitait Passy en l'an de Notre-Seigneur 1848, tandis qu'Épicure habitait Athènes en l'an du monde 3683. Vous avez connu personnellement Béranger, et je répondrais que vous ne vous êtes jamais donné la peine de lire un seul des trois cents volumes que, au dire de Diogène Laërce, avait laissés le fils de Néoclès et de Chérestrate.

» Non, vous avez, dans votre bibliothèque, un dictionnaire de l'Académie ; vous avez pris ce dictionnaire de l'Académie ; vous y avez cherché le mot ÉPICURIEN, et vous avez lu la définition suivante, que le vocabulaire donne de ce mot :

« ÉPICURIEN, sectateur d'Épicure. Il signifie, par extension, *un vo-*
» *luptueux, un homme qui ne songe qu'à son plaisir.* »

» D'abord, monsieur, vous auriez dû songer, vous, que je ne suis pas de l'Académie, et qu'il n'est point généreux de me battre avec des armes que je n'ai ni forgées ni contribué à forger.

» Il en résulte que je ne me crois pas obligé d'accepter sans discussion vos reproches, et de recevoir sans examen la définition de MM. les Quarante.

» Hélas! moi, monsieur, j'ai lu — mon métier de romancier français m'y force — non-seulement les *Fragments d'Épicure*, publiés à Leipzig en 1813, avec la version latine de Schneider, mais aussi le corps d'ouvrage publié par Gassendi, et renfermant tout ce qui concerne la vie et la doctrine de l'illustre philosophe athénien ; mais aussi la *Morale d'Épicure*, petit in-8° publié en 1758 par l'abbé Batteux.

» En outre, je possède une excellente traduction de Diogène Laërce, lequel, vivant sous les empereurs Septime et Caracalla, c'est-à-dire seize cent quatre-vingts ans avant nous, et quatre cents ans après Épicure, devait naturellement mieux connaître celui-ci que vous et moi ne le connaissons.

» Je sais bien, monsieur, que Timon dit de lui :

« Vint, enfin, de Samos, le dernier des physiciens ; un maître d'école,
» un effronté, et le plus misérable des hommes! »

» Mais Timon le *syllographe*, — ne pas confondre avec Timon le *misanthrope*, qui, vivant cent ans avant Épicure, ne put le connaître ; — Timon le *syllographe* était un poëte et un philosophe satirique ; il ne faut donc pas, si l'on veut juger sainement Épicure, s'en rapporter à Timon le satirique.

» Je sais bien, monsieur, que Diotime le stoïcien le voulut faire passer pour un voluptueux, et publia, sous le nom même du philosophe qui fait l'objet de notre discussion, cinquante lettres pleines de lasciveté, et une douzaine de billets que vous diriez être sortis du boudoir de M. le marquis de Sade.

» Mais il est prouvé, aujourd'hui, que les billets étaient de Chrysippe, et que les lettres étaient de Diotime lui-même.

» Je sais bien, monsieur, que Denys d'Halicarnase a dit qu'Épicure et sa mère allaient purgeant les maisons par la force de certaines paroles ; que le jeune philosophe accompagnait son père, qui montrait à lire à vil prix aux enfants ; qu'un de ses frères — Épicure avait deux frères — faisait l'amour pour exister, et que lui-même demeurait avec une courtisane nommée Léontie.

» Mais vous connaissez Denys d'Halicarnasse, monsieur : c'était un romancier bien plus qu'un historien ; ayant inventé beaucoup de choses sur Rome, il a bien pu en inventer quelques-unes sur Épicure. D'ailleurs, je ne vois pas qu'il y eût grand mal au pauvre petit philosophe en herbe d'accompagner sa mère, *qui purgeait les maisons avec des paroles, et son père, qui apprenait à lire à vil prix aux enfants.*

» Je voudrais fort que tous nos enfants apprissent à lire, et plus le prix que les précepteurs mettraient à leurs leçons serait vil, plus je les en estimerais, — en attendant que le gouvernement nous donnât des maîtres qui leur apprissent à lire pour rien! Quant à cette accusation qu'Épicure *demeurait avec une courtisane nommée Léontie*, il me semble que Béranger nous a dit quelque part qu'il a connu très-intimement deux grisettes parisiennes, l'une nommée Lisette, l'autre Frétillon ; supposez que deux grisettes de Paris fassent l'équivalent d'une courtisane d'Athènes, et l'auteur des *Deux Sœurs de charité* et du *Dieu des bonnes gens* n'aura rien à reprocher, ni vous non plus, monsieur, à l'auteur des trente-sept livres de *la Nature*.

» Je sais bien, monsieur, que Timocrate accuse notre philosophe de n'être pas bon citoyen, et lui reproche d'avoir eu une complaisance indigne et lâche pour Mytras, lieutenant de Lysimachus ; je sais bien encore qu'Épictète dit que sa manière de parler était efféminée et sans pudeur ; je sais bien, enfin, que l'auteur du livre de *la Joie* dit qu'il vomissait deux fois par jour parce qu'il mangeait trop.

» Mais, monsieur, l'antiquité, vous ne l'ignorez pas, était fort cancanière, et il me semble que Diogène Laërce répond victorieusement à tous ces méchants propos par des faits.

« Ceux qui lui font ces reproches, « dit le biographe d'Épicure » n'ont
» agi, sans doute, que par excès de folie.
» Ce grand homme a de fameux témoins de son équité et de sa re-
» connaissance ; l'excellence de son naturel lui a toujours fait rendre
» justice à tout le monde. Sa patrie consacra cette vérité par les sta-
» tues qu'elle dressa pour éterniser sa mémoire ; son nom fut célébré
» par ses amis, — dont le nombre était si grand, que les villes qu'il
» parcourait ne pouvaient les contenir, — aussi bien que par les disci-
» ples qui s'attachèrent à lui à cause du charme de sa doctrine, la-
» quelle avait, pour ainsi dire, la douceur des sirènes. *Il n'y eut,* » ajoute
le biographe, « *que le seul Métrodore de Stratonice, qui, presque acca-*
» *blé par l'excès de ses bontés, suivit le parti de Carnéade!* »

» Diogène Laërce continue, et moi avec lui :

« Sa vertu fut marquée en d'illustres caractères par *la reconnais-*
» *sance et la piété qu'il eut envers ses parents*, et par la douceur avec
» laquelle il traita ses esclaves ; témoin son testament, où il donna la
» liberté à ceux qui avaient cultivé la philosophie avec lui, et parti-
» culièrement au fameux Mus.
» Cette même vertu fut, enfin, généralement connue par la bonté de

» son naturel, *qui lui fit donner universellement à tout le monde des
» marques d'honnêteté et de bienveillance; sa piété envers les dieux et
» son amour pour sa patrie ne se démentirent pas un seul instant jus-
» qu'à la fin de ses jours. Ce philosophe eut, en outre, une modestie si
» extraordinaire, qu'il ne voulut jamais se mêler d'aucune charge de la
» République.*

» Il est encore certain que, *malgré les troubles qui affligèrent la Grèce,
» il y passa toute sa vie,* excepté deux ou trois voyages qu'il fit sur les
» confins de l'Ionie, *pour visiter ses amis, qui s'assemblaient de tous
» côtés, afin de venir vivre avec lui dans un jardin qu'il avait acheté au
» prix de quatre-vingts mines.* »

» En vérité, monsieur, dites-moi si, en faisant la part des époques, ce portrait d'Épicure ne convient pas de toutes façons à notre cher Béranger ?

» N'est-ce pas, en effet, de Béranger que l'on peut dire que *son bon naturel lui a toujours fait rendre justice à tout le monde; que le nombre de ses amis est si grand, que les villes ne peuvent les contenir; que le charme de sa doctrine a la douceur de la voix des sirènes; que sa vertu fut marquée en d'illustres caractères par la reconnaissance et la piété qu'il eut envers ses parents; que son amour pour sa patrie ne se démentit pas un instant jusqu'à la fin de ses jours,* et qu'enfin, *il fut d'une modestie si extraordinaire, qu'il ne voulut jamais occuper une charge dans la République ?*

» En outre, ce fameux jardin qu'Épicure avait acheté quatre-vingts mines, et où il recevait ses amis, ne ressemble-t-il pas fort à cette retraite de Passy et à cette avenue Chateaubriand où tout ce qu'il y a de bon, de grand, de généreux, a visité et visite encore le fils du tailleur et le filleul de la fée ?

» Maintenant, monsieur, passons à ce malencontreux reproche de volupté, d'égoïsme et de gourmandise qu'on a fait à Épicure, et qui cause votre vertueuse indignation contre moi et contre tous ceux qui, d'après moi, pourraient tenir Béranger pour un *philosophe épicurien.*

» Vous allez voir, monsieur, que ce reproche n'est pas mieux fondé que celui qu'on me fait, à moi qui n'ai peut-être pas bu dans ma vie quatre bouteilles de vin de Champagne, et qui n'ai jamais pu fumer un seul cigare sans être vingt-quatre heures malade, de ne savoir travailler qu'au milieu de la fumée de tabac, des bouteilles débouchées et des verres vides !

« Un demi-setier de vin, » dit Dioclès dans son livre de *l'Incursion,*

« suffisait aux épicuriens, et *leur breuvage ordinaire n'était que de
» l'eau.* »

» Le témoignage de Dioclès ne vous suffit-il pas? Soit! Prenez, parmi
les Épitres d'Épicure lui-même, une lettre adressée à un de ses amis,
et voyez ce qu'il dit à son ami :

« Quoique je me tienne pour *satisfait d'avoir de l'eau et du pain bis,*
» envoyez-moi *un peu de fromage cythridien, afin que je puisse faire un*
» *repas plus excellent*, quand l'envie m'en prendra. »

« Dites-moi, monsieur, cette sobriété du philosophe athénien ne ressemble-t-elle pas beaucoup à celle du chansonnier que j'appelle mon
père, et qui veut bien, dans une lettre que je reçois de lui en même
temps que la vôtre, m'appeler son fils?

» Après tout cela, et pour corroborer ce que j'ai eu l'honneur de
vous dire sur ce pauvre Épicure, — si calomnié, comme vous voyez,
par Timon, par Diotime, par Denys d'Halicarnase, par Timocrate, par
Épictète, par le dictionnaire de l'Académie, et même par vous! — laissez-moi vous citer deux ou trois des maximes qui faisaient le fond de
sa philosophie, et vous serez forcé d'avouer qu'elles sont moins désolantes
que celles de la Rochefoucauld.

V

« Il est impossible de vivre agréablement sans la prudence, sans
» l'honnêteté et sans la justice. La vie de celui qui pratique l'excellence
» de ces vertus se passe toujours dans le plaisir; de sorte que l'homme
» qui est assez malheureux pour n'être ni honnête, ni prudent, ni juste,
» est privé de ce qui peut faire la félicité de la vie. »

XVI

« Le sage ne peut et ne doit jamais avoir qu'une fortune très-médiocre; mais, s'il n'est pas considérable par les biens qui dépendent
» d'elle, l'élévation de son esprit et l'excellence de ses conseils le mettent au-dessus des autres. »

XVII

« Le juste est celui qui vit sans trouble et sans désordre; l'injuste,
» au contraire, est toujours dans l'agitation. »

XXIX

« Entre toutes les choses que la sagesse nous donne pour vivre heureusement, il n'y en a point de si précieuse qu'un véritable ami :

» c'est un des biens qui nous procurent le plus de joie dans la médio-
» crité! »

» Je regrette, monsieur, de ne pouvoir pousser plus loin les citations; mais je tiens à deux choses : la première, à vous répondre poste pour poste, et la seconde, en vous répondant poste pour poste, à vous prouver que, lorsque j'applique une épithète quelconque à un homme de la valeur de Béranger, c'est que j'ai la conviction, non-seulement instinctive, mais encore raisonnée, que cette épithète lui convient.

» J'espère donc que vous aurez l'obligeance d'écrire sur votre dictionnaire de l'Académie, en marge de la très-fausse définition donnée par la docte assemblée du mot ÉPICURIEN, ces mots, qui lui serviront de correctif :

« Sectateur d'Épicure, c'est-à-dire philosophe professant qu'un ami
» est le premier des biens que puisse nous accorder le ciel; que la mé-
» diocrité de la fortune est une des conditions de la sagesse ; que la so-
» briété est la base la plus solide de la santé, et qu'enfin il est impos-
» sible de vivre, non-seulement honnêtement, mais encore agréable-
» ment, ici-bas, sans la prudence, l'honnêteté et la justice. — NOTA.
» Les épicuriens ne buvaient qu'un setier de vin par jour, et, le reste
» du temps, se désaltéraient avec de l'eau pure. Épicure, les jours de
» gala, mangeait sur son pain, — que, les autres jours, il mangeait sec,
» — un peu de fromage cythridien. »

» Et, ce faisant, monsieur, vous serez arrivé à avoir vous-même et vous contribuerez à donner aux autres une idée un peu plus exacte de l'illustre philosophe dont j'ai eu, à votre avis, le malheur de dire que notre grand chansonnier était le disciple.

» Il me reste, en terminant, à vous remercier, monsieur, de votre lettre, qui, malgré l'acrimonie de certaines phrases, me paraît, au fond, inspirée par un bon sentiment.

» Veuillez agréer mes salutations empressées.

» ALEX. DUMAS.

» Bruxelles, 7 septembre 1853. »

NOTE B

Les premiers volumes de mes Mémoires étaient en cours de publication dans le journal *la Presse*, et des personnes, probablement peu bienveillantes pour moi, et à coup sûr très-mal informées, avaient dit à Béranger que, dans le chapitre de ces Mémoires qui lui était consacré et tout près de paraître, je lui reprochais de s'être rallié au nouvel empire. Or, voici la lettre que, sur ces rapports, m'écrivit aussitôt l'illustre chansonnier :

« Paris, 19 août 53.

» J'apprends, mon cher Dumas, que vous vous préparez à publier (dans vos *Mémoires* sans doute) un article où vous me reprochez de m'être fait le partisan du nouvel empire. Qui a pu vous mettre sur mon compte une pareille idée en tête? Vous ne m'en avez rien dit lorsque vous m'avez rencontré. Je suis même sûr que vous n'en croyez rien. Vous voulez seulement vous venger de mes mauvaises plaisanteries par cette espièglerie nouvelle, qui sera chose fort sérieuse pour moi, dont la vie tout entière devrait suffire pour répondre à une pareille accusation.

» Je ne fais pas mystère de mes opinions, tout en respectant la bonne foi dans les opinions opposées. Au reste, la politique vous a toujours fort peu occupé : n'en parlons pas ici. Mais ce que vous eussiez dû vous dire en formulant le jugement que vous portez sur moi, d'après je ne sais quelles dépositions, c'est qu'à Paris je manquerais de liberté pour repousser l'accusation, moi qui vis loin du journalisme. Je viens donc exiger de vous que vous me fassiez faire place au barreau.

» Si votre article paraît dans *la Presse*, où je n'ai aucune relation, j'aurai besoin que ma réponse se trouve dans le même journal. Obtenez-moi donc de M. de Girardin, que je connais trop peu pour ne pas me faire appuyer auprès de lui, l'assurance qu'il voudra bien faire insérer quinze ou vingt lignes dans un des numéros qui suivront le vôtre. Je promets, bien entendu, de me tenir dans les termes que la censure ne peut incriminer, ce qui ne sera pas chose facile. Au reste, M. de Girardin sera juge, et je connais assez son esprit pour compter sur ses bons conseils.

» J'ai aujourd'hui plus de soixante-treize ans. C'est un peu dur d'être obligé de venir, à cet âge, se faire donner un certificat de bonne vie et mœurs. Vous le voulez. Répondez-moi le plus tôt possible, et pardonnez-moi d'avoir pris mon papier à l'envers.

» BÉRANGER,

» Rue Chateaubriand, 5, à la pension bourgeoise. »

Je m'empressai, bien entendu, de répondre à Béranger qu'avec ou sans mauvaise intention, on l'avait induit en erreur; que, depuis le 2 décembre, certaines gens m'avaient bien voulu souffler des calomnies à son endroit, mais que je les avais méprisées, et que, dans le chapitre de mes Mémoires qui lui était consacré, je ne faisais qu'exprimer l'admiration que m'inspirait son talent et son caractère ; qu'au surplus, j'allais prier le secrétaire de *la Presse*, M. Nefftzer, de lui communiquer les épreuves du chapitre en question, sur lequel je lui donnais carte blanche, jugeât-il à propos de le supprimer tout entier.

Il m'écrivit alors ce qui suit :

« Mon cher fils, je me suis mal exprimé ou vous m'avez mal compris. Je ne demande le sacrifice de rien de ce que peut contenir votre article. Je n'en veux pas même recevoir communication. Mais, quand il aura paru, si je juge utile d'y répondre, je désire que M. de Girardin m'en accorde la facilité dans son journal. La faveur que je sollicitais de votre crédit se réduit à cela, et je vous remercie de me la faire espérer, pour en user si bon me semble.

» Vous concevez qu'il m'en coûte d'occuper encore le public de moi, et que je ne veux pas me laisser remettre en scène par ceux qui n'ont pas cru devoir protester à la Chambre et dans les journaux lorsque j'ai été déclaré *citoyen indigne* et privé de tout droit politique. Le mieux, d'après cela, est de rester dans le coin où l'on m'a repoussé, et où, du reste, j'ai passé toute ma vie.

» En bon fils, arrangez-vous donc pour ne pas me forcer d'en sortir. Vous le ferez, si vos témoignages d'attachement sont aussi sincères que je me plais à le croire. Ne m'envoyez donc pas M. Nefftzer, parce que je ne veux pas jeter les yeux sur les épreuves de votre article, quelques remerciments que je vous doive pour le bien que, dites-vous, il contient sur mon compte.

» On m'avait dit, hier, que vous étiez à Paris. Tout souffrant que je suis, j'ai couru chez votre fils chercher votre adresse. Il était absent. Je lui ai laissé un mot. Sans doute, on s'était trompé en m'assurant votre présence à Paris.

» Aujourd'hui, j'ai trouvé votre lettre, à ma rentrée pour dîner. Je crains que ma réponse ne puisse partir que demain.

» Tout à vous.
» BÉRANGER.

» 24 août 53. »

La Presse publia donc mes feuilletons tels quels, ce qui me valut cette troisième et charmante lettre du noble vieillard :

« Cher fils, je ne sais comment vous vous y êtes pris ; mais il ne me reste à vous faire que force compliments pour ce qu'il y a d'esprit dans les articles que j'ai lus, et plus encore, à vous faire des remerciments pour les fleurs et même les lauriers dont vous voulez bien parer ma tête chauve ; parure dont mon scepticisme ne peut s'empêcher de rire.

» Ce que je craignais, c'était, à soixante-quatorze ans, d'être obligé de mettre encore le nez à la fenêtre; ce que, certes, je n'aurais pas manqué de faire, car mon besoin de repos n'aurait pu m'empêcher de rectifier les idées que vous avaient soufflées sur mon compte des gens que je ne devine pas, et qui ignorent, sans doute, qu'il y a plus de cinquante ans, si j'ai signé pour le consulat à vie, je n'ai pas signé pour l'Empire. Si la politique a pu, depuis, modifier un peu mes idées, elle n'a jamais eu le pouvoir de changer mes principes, ainsi que le prouvent mes petits vers.

» Ce que je n'ai pas voulu vous dire d'abord, parce que cette considération était de nature à vous toucher trop, je vais vous l'avouer aujourd'hui.

» J'ai conservé plusieurs relations parmi les gens arrivés ou restés au pouvoir; ces relations me procurent l'avantage de rendre quelques services à ceux qu'oppriment la politique ou la misère. Bien qu'à Paris mes opinions soient mieux connues qu'à Bruxelles, ces puissances administratives se montrent accueillantes pour moi. Mais, si j'avais écrit quelques lignes qui eussent fait scandale, ces personnes n'eussent plus osé me rendre même mon salut; du moins, je devrais le craindre.

» Laissez-moi mon métier de solliciteur, le seul qui puisse encore utiliser la fin de ma vie, autant que ma popularité le permettra; car c'est un devoir pour moi que de prouver à ceux qui me l'ont faite que j'ai su apprécier les obligations qu'elle m'impose, même quand elle sera tout à fait disparue, ce qui, sans doute, ne peut tarder.

» D'après cette explication, vous concevez, enfant terrible, pourquoi, moi qui ne réponds jamais à ce qu'on écrit sur moi, j'ai dû me préoccuper des articles qu'on annonçait de vous.

» Adieu, mon cher Dumas. L'épicurien de la pension bourgeoise vous fait ses amitiés et vous souhaite tous les succès possibles, surtout aux Français.

» Tout à vous.
» BÉRANGER.

» 4 septembre 53.

» J'ai eu une vive peur, il y a trois jours : on est venu m'annoncer la mort de Victor Hugo. Heureusement que Vacquerie, qui avait à m'envoyer les daguerréotypes de toute la famille et même de la maison, m'a écrit et donné des nouvelles qui sont excellentes. »

FIN DES NOTES

TABLE

Pages.

CLXI. — Comment M Thiers écrit l'histoire. — Les républicains au Palais-Royal — Premier ministère de Louis-Philippe — Prudence de Casimir Périer. — Mon plus beau drame. — Lothon et Charras. — Un coup d'épée. — Encore le maître de poste du Bourget. — La Fère. — Le lieutenant-colonel Duriveau. — Lothon et le général la Fayette.................................... 1

CLXII. — Lettre de Charles X au duc d'Orléans. — Un tour de passe-passe. — Rentrée du duc de Chartres au Palais-Royal. — Bourbons et Valois. — Abdication de Charles X. — Préparatifs de l'expédition de Rambouillet. — Une idée d'Harel. — Les machinistes de l'Odéon. — Dix-neuf personnes dans un fiacre. — Distribution d'armes au Palais-Royal. — Le colonel Jacqueminot... 27

CLXIII. — Envoi de quatre commissaires à Charles X. — Le général Pajol. — Il est nommé commandant des volontaires parisiens. — Charras s'offre à lui comme aide de camp. — La carte de Seine-et-Oise. — Les espions. — Le loueur de voitures. — Les rations de pain. — D'Arpentigny. — Enlèvement de l'artillerie de Saint-Cyr. — Halte à Cognières. — M. Detours............ 39

CLXIV. — Boyer le Cruel. — Les dix mille rations de pain. — Le général Exelmans et Charras. — Le concierge de la préfecture de Versailles. — M. Aubernon. — Le colonel Poque. — Entrevue de Charles X avec MM. de Schonen, Odilon Barrot et le maréchal Maison. — La famille royale quitte Rambouillet. — Panique. — Les diamants de la couronne. — Retour à Paris... 52

CLXV. — Quelle était l'idée d'Harel. — On me propose de faire *la Parisienne*. — Auguste Barbier. — Mon état moral après les trois jours. — Je deviens solliciteur. — Déjeuner chez le général la Fayette. — Mon entretien avec lui. — Question indiscrète. — Le marquis de Favras. — Une lettre de Monsieur. — Ma commission.. 64

Pages.

CLXVI. — Léon Pillet. — Son uniforme. — Susceptibilité soissonnaise. — Harel revient à la charge avec sa pièce. — Je pars pour la Vendée. — J'obtiens la grâce d'un faux monnayeur condamné aux galères. — Séjour à Meurs. — Le commandant Bourgeois. — Effet désastreux des trois couleurs dans le Bocage. — Nouvelle preuve qu'un bienfait n'est jamais perdu.......... 74

CLXVII. — Avis aux chasseurs parisiens. — Clisson. — Le château de M. Lemot. — Mon guide. — La colonne vendéenne. — La bataille de Torfou. — Deux noms omis. — Tiffauges. — Tibulle et la Loire. — Gilles de Laval. — Sa mort édifiante. — Moyen employé pour en graver le souvenir dans la mémoire des enfants... 89

CLXVIII. — Le Bocage. — Ses chemins creux et ses haies. — Tactique des chouans. — Les chevaux et les cavaliers vendéens. — La Vendée politique. — Le marquis de la Bretèche et ses métayers. — Moyens que je proposais pour prévenir une nouvelle chouannerie. — La pierre qui tremble. — Je quitte la Jarrie. — Adieux à mon guide... 96

CLXIX. — La révolution nantaise. — Régnier. — Paimbœuf. — Les aubergistes et les voyageurs. — Jacomety. — L'habitant de la Guadeloupe et sa femme. — Chasse aux mouettes et aux goëlands. — Axiome pour la chasse maritime. — Le capitaine de *la Pauline*. — Femme et hirondelle. — Superstition amoureuse. — Appareillage.. 105

CLXX. — Le déjeuner sur le pont. — Saint-Nazaire. — A quoi ne pensent jamais les maris. — Noirmoutiers. — Belle-Ile. — Je quitte les deux Pauline. — L'échelle de cordes. — Le canot. — Un bain complet. — L'auberge de Saint-Nazaire. — Je jette l'argent par les fenêtres. — Une fournée d'habits. — Retour à Paris. 113

CLXXI. — Lettre confidentielle de Louis-Philippe à l'empereur Nicolas. — Réponse du czar. — Ce que pouvait la France après la révolution de juillet. — Louis-Philippe et Ferdinand VII. — Les réfugiés espagnols. — La réaction à l'intérieur. — Grattage des monuments publics. — Protestation..................... 122

CLXXII. — Le drame de Saint-Leu. — La bravoure du duc d'Aumale. — Arrestation de MM. Peyronnet, Chantelauze, Guernon-Ranville et Polignac. — Le domestique de madame de Saint-Fargeau. — Thomas et M. de Polignac. — Les ex-ministres à Vincennes. — L'abolition de la peine de mort à la Chambre. — La Fayette. — M. de Kératry. — Salverte. — Mort aux ministres. — Vive Odilon Barrot! et vive Pétion!......................... 133

CLXXIII. — Oudard m'annonce que Louis-Philippe désire me voir. — Visite à M. Deviolaine. — Hutin, garde à cheval surnuméraire. — Mon entretien avec le roi sur la Vendée et la politique du juste milieu. — Bixio artilleur. — Il se charge de me faire admettre dans sa batterie. — J'envoie ma démission à Louis-Philippe... 149

TABLE

CLXXIV. — Première représentation de *la Mère et la Fille*. — Je soupe chez Harel après le spectacle. — Harel m'emprisonne après le souper. — Je suis condamné à huit jours de *Napoléon forcé*. — Le neuvième jour, la pièce est lue aux acteurs, et je suis rendu à la liberté. — Les répétitions. — L'acteur Charlet. — Son histoire avec Nodier.................................. 161

CLXXV. — Je suis officiellement admis dans l'artillerie de la garde nationale. — *Antony* est mis en répétition au Théâtre-Français. — Mauvais vouloir des comédiens. — Traité entre Hugo et le directeur de la Porte-Saint-Martin. — Confidence et proposition de Firmin. — Les robes de mademoiselle Mars et le lustre neuf. — Je retire *Antony* du Théâtre-Français. — Je vais proposer le rôle d'Adèle à Dorval.......................... 176

CLXXVI. — Mes conventions avec Dorval. — Je lui lis *Antony*. — Ses impressions. — Elle me fait refaire le dernier acte séance tenante. — La chambre de Merle. — Bocage artiste. — Bocage négociateur. — Lecture à M. Crosnier. — Il s'endort d'un profond sommeil. — La pièce est néanmoins reçue.............. 187

CLXXVII. — Organisation de l'artillerie parisienne. — Métamorphose de mon uniforme de garde national à cheval. — Bastide. — Godefroy Cavaignac. — Guinard. — Thomas. — Noms des batteries et de leurs principaux servants. — Je suis convoqué pour enlever la Chambre. — Combien nous nous trouvons au rendez-vous... 196

CLXXVIII. — Odilon Barrot préfet de la Seine. — Ses soirées. — Sa proclamation au sujet des émeutes. — Dupont (de l'Eure) et Louis-Philippe. — Démission du ministère Molé et Guizot. — Affaire de la forêt de Breteuil. — Ministère Laffitte. — La discrétion de l'enregistrement............................... 204

CLXXIX. — Béranger patriote et Béranger républicain.......... 244

CLXXX. — Mort de Benjamin Constant. — Quelle avait été sa vie. — Honneurs funèbres qu'on lui décerne. — Ses funérailles. — Loi relative aux récompenses nationales. — Procès des ministres. — Grouvelle et sa sœur. — M. Mérilhou et le néophyte. — Le colonel Lavocat. — La cour des pairs. — Panique. — Fieschi.. 227

CLXXXI. — Les artilleurs au Louvre. — Complot bonapartiste pour nous enlever nos pièces. — Distribution de cartouches par Godefroy Cavaignac. — Les abords du Luxembourg au moment de la condamnation des ministres. — Départ des condamnés pour Vincennes. — Déroute des juges. — La Fayette et l'émeute. — Bastide et le commandant Barré. — Faction avec Prosper Mérimée... 239

CLXXXII. — Nous sommes cernés dans la cour du Louvre. — Nos munitions nous sont enlevées par surprise — Proclamation des Écoles. — La Chambre vote des remercîments aux Écoles. —

Protestation de l'École polytechnique. — Discussion à la Chambre sur le commandement général des gardes nationales. — Démission de la Fayette. — Réponse du roi. — Je suis nommé capitaine en second.. 248

CLXXXIII. — Chodruc-Duclos. — Son portrait, — Sa vie à Bordeaux . — Son emprisonnement à Vincennes. — Le maire d'Orgon. — Chodruc-Duclos se fait Diogène. — M. Giraud-Savine. — Pourquoi Nodier vieillissait. — Stibert. — Une leçon de tir. — Mort de Chodruc-Duclos................................... 255

CLXXXIV. — Alphonse Rabbe. — Madame cardinal. — Rabbe et l'académie de Marseille. — *Les Massénaires.* — Rabbe en Espagne. — Son retour. — Le journal *le Phocéen.* — Rabbe en prison. — Le fabuliste. — Rabbe vient à Paris. — *La Sœur grise.* — Les résumés historiques. — Le conseil de M. Brézé. — Un homme d'imagination. — Le style Berruyer. — *La Sœur grise* volée. — Adèle — Son dévouement à Rabbe. — Le pain des forts. — *Ultime lettere*................................... 262

CLXXXV. — Chéron. — Ses derniers compliments à Harel. — Nécrologie de 1830. — Ma visite officielle du premier jour de l'an. — Un costume à effet. — Lisez *le Moniteur.* — Dissolution de l'artillerie de la garde nationale. — Première représentation de *Napoléon Bonaparte.* — Delaistre. — Frédérick-Lemaître... 282

CLXXXVI. — L'abbé Châtel. — Programme de son église. — Le curé de Lèves et M. Clausel de Montals. — Les Lévois embrassent la religion du primat des Gaules. — La messe en français. — Le curé romain. — Un mort à enterrer.................... 290

CLXXXVII. — Bel exemple de tolérance religieuse. — L'abbé Dallier. — Les Circés de Lèves. — Waterloo après Leipzig. — L'abbé Dallier est gardé comme otage. — Les barricades. — Les cailloux de Chartres, — La vigie. — Préparatifs de combat.... 297

CLXXXVIII. — Attaque de la barricade. — Un pendant à Malplaquet. — La Grenadier. — Les philanthropes chartrains. — Sac de l'évêché. — Un habit de fantaisie. — Comment l'ordre se rétablit. — Les petits et les grands coupables. — Mort de l'abbé Ledru. — Scrupules de conscience des anciens schismatiques. — Le *Dies iræ* de Kosciusko................................. 302

Notes.. 314

FIN DE LA TABLE DU TOME SIXIÈME

POISSY. — TYP. ET STÉR. DE A. BOURET.

www.ingramcontent.com/pod-product-compliance
Lightning Source LLC
Chambersburg PA
CBHW060411170426
43199CB00013B/2099